Die Materialien enthalten Veröffentlichungen des Instituts für Kulturgeographie, Stadt- und Regionalforschung der J.W. Goethe-Universität Frankfurt am Main, die aus Diplom- und Staatsexamensarbeiten entstanden sind oder die Ergebnisse von Projekten, gutachterlichen Stellungnahmen, Tagungen, Workshops wiedergeben. Sie dokumentieren damit Ergebnisse der Arbeit des Instituts, die besonders von regionalem Interesse sind und so der wissenschaftlichen Diskussion und der praktischen Verwertung nicht vorenthalten werden sollen. Es werden bewusst und auch gerade Arbeiten von jungen Kolleginnen und Kollegen oder unter studentischer Beteiligung unseres Lehr- und Forschungsbereichs aufgenommen.

Die Deutsche Bibliothek – CIP-Einheitsaufnahme

> Schneider, Matthias
> Der deutsche Kongress- und Tagungsmarkt unter besonderer Berücksichtigung des Nachfragesegments „mittelständische Unternehmer" / Matthias Schneider.
> Städtenetze als Perspektive der interkommunalen Zusammenarbeit: Darstellung eines neuen raumordnungspolitischen Instrumentes am Beispiel des Städtenetzes Lahn-Sieg-Dill/ Jochen Würges. – Frankfurt am Main: Inst. für Kulturgeographie, Stadt- und Regionalforschung, 2000
> (Materialien /Institut für Kulturgeographie, Stadt- und Regionalforschung der J.-W. Goethe-Universität Frankfurt am Main: Bd. 29)
> Zugl.: Frankfurt (Main), Univ., Diplomarbeit. – Beigef. Werk. zugl.: Frankfurt (Main), Univ., Diplomarbeit
> ISBN 3-923218-22-2

Alle Rechte vorbehalten

© Copyright 2000 bei K. Wolf
J. W. Goethe-Universität Frankfurt am Main
Institut für Kulturgeographie,
Stadt- und Regionalforschung
Senckenberganlage 36
D-60325 Frankfurt am Main

ISSN   0170-897 X

ISBN 3-923218-22-2

Bestellungen an:
Dr. Franz Schymik
J. W. Goethe-Universität Frankfurt am Main
Institut für Kulturgeographie, Stadt- und Regionalforschung
Senckenberganlage 36
D-60325 Frankfurt am Main

Herstellung: Books on Demand GmbH, Norderstedt

INSTITUT FÜR KULTURGEOGRAPHIE, STADT- UND REGIONALFORSCHUNG
DER J. W. GOETHE-UNIVERSITÄT FRANKFURT AM MAIN

Prof. Dr. Klaus Wolf

Schriftleitung: Dr. Franz Schymik

MATERIALIEN 29

Matthias Schneider
Der deutsche Kongress- und Tagungsmarkt unter besonderer Berücksichtigung des Nachfragesegments „mittelständische Unternehmen"

Jochen Würges
Städtenetze als Perspektive der interkommunalen Zusammenarbeit. Darstellung eines neuen raumordnungspolitischen Instruments am Beispiel des Städtenetzes Lahn – Sieg – Dill

Frankfurt am Main 2000

Diese Arbeit ist gleichzeitig Heft 17 der Veröffentlichungen der Gesellschaft für regionalwissenschaftliche Forschung Rhein-Main (REGIO-RHEIN-MAIN) e.V.

Geschäftsstelle:

c/o Institut für Kulturgeographie,
Stadt- und Regionalforschung
der J.W. Goethe-Universität Frankfurt am Main
Senckenberganlage 36
D-60325 Frankfurt am Main

Tel.: (069) 798 22403/22404; Telefax: (069) 798 28173

E-Mail: Hauzar@em.uni-frankfurt.de

Postbankkonto Nr.: Ffm. 58409-608 (BLZ 500 100 60)

Vorstand:
Vorsitzender: Prof. Dr. Klaus Wolf
Schriftführer: Dr. Thomas Berge
Kassierer: Dr. Franz Schymik
Beisitzerin: Prof. Dr. Elke Tharun
Beisitzer: Dipl.-Geogr. Michael Broß

Mitgliedsbeitrag:

Jahresbeitrag DM 20,00

für juristische Personen DM 100,00

Aufgrund der Gemeinnützigkeit der REGIO-RHEIN-MAIN e.V. wird eine Spendenbescheinigung ausgestellt.

Vorwort

Das vorliegende Heft der MATERIALIEN enthält Zusammenfassungen der Diplomarbeiten von Matthias Schneider und Jochen Würges. Damit wird die Folge der anwendungsorientierten Arbeiten dieser Reihe fortgesetzt und es werden erneut Themen behandelt, die nicht nur einen aktuellen Erkenntnisbeitrag für die Raumentwicklung, soweit sie auf Handlungsweisen privater oder politischer Akteure zurückgehen, leisten, sondern durch die Bearbeitung gleichzeitig entweder Neuland erschließen oder politisch angestoßene Prozesse hinsichtlich ihrer Innovationskraft analysieren.

So greift die Arbeit über den deutschen Kongress- und Tagungsmarkt unter besonderer Berücksichtigung des Nachfragesegmentes „mittelständische Unternehmen" bei der zunehmenden „Virtualisierung" globaler Kommunikation ein Thema auf, das bisher insgesamt kaum wissenschaftlicher Analyse unterzogen wurde, das aber hinsichtlich Unternehmensentscheidungen und ihrer raumentwicklungspolitischen Konsequenzen ganz entscheidende Bedeutung hat. Die Ergebnisse sind sicher über die engere geographische Forschung hinaus von erheblicher Bedeutung.

Die Ergebnisse der Untersuchung über Städtenetze als Perspektive der interkommunalen Zusammenarbeit als eines neuen raumordnungspolitischen Instruments am Beispiel des Städtenetzes Lahn-Sieg-Dill erhalten ihren Wert besonders dadurch, dass das vom zuständigen Bundesministerium angestoßene Innovationspotential der regionalen Zusammenarbeit auf kommunaler Ebene in seinem Prozessverlauf über die Projektphase hinaus an einem ausgewählten Städtenetz projekt- und maßnahmeanalysierend begleitet wird und aufgezeigt werden kann, welche positiven, aber auch negativen Aspekte sich bei solchen Kooperationen ergeben und wie sie bei der so notwendigen kommunalen Kooperation auf regionaler Ebene verbessert werden können.

Den hier vorgelegten Kurzfassungen der entsprechenden Diplomarbeiten ist eine weite Verbreitung zu wünschen.

Frankfurt am Main, im November 2000

Klaus Wolf

Gedruckt mit finanzieller Unterstützung
der
PwC Deutsche Revision AG, Wirtschaftsprüfungsgesellschaft
Abt. Corporate Finance, Frankfurt am Main

Inhaltsverzeichnis

Seite

Matthias Schneider

Der deutsche Kongress- und Tagungsmarkt unter besonderer Berücksichtigung des Nachfragesegmentes „mittelständische Unternehmen" 9

Jochen Würges

Städtenetze als Perspektive der interkommunalen Zusammenarbeit. Darstellung eines neuen raumordnungspolitischen Instruments am Beispiel des Städtenetzes Lahn-Sieg-Dill 107

Matthias Schneider

Der deutsche Kongress- und Tagungsmarkt unter
besonderer Berücksichtigung des Nachfragesegmentes
„mittelständische Unternehmen"

Aus: **Materialien 29**
Frankfurt am Main 2000

Bei der vorliegenden Arbeit handelt es sich um die gekürzte Fassung einer Diplomarbeit, die 1998 bei Herrn Professor Dr. Klaus Wolf am Institut für Kulturgeographie, Stadt- und Regionalforschung der J. W. Goethe-Universität Frankfurt am Main abgeschlossen wurde.

Anschrift des Verfassers:

Dipl.-Geogr. Matthias Schneider
Hundshager Weg 2

65719 Hofheim

Inhaltsverzeichnis:

		Seite
FRAGESTELLUNG UND ZIELSETZUNG		15
KAPITEL A:	GRUNDLAGEN DES KONGRESS- UND TAGUNGSMARKTES	18
1.	**Der Kongress- und Tagungsmarkt als Forschungsgegenstand der Geographie**	18
1.1	Der Fremdenverkehr als Forschungsgegenstand der Geographie	18
1.2	Der Kongress- und Tagungsreiseverkehr und sein geographisches Bezugsfeld	19
2.	**Die historische Entwicklung des Kongress- und Tagungsmarktes**	21
3.	**Das Wesen der Tagungsveranstaltung**	23
3.1	Veranstaltungsformen	23
3.1.1	Kongresse	26
3.1.2	Tagungen	26
3.1.3	Konferenzen	26
3.1.4	Seminare	26
3.2	Sonderformen von Veranstaltungen	27
3.3	Die Träger der Veranstaltungen	28
3.4	Die Ziele der Veranstaltungen	29
3.5	Die Teilnehmer der Veranstaltungen	31
KAPITEL B:	DER KONGRESS- UND TAGUNGSMARKT: EINE ANALYSE VON ANGEBOT UND NACHFRAGE	33
1.	**Das Angebot**	35
1.1	Die Tagungsstätten	35
1.1.1	Tagungshotels	35
1.1.2	Kongresszentren und Veranstaltungshallen	38
1.1.3	Universitäten	39
1.1.4	Sonstige Veranstaltungsstätten, alternative Tagungsstätten	39
1.2	Der Gesamtbestand der Tagungsstätten in Deutschland	39
1.3	Tagungsorte in Deutschland	40
1.4	Bestandteile des Produktes „Tagung"	42
1.4.1	Standortfaktoren	43
1.4.2	Tagungsfaktoren	45

		Seite
1.5	Professional Congress Organizers (PCO) als Sonderrolle zwischen Mittler und Veranstalter	51
2.	**Nachfrage**	53
2.1	Das Volumen der Veranstaltungen	53
2.2	Die Saisonalität von Veranstaltungen	54
2.3	Die volkswirtschaftliche Bedeutung des Kongress- und Tagungsmarktes	55
2.3.1	Das Problem der Marktquantifizierung	56
2.3.2	Die Umwegrentabilität	57
2.3.3	Der Umsatz des Kongress- und Tagungsmarktes	58
2.3.4	Der Beschäftigungseffekt	61
3.	**Trends, Tendenzen und Ausblick**	61
KAPITEL C:	ANALYSE DES TAGUNGSSEGMENTES „MITTELSTÄNDISCHE UNTERNEHMEN"	65
1.	**Definition des Begriffes „Mittelständische Unternehmen"**	65
2.	**Ziel der Untersuchung**	68
3.	**Die methodische Vorgehensweise**	69
4.	**Auswertung und Interpretation der Untersuchungsergebnisse**	71
4.1	Volumen und Struktur der Tagungsnachfrage	71
4.1.1	Die Bedeutung der verschiedenen Veranstaltungsformen	72
4.1.2	Größe der Veranstaltungen	74
4.1.3	Die Dauer der Veranstaltungen	76
4.1.4	Das Budget der Veranstalter	77
4.1.5	Das Marktvolumen	79
4.2	Die Orte der Veranstaltungen	81
4.3	Die Anforderungen an den Tagungsort	82
4.4	Die Anforderungen an die Tagungsstätte (Tagungsfaktoren)	83
4.5	Die Zufriedenheit mit der Qualität in den Tagungsstätten	84
4.6	Die Organisation der Veranstaltungen	88
4.7	Ausblick	89
4.8	Die nach vier Regionen differenzierte Tagungsnachfrage mittelständischer Unternehmen	90
5.	**Zusammenfassung der Untersuchungsergebnisse**	93
6.	**Anhang**	97
7.	**Literatur**	103

Verzeichnis der Abbildungen:

		Seite
Abb. 1:	Der Fremdenverkehr als Forschungsgegenstand der Geographie	18
Abb. 2:	Die Anzahl internationaler Tagungen zwischen 1900 und 1978	22
Abb. 3:	Die Ziele von Tagungsveranstaltungen	30
Abb. 4:	Die Gründe für die Teilnahme an Tagungsveranstaltungen	30
Abb. 5:	Die Teilnahme von Entscheidungsträgern an Kongressen und Tagungen	31
Abb. 6:	Die wichtigsten Quellländer des deutschen Tagungsmarktes	32
Abb. 7:	Die gewünschten Zusatzeinrichtungen im Tagungshotel	37
Abb. 8:	Die Verteilung der Tagungsorte in der Bundesrepublik Deutschland	41
Abb. 9:	Die verschiedenen technischen Einrichtungen in Tagungsstätten und der Anteil der Tagungsnachfrager, der diese benötigt	48
Abb. 10:	Das PCO als Mittler oder Veranstalter und die jeweiligen Vertragsformen	51
Abb. 11:	Die Saisonalität von Tagungsveranstaltungen	54
Abb. 12:	Die Verteilung von Tagungsveranstaltungen im Wochenverlauf	55
Abb. 13:	Der Gesamtumsatz des deutschen Tagungsmarktes	59
Abb. 14:	Die Verteilung der Veranstaltungen auf die verschiedenen Veranstaltungsformen	72
Abb. 15:	Die Teilnehmerzahlen der verschiedenen Tagungsformen	73
Abb. 16:	Die Verteilung der Veranstaltungen nach der Anzahl der Veranstaltungen (links) und nach der Anzahl der Teilnehmer (rechts)	74
Abb. 17:	Die durchschnittliche Dauer der Veranstaltungen	76
Abb. 18:	Das Durchschnittsbudget der Veranstaltungen	78
Abb. 19:	Wie wichtig sind folgende Standortfaktoren der Kongress-/Tagungsorte	82
Abb. 20:	Die Anforderung an die Tagungsstätte	84
Abb. 21:	Die Zufriedenheit mit den Tagungsstätten	85
Abb. 22:	Wo werden die Veranstaltungen organisiert?	88
Abb. 23:	Welche Informationsquellen werden genutzt	89
Abb. 24:	Die Entwicklung der Gesamtzahl der eigenen und fremdveranstalteten Kongresse und Tagungen in den vergangenen fünf Jahren	90
Abb. 25:	Die Tagungsnachfrage mittelständischer Unternehmen in den vier Regionen der Bundesrepublik	92

Verzeichnis der Tabellen:

		Seite
Tab. 1	Die verschiedenen Bereiche des Fremdenverkehrs	19
Tab. 2	Die Eigenschaften der unterschiedlichen Veranstaltungsarten im Tagungssegment	25
Tab. 3	Die Veranstaltungsprofile der verschiedenen Tagungsveranstalter	29
Tab. 4	Die Durchschnittsausgaben pro Tagungsteilnehmer und Tag	60
Tab. 5	Die Ermittlung des Gesamtumsatzes der Tagungsbranche	60
Tab. 6	Die Unternehmens- und Umsatzgrößenstruktur in Deutschland (1996)	68
Tab. 7	Die Berechnung der Veranstaltungsvolumen (realistisches Szenario)	80
Tab. 8	Das Tagungsmarktvolumen im gesamten Segment bei Zugrundelegung eines konservativen und eines optimistischen Szenarios	80
Tab. 9	Die Annahmen zur Berechnung der drei Szenarien	81
Tab. 10	Die Einteilung der Bundesrepublik in vier Regionen	91
Tab. 11	Das Tagungsvolumen in den vier Regionen	93

FRAGESTELLUNG UND ZIELSETZUNG

Wir leben in einer Zeit, in der neue Telekommunikationsträger und Kommunikationsmedien mit hoher Datenkapazität, wie das Internet, eine zunehmende Anonymität der Informationsübertragung mit sich führen und in der allerorts über die durch Nachrichten- und Unterhaltungsmedien initiierte Reizüberflutung geklagt wird. Es stellt sich die Frage, ob diese Entwicklung langfristig zu einem Abklingen des menschlichen Grundbedürfnisses nach persönlichen Kontakten, nach Gesprächen von Auge zu Auge, nach Diskussionen, nach Besprechungen und Verhandlungen in zwischenmenschlicher Atmosphäre führen wird. Diese Frage ist nicht nur für die Zukunft des Kongress- und Tagungswesens von größter Brisanz, sondern steht im Mittelpunkt vieler sozialwissenschaftlicher Forschungsfelder.

In der Kongress- und Tagungsbranche ist man sich über die Beantwortung dieser Frage jedoch einig. Die veränderte Kommunikationslandschaft und die zunehmende gesellschaftliche Anonymisierung werden in Zukunft ein steigendes Bedürfnis nach persönlicher Interaktion zur Folge haben. Allerdings wird sich der Anlass und die Form dieser Kommunikation dem Zeitgeist und den sich verändernden Rahmenbedingungen anpassen. Im Bereich des rein sachlichen Informationstransfers, der einst mit relativ hohem Zeitaufwand etwa per Post durchgeführt wurde oder sogar ein persönliches Zusammentreffen erforderlich machte, wird sich die Geschwindigkeit und Effizienz neuer Medien besonders in der Geschäftswelt durchsetzen. Der dadurch entstandene Zeit- und Produktivitätsgewinn hinterlässt aber ein breites Feld neuer Möglichkeiten, in denen die persönliche und zwischenmenschliche Kommunikation eine erhebliche Bedeutung einnimmt und auch zukünftig einnehmen wird. Diese Entwicklung, die in den vergangenen Jahren den beruflichen Alltag bereits deutlich geprägt hat, schafft ständig neue Rahmenbedingungen und Anforderungen an ein zeitgemäßes Kongress- und Tagungswesen. Nicht zuletzt deshalb scheint es dringend erforderlich diesen Markt kontinuierlich zu beobachten, zu beschreiben und dessen Entwicklung zu analysieren. Leider ist dies bisher nur sehr unzureichend der Fall gewesen. Vor allem im Bereich öffentlicher Statistiken gibt es sowohl auf Stadt- und Gemeindeebenen, als auch deutschlandweit nahezu keine Daten, die einen Vergleich etwa in Form von regelmäßig erneuerten Zeitreihen ermöglichen. Die aktuellsten Berichte und Studien über den deutschen Kongress- und Tagungsmarkt sind einerseits Artikel in Branchenzeitschriften, Wirtschaftsmagazinen und Tageszeitungen und andererseits Diplomarbeiten, die zumeist an Universitäten und Fachhochschulen mit fremdenverkehrswissenschaftlichen Studiengängen erstellt und betreut wurden und nur spezielle Teilbereich des Gesamtmarktes untersuchen. Zuletzt erstellte das MARKTFORSCHUNGSUNTERNEHMEN INFRATEST BURKE SOZIALFORSCHUNG 1995 eine durch das Deutsche Kongressbüro in Auftrag gegebene umfassende Studie zum Volumen des deutschen Tagungsmarktes und zu dessen Erscheinungsbild. Obwohl diese Studie in vielen Zügen Ungenauigkeiten aufweist und zahlreiche der wiedergegebenen Daten bereits über fünf Jahre alt sind, bildet diese Untersuchung noch heute die Datengrundlage vieler Entscheidungen im Tagungsgeschäft. Auch unter den Fachleuten der Branche weist man einhellig auf die Infratest Burke Studie hin, beklagt jedoch die dringende Notwendigkeit aktuellerer Untersuchungen.

Ziel der vorliegenden Arbeit ist zunächst eine umfassende Beschreibung des deutschen Kongress- und Tagungsmarktes. In Kapitel A erfolgt eine Lagebestimmung des Kongress- und Tagungswesens als Teilbereich des Fremdenverkehrs sowie eine nähere Erläuterung des raumbezogenen Aspektes, der dieses Gebiet zum Forschungsfeld der Geographie macht. Anschließend wird die Geschichte des Tagungswesens und die Bedeutung der verschiedenen Veranstaltungsformen skizziert, bevor in Kapitel B der deutsche Kongress- und Tagungsmarkt in Form einer Angebots- und Nachfrageanalyse ausführlich dargestellt wird. Dazu wurden Informationen aus aktuellen Veröffentlichungen, aus zahlreichen Zeitschriften- und Zeitungsartikeln, aus Diplomarbeiten, Dissertationen, Presseartikeln sowie aus schriftlichem Informationsmaterialien der vielen Verbände und Organisationen der Tagungsbranche gesammelt und ausgewertet. Außerdem trugen 34 persönliche Interviews mit hochrangigen Entscheidungsträgern der Tagungsbranche zum umfassenden Verständnis aller Marktparameter sowie des Alltages der verschiedenen Interessengruppen und deren Tätigkeiten bei. Diese Beschreibung des Kongress- und Tagungsmarktes verfügt daher über einen umfangreichen empirischen Gehalt. Die detaillierte Darstellung des Kongress- und Tagungsmarktes in dieser Arbeit beinhaltet auch Bereiche, die bislang in vergleichbaren Abhandlungen nur sehr knapp und am Rande beschrieben wurden. So wird neben dem klassischen Kongress- und Tagungswesen auch der Incentive-Markt näher beleuchtet. Die allgemeine Darstellung des deutschen Kongress- und Tagungsmarktes schließt mit einer Auflistung von aktuellen Trends und Zukunftsprognosen.

Kapitel C bildet den eigentlichen empirischen Teil dieser Arbeit.[1] Innerhalb einer deutschlandweit angelegten Untersuchung wird das Nachfragesegment „mittelständische Unternehmen" analytisch skizziert. Dazu wurden 2.000 Unternehmen schriftlich zu ihrer Tagungsaktivität befragt. Der Fragebogen beinhaltet unter anderem Aspekte wie Tagungsvolumen, Höhe der Budgets, Arten und Dauer von Veranstaltungen, Anforderung an Standort- und Tagungsfaktoren, Zufriedenheit mit der Qualität in den Tagungsstätten, bevorzugte Tagungsstädte und Entwicklungsperspektiven. Die Angaben der Unternehmen zur Dauer, zum Umfang und zu den Budgets der Veranstaltungen pro Person und Tag ermöglichten eine Hochrechnung auf das Umsatzvolumen des gesamten Marktsegmentes. Die wichtigsten Ergebnisse zum Marktvolumen werden ebenso räumlich differenziert betrachtet, wobei eine Unterteilung der Bundesrepublik in vier Regionen die Ermittlung von regionalen Disparitäten in der Tagungsmarktstruktur ermöglicht.

---

[1] Wenn im folgenden also Verweise auf den „empirischen Teil" dieser Arbeit vorgenommen werden, so bezieht sich dies stets auf Kapitel C.

Neben der schriftlichen Befragung wurden in weiteren mittelständischen Unternehmen telefonische Interviews mit den Organisatoren von Tagungen geführt, die zur Interpretation der Ergebnisse aus den ausgewerteten Fragebögen erforderlich waren. Schließlich wurden mit den Direktoren verschiedener Tagungshotels mehrere qualitative Interviews geführt, um zu vermeiden, dass durch die Konzentration der schriftlichen Befragung auf die Nachfrage eine einseitige Sichtweise entsteht.

Bei dieser Arbeit handelt es sich um die erste bundesweit angelegte Untersuchung des Kongress- und Tagungsmarktes seit 1995 und die erste Untersuchung überhaupt zum Tagungsverhalten mittelständischer Unternehmen.

KAPITEL A: GRUNDLAGEN DES KONGRESS- UND TAGUNGSMARKTES

1. Der Kongress- und Tagungsmarkt als Forschungsgegenstand der Geographie

Während der Recherche zu dieser Arbeit und in zahlreichen Gesprächen mit Fachleuten der Hotel- und Tagungsbranche tauchte immer wieder die Frage auf, „was denn an einer Arbeit zum deutschen Tagungsmarkt ‚geographisch' sei". Selbst der Hinweis, dass es sich bei dem Tagungsmarkt um einen Teilbereich des Fremdenverkehrs handelt, konnte die fragenden Ausdrücke in den Gesichter nicht zufrieden stellen. Daher wird in den folgenden Abschnitten der raumwirksame Aspekt des Fremdenverkehrs und speziell des Tagungs- und Kongressreiseverkehrs näher beschrieben, der diese zum Forschungsgegenstand der Geographie macht.

Abb. 1: Der Fremdenverkehr als Forschungsgegenstand der Geographie

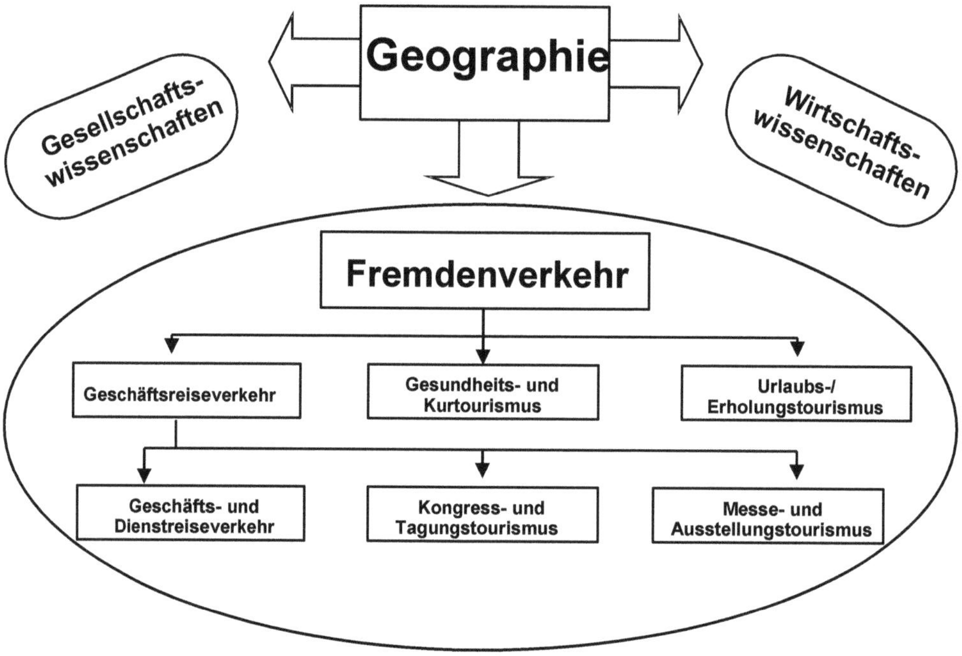

Quelle: Eigene Erstellung

1.1 Der Fremdenverkehr als Forschungsgegenstand der Geographie

Obwohl in den Reisebeschreibungen von Humboldt entsprechende Ansätze erkennbar sind, hat sich die Fremdenverkehrsgeographie erst Anfang dieses Jahrhunderts zögerlich entwickelt und wurde nach dem Zweiten Weltkrieg zu einem weithin anerkannten Forschungsschwerpunkt.[2] Anfangs noch von Seiten der Wirtschaftswissenschaften erforscht, hat sich die Analyse der raumwirksamen mensch-

---

[2] WOLF, Klaus und Peter JURCZEK 1986: Geographie der Freizeit und des Tourismus. 10

liche Aktivitäten im Fremdenverkehr in den anthropogeographischen Forschungsbereich der Geographen integriert, während sich heute insbesondere die Betriebswirtschaft (BWL) mit dem Fremdenverkehr im Sinne einer Wissenschaft des Tourismus-Managements mit einer eigenen Teildisziplin beschäftigt.[3]

Die Fremdenverkehrsgeographie umfasst die gesamte Dimension der durch den Fremdenverkehr induzierten räumlichen Erscheinungsformen und Auswirkungen. Dabei wird unterschieden zwischen den vorhandenen, physiognomisch wahrnehmbaren Gegebenheiten, die in Form von struktur- und prozessanalytischen Ansätzen beleuchtet werden, und den erst durch die Raumprägung des Kulturlandschaftswandels entstehenden Funktionsräumen (Fremdenverkehrslandschaften) und deren sozialgruppenspezifischen Ausprägungen.[4]

Grundsätzlich kann man den Fremdenverkehr hinsichtlich der Reisemotivation in drei Bereiche aufteilen:

Tab. 1: Die verschiedenen Bereiche des Fremdenverkehrs

Reisezweck	Teilbereiche
Freizeit	Freizeit, Erholung, Urlaub, Ferien
Gesundheit	Kur, Bäderreise
Geschäft	Messe- und Ausstellungsreise, Tagungs- und Kongressreise, Dienstreise

Quelle: RICCI, Martina M.C. 1994

Das Statistische Bundesamt fügt dieser Gliederung noch die Bereiche „Besuche bei Freunden und Verwandten" und „Religion/Pilgerreisen" hinzu.[5]

1.2   Der Kongress- und Tagungsreiseverkehr und sein geographisches Bezugsfeld

In bezug auf den Tagungs- und Kongressreiseverkehr existieren heute sehr spezielle Marktbedingungen, die es erforderlich machen im Rahmen interdisziplinärer Forschung das räumliche und wirtschaftliche Wirkungsgefüge zu analysieren. Handelte es sich in den 60er und 70er Jahren beim Kongressgeschäft noch um einen reinen Anbietermarkt, haben expansive Erweiterungsinvestitionen in den 80er Jahren zu einem nachfragebeherrschten Käufermarkt geführt. Während anfangs die wenigen Kongresszentren eine beinahe monopolartige Stellung einnahmen, haben sich inzwischen die Tagungshotels fest auf dem Markt etabliert und zur verstärkten Konkurrenz beigetragen. Zusätzlich stellte sich im Rahmen der rezessiven Wirtschaftslage zwischen 1992 und 1996, die in den Unternehmen ein

---

3   BLAUROCK, Tobias 1997: Tagungs- und kongresstouristische Standortfaktoren als Erfolgspotentiale von Tagungs- und Kongressstätten. 11
4   ebenda
5   STATISTISCHES BUNDESAMT 1998: Tourismus in Zahlen 1997, 20

zunehmendes Sparverhalten und den ansteigenden Trend zu kürzeren, effektiveren Tagungen auslöste, eine Stagnation des Nachfrageverhaltens ein, was zusätzlichen wirtschaftlichen Druck bei den Anbietern im Kongress- und Tagungsgeschäft erzeugte.

Daraus entwickelte sich wiederum eine verstärkte Qualitätsorientierung bei den professionellen Tagungsstätten und Dienstleistern und die Notwendigkeit, sich durch hochwertige, servicebetonte Angebotsgestaltung von den zahlreichen, auf Preisdumping ausgerichteten Konkurrenten abzuheben.

Die Besonderheit eines Käufermarktes ist die im wesentlichen durch die Nachfrager vorgegebene und durchgesetzte Anforderung an das Produkt. Dabei kann man im Falle des Kongress- und Tagungsmarktes grundsätzlich zwei Anforderungsbereiche unterscheiden, die Anforderungen an den Tagungsort (Standortfaktoren) und die Anforderung an die Tagungsstätte (Tagungsfaktoren). Die Qualität eines Tagungsproduktes wird von beiden Faktoren bestimmt. Entscheidend ist aber, dass im Gegensatz zu den von den Tagungsstätten direkt beeinflussbaren Tagungsfaktoren die Standortfaktoren entweder durch ihre natürlichen Gegebenheiten bestimmt, oder von stadt- und regionalplanerischen Zielen geprägt sind. Das Tagungsangebot wird also von zwei Interessen unterschiedlicher Motivation geprägt, der ökonomischen und erfolgsorientierten Ausrichtung der professionellen Tagungseinrichtungen und der Raumplanungspolitik der Städte und Gemeinden sowie der Regionen. Letztere ist vornehmlich davon abhängig, welche Wichtigkeit der Tourismusentwicklung einer Gemeinde, einer Stadt oder einer Region von Seiten der öffentlichen Instanzen beigemessen wird. Dabei konzentriert sich der Blickwinkel in aller Regel auf die schwer zu quantifizierende Umwegrentabilität von Tagungen und Kongressen. Darunter versteht man den durch eine entsprechende Veranstaltung indirekt anfallenden Nutzenzuwachs im Bezugsraum wie die Zusatzeinnahmen des Einzelhandels oder der Gastronomie vor Ort. Zum Nutzenzuwachs zählen aber auch noch schwerer zu bemessende Größen wie ein entstehender Image-Gewinn des Ortes.

Gerade die geographischen Merkmale der Zielgebiete des Kongress- und Tagungsreiseverkehrs zählen zum Untersuchungsgebiet der Geographie. Dabei ist es jedoch unerlässlich, auch die technischen und ökonomischen Rahmenbedingungen und Anforderungen an eine Tagungsstätte in den Blickwinkel zu integrieren. Denn Tagungen und Kongresse als touristische Angebotsform bringen ihre eigenen Verhaltens-, Wirkungs-, und Planungsdimensionen und damit eine räumliche Wechselwirkung mit sich, die Untersuchungsgegenstand der Fremdenverkehrsgeographie ist. Eine Analyse des Raumbezuges von Tagungs- und Kongressreisen sowie die Ermittlung von Erfolgspotentialen erfordert daher die Integration sämtlicher Marktparameter.

In der Praxis der Tagungsstätten sind es somit immer wieder geographische Faktoren, die maßgeblich für den wirtschaftlichen Erfolg von Tagungsstätten entscheidend sind. Wenn es in Zusammenhang mit Tagungs- und Kongressstätten etwa um Durchführbarkeitsstudien („Feasibility Studies"), Objektbewertungen, Stärken-Schwächen Analysen (SWOT-Analysen)[6] oder Marketing- und Strategiepläne geht, stehen geographische Fragestellungen hinsichtlich der Standortfaktoren im Mittelpunkt.

2. Die historische Entwicklung des Kongress- und Tagungsmarktes

Es liegt in der Natur des Menschen, sich zu begegnen und miteinander zu kommunizieren. Bei der Suche nach den Wurzeln von Tagungen und Kongressen ist es daher nötig, sehr weit zurück in die Geschichte der Menschheit zu blicken. Zum ersten Mal erscheint der Begriff „Kongress", abgeleitet vom lateinischen Wort „Congressus" (die Zusammenkunft) in Verbindung mit den politischen Versammlungen der Antike, die unter Einbezug der Öffentlichkeit im alten Griechenland und in Rom stattfanden. Während die Bedeutung dieser „Zusammenkünfte" rein politischer Natur war, setzte im Mittelalter ein Wandel hin zu wissenschaftlichen und wirtschaftlichen Zielsetzungen und Interessen ein. So fand im Jahre 1681 ein Internationaler Medizinischer Kongress statt, der immerhin knapp drei Monate andauerte. Trotzdem waren auch zu dieser Zeit politische Inhalte noch Schwerpunkte der meisten Kongresse, und der Begriff „Kongress" stand seit dem 17. Jahrhundert für die Versammlungen der großen Friedensabschlüsse. So wird der Wiener Kongress von 1814 bis 1815 als der Prototyp des Kongresses heutiger Façon bezeichnet.[7]

Der Wandel des politischen Kongressbegriffes hin zu vermehrt ökonomischen und wissenschaftlichen Zielsetzungen hatte Mitte bis Ende des 19. Jahrhunderts seinen ersten Höhepunkt. Stände und sonstige Berufsorganisationen gingen zunehmend dazu über, fachliche Kongresse mit internationaler Beteiligung abzuhalten. Auch kam es in dieser Zeit zur Bildung erster internationaler Organisationen, wie dem „Internationalen Verband gegen Sklaverei" (1849) oder dem „Weltpostverein" (1874), die ebenso zahlreiche nationale und Internationale Kongresse initiierten.[8] Um 1900 gab es dann bereits etwa 100 internationale Kongresse pro Jahr.

Im 20. Jahrhundert kam es dann zu einem weiteren Wandel der Bedeutung von Kongressen. Vereinfachte Reisebedingungen durch den Ausbau der Verkehrswege und die Entwicklung neuer Fortbewegungsmittel sowie der gestiegene Bedarf an länderübergreifender Kommunikation beschafften dem Kongresswesen besonders ab den 50er Jahren einen rasanten Anstieg. Wie die in den letzten Jahrzehnten entstandenen Bezeichnungen „Kongressmarkt" oder „Kongressindustrie" erkennen lassen, fand eine Kommerzialisierung der Kongresstätigkeit statt und es hat sich eine weitgehend selbständige Branche entwickelt. Abbildung 2 zeigt die Entwicklung internationaler Tagungen zwischen 1900 und 1978.

---

6   Strength – Weakness – Opportunities - Threats
7   RICCI, Martina M.C. 1994: Der Kongress- und Tagungsmarkt in der Bundesrepublik Deutschland, 3
8   WINKLER, Karl-Albert 1990: Kongresse und Tagungen in multifunktionalen Einrichtungen, 9-10

Abb. 2: Die Anzahl internationaler Tagungen zwischen 1900 und 1978

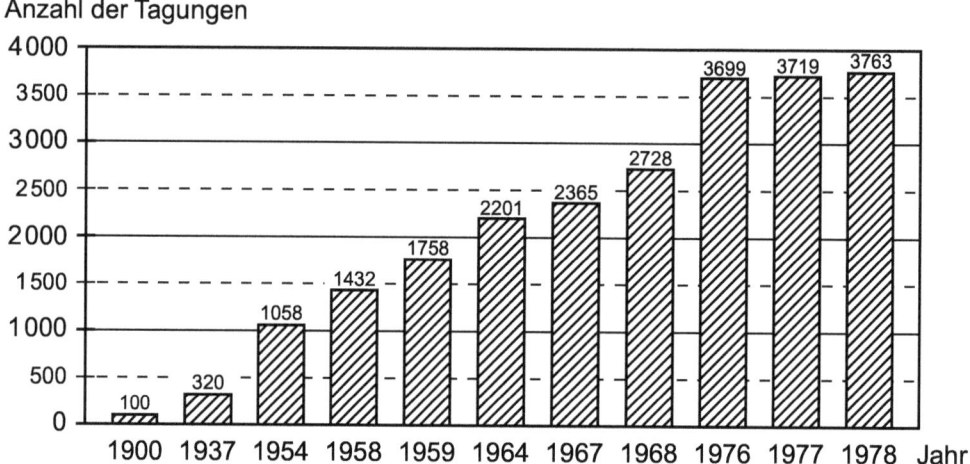

Quelle: HAAS, C. 1981

Nach einem rezessionsbedingten Rückgang des deutschen Kongressgeschäftes in den frühen 90er Jahren stagnierte der Markt über weite Strecken und verzeichnete erst in den letzten zwei Jahren (ab 1996) wieder Zuwächse. Prognosen sehen einen weiteren Boom des Tagungsgeschehens voraus.[9]

Die immer rasantere Entwicklung auf allen Gebieten menschlichen Schaffens, die gestiegene Produktivität und die neuen Strukturen eines globalisierten Wirtschaftsraumes erfordern die weltweite Kommunikation und den persönlichen Informationsaustausch. Im Zuge der Entwicklung neuer Kommunikationsmedien sind die Möglichkeiten einer schnellen Informationsübermittlung stark gestiegen, was wiederum zu einem Bedeutungswandel der gesamten Kongressindustrie führte. Das Tagen und Versammeln rein zum Zweck der „verbalen Datenübertragung" gerät in den Hintergrund. Die Zukunft der Kongresse liegt in einer zunehmenden Humanisierung, das heißt einer stärkeren Integration der menschlichen Eigenschaften und Bedürfnisse, die im Rahmen der modernen Kommunikationstechnologien, wie E-Mail oder Videokonferenzen zu kurz kommen. Dabei werden Begriffe wie Motivation, Erlebnis, Visualisierung, Interaktivität zum Bestandteil moderner Kongresse.

---

[9] GRUNER + JAHR, Branchenbild Maria – Tagungen und Kongresse, Stand November 1997

3. Das Wesen der Tagungsveranstaltung

„Veranstaltung" ist in der deutschen Sprache der allgemeine Begriff für ein zeitlich begrenztes, geplantes Ereignis mit einer definierten Zielsetzung oder Absicht, einer Programmfolge, thematischer und inhaltlicher Bindung oder Zweckbestimmung und in der abgegrenzten Verantwortung eines Veranstalters, einer Person, Organisation oder Institution.[10] Nachdem unter den vorigen Abschnitten die Position des Kongress- und Tagungsmarktes als Teilbranche des Geschäftsreiseverkehrs, der geographische Bezug sowie die geschichtliche Entwicklung erläutert wurden, sollen unter diesem Punkt die Grundlagen von Tagungsveranstaltungen beschrieben werden. Dabei werden die wichtigsten branchenspezifischen Terminologien erklärt und eine Basis zum Verständnis der vorliegende Arbeit geschaffen.

3.1 Veranstaltungsformen

Der Titel dieser Arbeit gibt vor, dass es sich um eine Untersuchung handelt, die sich mit Tagungen und Kongressen auseinandersetzt. Genau genommen sind Tagungen und Kongresse nur Teilbereiche des fokussierten Marktes. Es gibt eine Vielzahl anderer Veranstaltungen, die ebenso der „Tagungsbranche" zuzuordnen sind. Leider gibt es keinen geeigneten Überbegriff, der die Vielzahl der im Rahmen wissenschaftlicher Arbeiten zu diesem Thema aufgeführten Veranstaltungen einschließt. Die in diesem Kapitel gewählte Formulierung „Veranstaltung" ist von sehr allgemeiner Natur und übersteigt den Rahmen dessen, was in dieser Arbeit unter dem Begriff „Tagung" verstanden wird. Trotzdem wird diese Formulierung in der Fachliteratur sehr häufig verwendet, wenn es um spezielle Fragen des Ablaufes und der Organisation von Tagungen geht. Die allgemeinste Bezeichnung im englischen Sprachgebrauch ist wohl der Begriff „Meeting", also Zusammenkunft. Dieses Wort erhält zunehmend Einzug in den deutschen Sprachgebrauch, so dass in Fachkreisen anstelle von dem Kongress- und Tagungsmarkt in Anlehnung an den englischen Begriff häufig von der „Meeting-Industrie" oder der „Meeting-Branche" gesprochen wird. Die jährlich durch das Deutsche Kongressbüro veranstaltete Kongressmesse „Meetings made in Germany" bestätigt die internationale Verbreitung dieses Begriffes.

Trotzdem ist die Bezeichnung „Kongress- und Tagungsmarkt" in der deutschsprachigen Literatur die am häufigsten verwendete Formulierung für die Gesamtheit aller Veranstaltungen innerhalb dieses Segments, wobei mit Kongressen eher die Großveranstaltungen gemeint sind und mit Tagungen eher die kleineren Versammlungen. Wenn also in dieser Arbeit von Tagungen und Kongressen die Rede ist, so steht dies synonym für sämtliche Veranstaltungen, die nachfolgend im einzelnen erläutert werden. Eine genauere Spezifizierung innerhalb dieser Arbeit erfolgt nur, wenn dies inhaltlich nötig ist.

---

[10] DEGEFEST 1989: Allgemeine Definitionen zu den verschiedenen Tagungs- und Veranstaltungsarten, 4

Es gibt für die Vielzahl der Veranstaltungsformen keine „amtlichen", das heißt anerkannten Definitionen. Die Gliederung der Tagungen und Veranstaltungen erfolgt primär unter dem Aspekt der grundlegend gleichen oder ähnlichen Auswirkungen auf ihre technischen, organisatorischen und räumlichen Anforderungen. Die Bezeichnungen sind auf die Grundformen zurückgeführt, wobei Namensgebungen in erster Linie überlieferte Gepflogenheiten der Veranstalter oder marketingtechnische und werbewirksame Absichten vermuten lassen.[11] Eine ganze Reihe von Autoren haben bisher versucht, allgemeingültige Definitionen festzulegen, doch hat sich keine völlig durchgesetzt. Grund hierfür ist das mangelnde Interesse in der Branche an solchen Fragen hinsichtlich geeigneter Terminologien. Mit anderen Worten: Es ist den Beteiligten völlig egal, ob eine stattfindende Veranstaltung als Konferenz, Tagung oder Forum bezeichnet wird. Dazu kommen weitere Gründe, wie ein Prestigedenken unter Verbänden und Unternehmen, die anstelle des Begriffes Kongress einen eigenen, individuellen Namen kreieren, der sich besser vermarkten lässt (der „Deutsche Geographentag" wäre hierfür beispielhaft zu nennen) oder die zunehmende Variationsbreite von Veranstaltungen, die keine Erfassung in starren Kategorien zulassen.

Ein entscheidender Faktor der in dieser Arbeit und besonders im empirischen Teil zugrunde liegenden Definition einer Tagungsveranstaltung ist die Tatsache, dass nur die Tagungen als solche bezeichnet werden, die nicht in den Räumen des veranstaltenden Unternehmens stattfinden.

Die nachfolgenden Definitionen der einzelnen Veranstaltungsformen wurde im wesentlichen aus der in den Arbeiten der letzten 10 Jahre meistzitierten Zusammenstellung der Deutschen Gesellschaft zur Förderung und Entwicklung des Seminarwesens (DEGEFEST) verwendet.[12] Demnach werden vier Hauptveranstaltungsarten unterschieden, nämlich Kongresse, Tagungen, Konferenzen und Seminare. Die in Tabelle 4 genannten quantitativen Abgrenzungen sind lediglich Richtwerte in Anlehnung an eine „übliche" Größenordnung.

---

[11] DEUTSCHE GESELLSCHAFT ZUR FÖRDERUNG UND ENTWICKLUNG DES SEMINARWESENS 1989: Allgemeine Definitionen zu den verschiedenen Tagungs- und Veranstaltungsarten, 22
[12] ebenda, 23

Tab. 2: Die Eigenschaften der unterschiedlichen Veranstaltungsarten im Tagungssegment

Art der Veranstaltung	Größe (Teilnehmer)	Dauer (Tage)	Ablauf	Entscheidungszeitraum	Organisation	Veranstaltungen mit gleichen Grundkriterien[13]
Kongress	> 250	> 1	Verschiedene Veranstaltungsteile, thematisch, methodisch, räumlich, organisatorisch	Längerfristig, 1-8 Jahre	Komplexe, längerfristige Planungs- und Vorbereitungszeit	Parteitage, Gewerkschaftstage, Bundestreffen, Jahreshauptversammlung, Sportkongress, Konvention
Tagung	< 250	i.d.R. 1	Wenige Veranstaltungsteile, thematisch, methodisch, räumlich, organisatorisch	Mittelfristig, bis zu 1 Jahr, durchschnittlich 4-6 Monate	Kürzere Planungs- und Vorbereitungszeit, geringerer Organisationsaufwand	Forum, Panel-Forum, Aktionärsversammlung, Mitgliederversammlung, Eigentümerversammlung, Podiumsdiskussion, Plenardiskussion, Verbands- und Vereinstreffen, Vortragsveranstaltung, Workshop, Meeting, Hearing
Konferenz	< 50	<= 1	Einteilig (ein Thema, ein Raum), interaktiv	kurzfristig	Kurze Vorbereitung, geringer Organisationsaufwand (Ausnahme: bedeutende politische Konferenzen)	Sitzung, Komitee-Sitzung, Vorstandssitzung, Pressekonferenz, Forumsgespräch, Expertengespräch, Arbeitsgruppen, Round Table, Workshop, Gipfeltreffen, Synode, Klausurtagung, Video-Konferenz
Seminar	< 30 (meist 10-16)	Meist mehrtägig	Einteilig, thematisch mehrteilig, räumlich, methodisch	Mittelfristig, bis zu 1 Jahr	Umfangreiche inhaltliche Vorbereitung, i.d.R. geringer technischer Aufwand	Schulung, Kursus, Kurs, Lehrgang, Training, Symposium, Colloquium, Workshop, Expertenmarkt

Quelle: Allgemeine Definitionen zu den verschiedenen Tagungs- und Veranstaltungsformen; DEGEFEST 1989

---

[13] Diese Spalte enthält nur die am meisten verbreiteten Veranstaltungen und stellt nur einen Teil der in der Quelle genannten Formen dar.

3.1.1. Kongresse

Unter Kongress versteht man die Zusammenkunft einer größeren Anzahl von Menschen (in der Regel mehr als 250), die meist länger als einen Tag dauert und während der eine Reihe von Einzelthemen eines geschlossenen Sachgebietes behandelt wird. Innerhalb eines übergeordneten Organisationsrahmens werden Kongresse von politischen, berufsständischen, wirtschaftlichen, wissenschaftlichen und gesellschaftlichen Verbänden, Organisationen und Institutionen durchgeführt und haben meist mehrere Einzelveranstaltungen mit unterschiedlichen Kommunikationsformen, wie Plenum, Plenarsitzung, Arbeitskreise, Konferenzen, Workshops, Seminare, Podiumsdiskussionen, Informationsmärkte, Poster-Sessionen, Produktpräsentationen, Ausstellungen, Fachbesichtigungen, Empfänge, Feiern, Ausflüge, Rahmenprogramme u.a.

3.1.2 Tagungen

Der Begriff „Tagung" hat sich im branchenüblichen Sprachgebrauch durchgesetzt für kleinere bis mittelgroße Veranstaltungen mit kurzer Dauer von zumeist nur einem Tag und einer begrenzten spezifischen Thematik. Ähnlich den Kongressen, nur in geringerem Umfang, kann sich eine Tagung aus mehreren Einzelteilen mit unterschiedlichen Kommunikationsformen zusammensetzen. Aufgrund der geringeren Komplexität von Tagungen ist der Organisationsaufwand geringer und die Vorbereitungszeit kürzer als bei Kongressen.

3.1.3 Konferenzen

Unter einer Konferenz versteht man die Zusammenkunft einer kleineren Gruppe Menschen zur Besprechung und Lösung aktueller Fragen und Probleme. In der meist weniger als einen Tag dauernden Veranstaltung wird ein spezifisches Thema oder ein Themenkomplex in Form einer interaktiven Kommunikation, das heißt unter Einbeziehung aller Teilnehmer, diskutiert, mit dem Ziel der Lösung von Problemen und der Beschlussfassung. Der organisatorische Aufwand von Konferenzen ist in der Regel minimal, da die Anforderungen an Räumlichkeiten und Technik eher gering sind.

3.1.4 Seminare

Seminare sind Lehrveranstaltungen mit meist niedriger Teilnehmerzahl, die sich über mehrere Tage erstrecken und vorwiegend auf einen Sachbezug begrenzt sind. Sie erfordern umfangreiche inhaltliche Vorbereitung, meist jedoch nur geringen organisatorischen Aufwand. Sie können innerbetrieblich durchgeführt werden oder extern, d.h. an einem Seminar- und Trainingsinstitut, in einer bestimmten Tagungsstätte, meist spezialisierten Tagungshotels oder Seminarzentren.

Sonderformen von Seminaren sind:

- Symposium: Erörterung von Vorträgen und Diskussion eng begrenzter Themen von Experten und Fachwissenschaftlern

- Kolloquium: Frage- und Antwortspiel mit einer Lehr- oder Bezugsperson über ein definiertes Fachproblem, wissenschaftliche Diskussion im kleinen Kreis von Fachleuten mit anschließendem Gesprächsresümee

- Clinic: Vorstellung und Diskussion von medizinischen Fällen, entweder mit audiovisuellen Medien oder durch Vorführung der Patienten

- Expertenmarkt: Mit Metaplan-Methode moderierte Diskussion von Fachleuten über ein spezifisches Thema mit dem Ziel der Erarbeitung eines gemeinsamen Resultates.

3.2 Sonderformen von Veranstaltungen

Zusätzlich zu den vier Hauptgruppen von Veranstaltungen gibt es zahlreiche Sonderformen und Abwandlungen, die je nach dem besonderen Charakter inhaltlich oder strukturell mehr oder weniger der Tagungsbranche zuzuordnen sind. Ob es sich bei der jeweiligen Sonderform um eine Tagungsveranstaltung handelt oder nicht, kann nicht allgemein definiert werden. Vielmehr ist eine separate Beurteilung der zahlreichen spezifischen Veranstaltungen nötig.

Versammlungen

Größere Versammlungen sind Sonderveranstaltungen des Tagungsmarktes, die meist ein begrenztes Thema innerhalb eines großen Teilnehmerfeldes (oft mehrere tausend Personen) in entsprechenden Großhallen, Stadien oder öffentlichen Plätzen behandeln.

Kongress-Messe, Messe-Kongress

In den vergangenen Jahren entwickelten sich die Messen und Ausstellungen in zunehmendem Maße zu Kongress-Ausstellungen oder Kongress-Messen, das heißt, sie finden immer häufiger in Verbindung mit Informations- und Fachtagungen statt. Grund hierfür ist der Wandel der Messebranche von einer regionalen Universalmesse hin zu überregionalen Fachmessen, der in den letzten Jahrzehnten stattfand.

Produktpräsentationen, sonstige Präsentationen

Die Produktpräsentation ist eine Form von Veranstaltungen, die in den vergangenen Jahren an Bedeutung gewonnen hat. Bereits heute nimmt sie einen beachtlichen Anteil an den gesamten Tagungsaktivitäten von Unternehmen ein. Auch innerhalb dieser Form gibt es ein breites Spektrum an unterschiedlichen Ausprägungsdimensionen, angefangen bei einer beschreibenden Darstellung eines neuen Produktes vor einigen interessierten Kunden bis hin zur großen, künstlerisch und unterhaltsam gestalteten Bühnenshow mit hohem Erlebniswert (etwa im Stil einer Galaveranstaltung) für eine breite Masse von Kunden und Journalisten.

Incentives

Während Incentive-Reisen ursprünglich von ihrer Ausprägung und ihren Inhalten her eindeutig eher Urlaubs- und Erholungscharakter hatten und dem Freizeit- und Tourismusbereich zuzuordnen waren, hat sich in den letzten Jahren zunehmend ein Wandel hin zu beruflichen und geschäftlichen Themen und Inhalten vollzogen. Damit nehmen Incentives zunehmend die Rolle von erlebnisorientierten Tagungen oder Seminaren ein.

Events, Road-Shows und andere erlebnisorientierte Show-Veranstaltungen

Geradezu virenartig hat sich der Terminus „Event" in den letzten Jahren branchenweit und global etabliert. Bemerkenswerterweise verdankt dieser Begriff seine Karriere - zumindest außerhalb des angelsächsischen Sprachraums – nicht etwa einer besonders klaren und einhelligen Definition, sondern dem Fehlen einer solchen. Sportfest, Musikkonzert, Straßenfest, Chirurgenkongress, Händlermeeting, Parteitag, Weihnachten – Event kann inzwischen alles sein, was bei Menschen nachhaltig Wirkung erzielen will. Professionell und erlebnisreich inszeniert, eröffnen Events neue Dimensionen der zielgruppenspezifischen Kommunikation und bieten damit große Marketingchancen.

3.3 Die Träger der Veranstaltungen

Grundsätzlich kann jede juristische und auch jede natürliche Person Träger von Tagungen und Kongressen sein. Infratest Burke unterteilt die Veranstalter in die vier Hauptgruppen private Verbände, öffentliche Verbände, Firmen und Professional Congress Organizers (PCOs)[14] Die Charakteristik der den jeweiligen Tagungsträgergruppen zuzuordnenden Veranstaltungen sind in Tabelle 3 dargestellt, wobei darauf hingewiesen werden muss, dass nicht die gesamte Bandbreite vorkommender Veranstaltungen beschrieben wird, sondern das Profil der Tagungen, die für die jeweilige Trägergruppe typisch ist.

---

[14] INFRATEST BURKE SOZIALFORSCHUNG 1995: Der deutsche Tagungsmarkt 1994/1995, 22

Tab. 3: Die Veranstaltungsprofile der verschiedenen Tagungsveranstalter

	Private Verbände	Öffentliche Verbände	Firmen	PCOs
Teilnehmer	Einige hundert bis mehrere Tausend	Einige hundert bis mehrere Tausend	10 bis 50	Einige hundert bis mehrere Tausend
Begleitperson	Ja	Ja	Eher nein	Ja
Dauer	2-4 Tage	3-7 Tage	2-3 Tage[15]	Unterschiedlich
Tagungsstätte	Kongresszentrum, Tagungshotel	Eigene Räume, Kongresszentren,- Tagungshotels eher weniger	Tagungshotels (beliebt: Landhotels), eigene Räume[16]	Einige hundert bis mehrere Tausend
Ausstellung	Häufig, zuweilen sehr groß	Eher weniger, kleiner	selten	Ja, wichtige Einnahmequelle
Rahmenprogramm	Empfänge, Ausflüge, Damenprogramm	Empfänge, Ausflüge, Damenprogramm	Dinner, Empfang (abends)	Alles was gewünscht wird
Veranstaltungsform	Forum, Fortbildung, Jahrestagung	Arbeitssitzung, Jahresversammlung	Schulung, Meeting, (Präsentation, Incentives)	Forum

Quelle: INFRATEST BURKE SOZIALFORSCHUNG 1995

3.4 Die Ziele der Veranstaltungen

Veranstaltungen werden aus unterschiedlichen Gründen durchgeführt: aus wissenschaftlichen, politischen, militärischen, religiösen, kulturellen und gesellschaftlichen Anlässen oder aus einer Kombination derselben. Um den Erfolg einer Tagung zu gewährleisten, ist es notwendig, vorher ein genaues Veranstaltungsziel zu definieren. Eine Studie der Firma Metaplan über das Tagungs- und Konferenzver-

---

[15] Während die Quelle hier 2-3 Tage angibt, haben zahlreiche anderen Quellen eine durchschnittliche Dauer von Firmentagungen von 1-2 Tagen ermittelt.
[16] Veranstaltungen in eigenen Räumen zählen in dieser Arbeit nicht zum Tagungsmarkt (vgl. Kapitel C)

halten deutscher Unternehmen ergab die in Abbildung 3 dargestellte Gewichtung der Ziele von Veranstaltungen (Mehrfachnennungen waren möglich).

Abb. 3: Die Ziele von Tagungsveranstaltungen

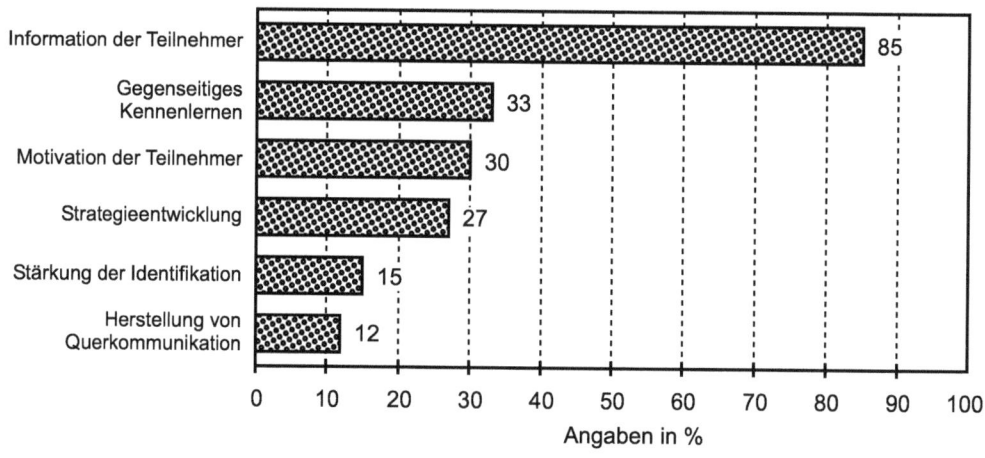

Quelle: KÜHL, S. und H. MAUCH 1991

Abb. 4: Die Gründe für die Teilnahme an Tagungsveranstaltungen

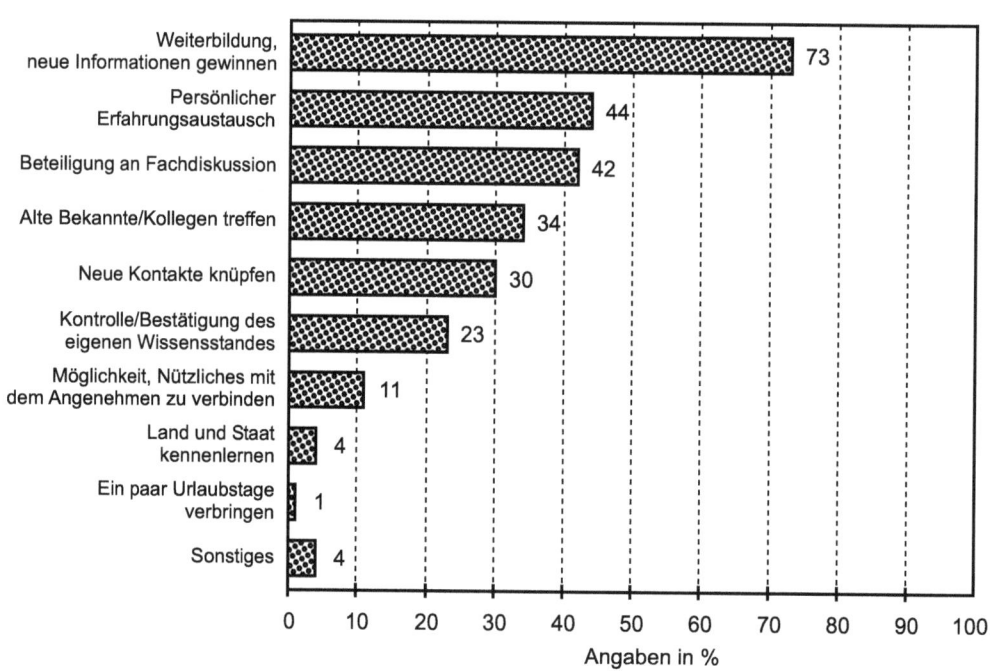

Quelle: INSTITUT FÜR PLANUNGSKYBERNETIK (IPK) 1988

Neben den für die Veranstalter im Vordergrund stehenden strategischen Zielen einer Tagungsveranstaltung sind die Motivationsgründe für die Teilnehmer oft unterschiedlicher Natur. Zwar ist auch hier der Informationstransfer die dominierende Erwartung an eine Tagung, doch folgen dann eher persönliche Gründe wie „alte Bekannte treffen" oder der „persönliche Erfahrungsaustausch". Abbildung 4 zeigt die von Teilnehmern am häufigsten genannten Gründe für die Teilnahme an Kongressen.

3.5   Die Teilnehmer der Veranstaltungen

Der „typische" Tagungsteilnehmer ist männlich (76%), jünger als 50 Jahre (81% sind zwischen 20 und 49 Jahre alt, 34% sind zwischen 30 und 39 Jahren), verfügt über einen höheren Bildungsabschluss (57% haben Hochschulreife oder einen Hochschulabschluss) und ist Angestellter (24% leitende, 39% sonstige Angestellte).[17]

Abb. 5: Die Teilnahme von Entscheidungsträgern an Kongressen und Tagungen

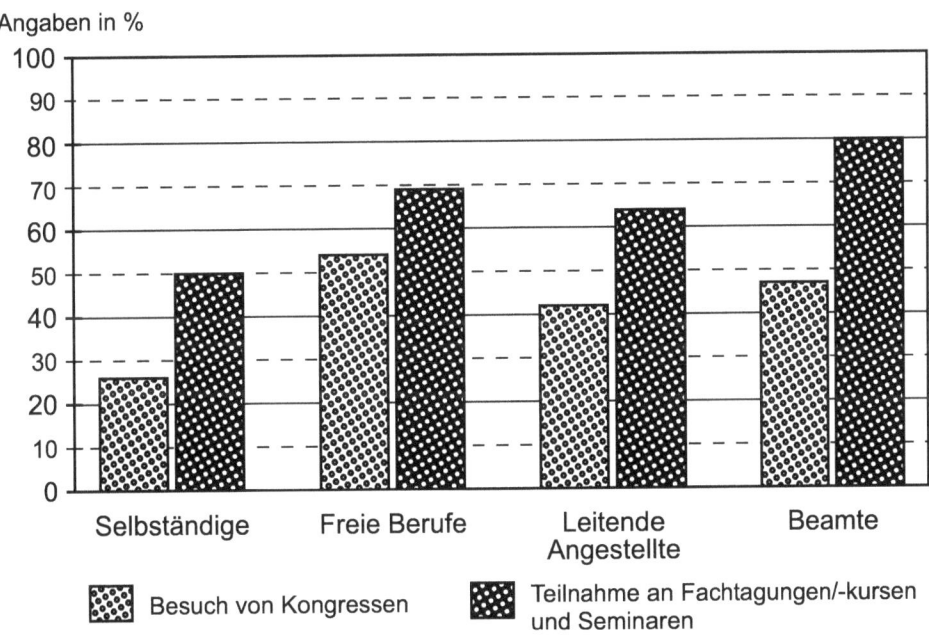

Quelle: GWA Servicegesellschaft Werbeagenturen mbH 1997

Obwohl der Anteil der ausländischen Tagungsgäste in Deutschland zwischen 1987 und 1994 konstant bei etwa 5% lag[18], erwarten Experten einen starken Marktanstieg durch zunehmende Internationalisierung von Kongressen. 1994 lag der absolute Ausländeranteil bei etwa 2,4 Mio. Teilnehmern, was in Anbetracht der deutlich höheren Tagesausgaben ausländischer Geschäftsreisender bezogen auf das Umsatzvolumen, einen deutlich größeren Marktanteil ergibt.[19] Abbildung 6 zeigt die Bedeutung einzelner Quell-Länder.

---

[17] INFRATEST BURKE SOZIALFORSCHUNG 1995: Der deutsche Tagungsmarkt 1994/1995,. 14
[18] ebenda
[19] ebenda

Abb. 6: Die wichtigsten Quell-Länder des deutschen Tagungsmarktes

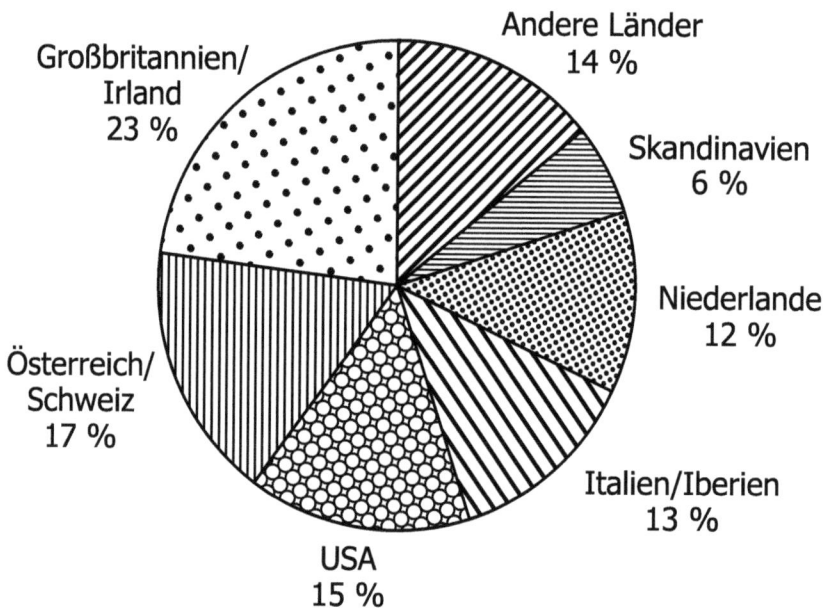

Quelle: INFRATEST BURKE SOZIALFORSCHUNG 1995

KAPITEL B: DER KONGRESS- UND TAGUNGSMARKT: EINE ANALYSE VON ANGEBOT UND NACHFRAGE

In den späten 80er und den 90er Jahren gab es mehrere Studien, Diplomarbeiten und Dissertationen, die sich mit dem deutschen Kongress- und Tagungsmarkt auseinandergesetzt haben. Wie bereits beschrieben, ist der Kongress- und Tagungsmarkt nur sehr schwer zu quantifizieren. Durch die fließenden Übergänge der unterschiedlichen Veranstaltungsformen und die großen Grauzonen im Bereich der nur sehr aufwendig erfassbaren Kleintagungen wäre ein extrem hoher finanzieller und zeitlicher Aufwand erforderlich, um den Tagungs- und Kongressmarkt in seinem Volumen zu bestimmen. Selbst die umfangreichsten und kostenintensivsten Studien, die in der Vergangenheit erstellt wurden, beruhen in wesentlichen Punkten auf groben Schätzungen. Bereits die Frage nach dem Gesamtangebot an Tagungseinrichtungen in der Bundesrepublik ist aufgrund der fließenden Übergänge nicht eindeutig zu beantworten. Soll eine kleine Privatpension, die einen mittelgroßen Aufenthaltsraum in ein Besprechungszimmer für 20 Personen umwandeln kann in der Statistik unter dem Begriff „Tagungshotel" erscheinen oder nicht? Die Frage nach dem Grund für diese Flut an nicht festgelegten Abgrenzungen und Definitionen führt unweigerlich zur Frage nach dem Nutzen, den der Markt und seine Parteien von einer exakten Quantifizierung haben. Von zahlreichen Branchenkennern wurde bestätigt, dass es nicht etwa die großen „Player" auf dem Markt sind, die ein Interesse an solch umfassenden Analysen haben, denn diese verfügen über Ihre eigenen Marktzahlen, die sich inhaltlich und formell auf ihr jeweiliges Unternehmen beziehen. Der Aufwand der Datenbeschaffung stünde in keinem Verhältnis zum wirtschaftlichen Nutzen. Ein Interesse an einer exakten quantitativen Darstellung des Tagungsmarktes hinsichtlich seines Marktvolumens, des Angebotes und der Nachfrage liegt somit hauptsächlich im größeren Interesse der Städte und Gemeinden, die im Hinblick auf mögliche Subventionierungen von Veranstaltungshallen den wirtschaftlichen Nutzen des Tagungsgeschäftes feststellen können. Des weiteren sind die Branchenverbände an solchen Zahlen interessiert, um damit politisch auf die Bedeutung des Marktes aufmerksam zu machen. Die meistzitierte und am breitesten vermarktete Studie zum deutschen Kongress- und Tagungsmarkt ist der Bericht des Marktforschungsinstitutes Infratest Burke, der 1994 im Auftrag des GCB erstellt und 1995 veröffentlicht wurde. Dabei handelt es sich um die einzige repräsentative und mit Gesamtkosten von etwa DM 350.000[20] teuerste Studie, die bislang zum Tagungsmarkt durchgeführt wurde. 1988 hatte das GCB schon einmal eine ähnliche Studie durch das Institut für Planungskybernetik (IPK) erstellen lassen. Wie in den folgenden Kapiteln beschrieben wird, bauen beide Studien auf sehr unterschiedlichen Erhebungs- und Quantifizierungsmethoden auf und kommen demzufolge zu ziemlich unterschiedlichen Ergebnissen. Sie sind somit in vielen Bereichen kaum miteinander zu vergleichen. Neben diesen beiden Studien veröffentlicht die Unternehmens-

---

[20] Telefonische Auskunft des GCB

beratung Dr. Gugg und Dr. Hank-Haase in unregelmäßigen Abständen umfangreiche Studien zum deutschen Tagungsmarkt, die meist auf einer schriftlichen Befragung von etwa 300 bis 2.000 Unternehmen oder Verbänden aufbauen. Weiterhin berichten die gängigen Branchenzeitschriften Conference & Incentive Management (CIM) und Tagungswirtschaft (TW) sowie das Incentive Journal für den Incentive-Markt regelmäßig über aktuelle Themen der Tagungsbranche. Zumeist in Form kleinerer Leserbefragungen werden darin in gewissen Abständen auch Marktstudien veröffentlicht, die sich aber in der Regel auf einen Marktausschnitt beschränken. Diese Befragungen haben meist einen Stichprobenumfang von 200 bis 500 Fragebögen.

Im Rahmen einiger Diplomarbeiten wurden auch schriftliche Befragungen durchgeführt, die sich aber ebenso auf ein Marktsegment oder einen Teilraum beziehen. Keine der empirischen Erhebungen in Diplomarbeiten zum Kongress- und Tagungsmarkt, die im Rahmen der Recherche zu dieser Arbeit eingesehen wurden, bezog sich auf Gesamtdeutschland. Eine durch die Karlsruher Kongress- und Ausstellungs-GmbH (KKA) betreute Diplomarbeit an der Fachhochschule Heilbronn beinhaltet eine schriftliche Befragung von über 1.500 Unternehmen aus der Kundenkartei des KKA. Datengrundlage der Studie waren also die Aussagen von Kunden eines der führenden deutschen Kongresszentren, was im Grunde keine Aussagen über den Gesamtmarkt zulässt, da es sich hier um Veranstalter tendenziell größerer Tagungen und Kongresse handelt.[21]

Weder das Statistische Bundesamt, noch die großen Tagungsstädte in Deutschland führen regelmäßig Statistik über den deutschen oder lokalen Tagungsmarkt. Einzige Ausnahme ist die Tourismus und Congress GmbH in Frankfurt, die eine jährliche Tagungsmarktübersicht der Stadt Frankfurt erstellt.[22]

Bislang ist der Versuch, die Städte zur einheitlichen statistischen Erfassung des Tagungsgeschehens zu ermutigen, gescheitert. Eine in Zusammenarbeit mit dem GCB erstellte Diplomarbeit beschäftigte sich intensiv mit diesem Problem.[23] Das Ergebnis war ein statistischer Erfassungsrahmen, der jedoch in Fachkreisen keine größere Beachtung fand. Im Frühjahr 1998 trat unter dem Arbeitstitel „AG Kongressstatistik" ein Expertenteam unter Vorsitz von Frau Dr. Engelbrecht, Geschäftsführerin der Leipzig Tourismus GmbH, und unter Mitarbeit des GCB zusammen und setzte sich erneut mit diesem Problem auseinander. Im Juli 1998 schließlich wurden im Rahmen der Präsentation einer Magisterarbeit zu diesem Thema in einer Arbeitssitzung Erfassungskriterien für den Tagungsmarkt festge-

---

[21] WECKESSER, Michaela 1994: Anforderungen des Marktes an zeitgemäße Kongress- und Veranstaltungsstätten
[22] TOURISMUS UND CONGRESS GMBH: Kongress- und Tagungsdokumentation Frankfurt am Main, jährlich erscheinender Pressebericht
[23] FENTZAHN, Annette 1993: Untersuchungskriterien und Erfassungsmethoden für eine Auslastungsstatistik im Kongress- und Tagungsmarkt. Worms

legt, die in den nächsten Jahren in den führenden Tagungsstädten etabliert werden sollen:[24]

Diese Kriterien sollen in eine standardisierte Software implementiert werden, um eine schnelle Auswertung und Vergleichbarkeit zu gewährleisten.

Es bleibt zu hoffen, dass diese Kriterien von den Gemeinden angenommen werden, und dass sich daraus eine langfristige, regelmäßige statistische Erfassung des Tagungsmarktes ergibt.

1. Das Angebot

Der Gesamtmarkt an Veranstaltungsstätten wurde in den letzten 15 Jahren lediglich durch die Infratest Burke Studie (1994/1995) und die IPK Studie (1988) erhoben. Das Statistische Bundesamt hat im Rahmen seiner sechsjährig stattfindenden Kapazitätserhebung 1993 die Anzahl der in Beherbergungsbetrieben angebotenen Räume für Konferenzen, Tagungen und Seminare in unterschiedlichen Kapazitätenklassen gezählt. Besonders im Bereich der Tagungshotels gibt es sehr unterschiedliche Ansichten über die Gesamtzahl in Deutschland. Weder der Deutsche Hotel- und Gaststättenverband e.V. (DEHOGA), noch die Verlage der anerkannten Hotelführer konnten über die erwähnten Studien hinweg Aussagen zum Gesamtmarkt der Tagungshotels machen, da sie nicht den Anspruch auf vollständige Erfassung aller Hotels haben und auch innerhalb der erfassten Häuser keine Einteilung in Tagungshotels vornehmen. Generell gibt es noch keine anerkannte Definition eines Tagungshotels. Zu unterschiedlich sind die Anforderungen, die von der Nachfrageseite an eine Tagungsstätte gestellt werden. Die Bandbreite der erwünschten Ausstattungen reicht von einfach, funktional und preiswert bis hin zu höchstem komfortablen und technischen Niveau.

1.1 Die Tagungsstätten

In diesem Abschnitt werden zunächst die einzelnen Arten von Veranstaltungsstätten erläutert und anschließend verschiedene Erhebungsergebnisse bezüglich des gesamtdeutschen Tagungsstättenangebotes aufgeführt und verglichen.

1.1.1 Tagungshotels

Mit Abstand die meisten Tagungen finden in Hotelbetrieben statt. Tagungshotels zeichnen sich dadurch aus, dass sie neben Übernachtungsmöglichkeiten und eventuell gastronomischen Einrichtungen auch Tagungsfazilitäten anbieten. In der Literatur wie auch im branchenüblichen Sprachjargon, wird der Begriff „Tagungshotel" im weiteren Sinne meist überbegrifflich verwendet und schließt auch Gasthöfe mit Beherbergungsbetrieb, Pensionen, Hotels Garnis und sonstige Beherber-

---

[24] Ergebnisbericht der Arbeitssitzung der AG Kongreßstatistik vom 2.7.1998, Handout von Frau Dr. Engelbrecht

gungsbetriebe ein, die über Tagungs- oder Konferenzräume verfügen. Demgegenüber versteht man unter einem Tagungshotel im engeren Sinne einen Hotelbetrieb, der einen wesentlichen Anteil seiner Umsätze im Tagungssegment erzielt und daher als Wettbewerber auf dem Tagungsmarkt auftritt. Demgegenüber stehen die zahlreichen Kleinbetriebe, die zwar einen Tagungs- oder Konferenzraum haben und diesen in Hotelführern und bei der Beherbergungsstättenzählung des Statistischen Bundesamtes ausweisen, ihn aber meist unentgeltlich an beherbergte Gäste überlassen oder an lokale Vereine und andere Gruppen vermieten. Eventuell entstehende Umsätze sind reine, zusätzlich zu den betriebszwecklichen Erlösen erzielte Nebenverdienste.

Zwischen diesen beiden Gruppen der professionellen Tagungshotels und der Beherbergungsbetriebe mit Tagungsmöglichkeit sind die Übergänge fließend, und es gibt keine festgelegten Mindeststandards und Abgrenzungskriterien. Einzig die DeGefest bietet gegen Gebühr eine Qualitätsprüfung nach bestimmten Kriterien an, die Voraussetzung für die Aufnahme in den selbst herausgegebenen Tagungsstättenführer ist.

Die Tagungsbranche klagt seit vielen Jahren über die gewachsene Gruppe von Hotels, die einerseits das Segment „Tagungen" als lukrative Einnahmequelle entdeckt haben, sich aber andererseits nicht um ein professionelles Angebot bemühen. „Wer meint, zur Einrichtung eines Tagungshotels reiche es, einen Overhead-Projektor, ein paar Folienstifte und eine Kanne Kaffee bereitzustellen, hat sich getäuscht. Um am dichten Tagungsmarkt überleben zu können, muss ein Hotel Qualität bieten und das nicht nur in Hinblick auf modernste Technik."[25] Die Anforderungen an das Leistungsspektrum und Umfeld eines professionellen Tagungshotels beinhalten umfangreiche Servicedienstleistungen wie Organisation, Beratung (technisch und strategisch), Zuverlässigkeit und die Betreuung der Tagungsteilnehmer, die durch kompetentes, speziell ausgebildetes Personal geleistet werden müssen. Daneben muss auch die „Hardware" in bezug auf Räumlichkeiten, Tagungstechnik, Freizeitangebot und die Umgebung des Hauses dem modernen Leistungsstandard der Tagungsbranche entsprechen. „Wann sich ein Hotel guten Gewissens ‚Tagungs- oder Kongresshotel' nennen darf, dafür gibt es unter anderem ein paar ganz simple Prämissen: die Technik muss optimal, ihr einwandfreies Funktionieren durch geschultes Personal garantiert, die Nebenräume dem Plenum angepasst (1:10), das Essen teilnehmergerecht und schnell servierbar, die Lage des Hotels zentral, sowie das Ganze nach dem Motto ‚alles unter einem Dach' servierfreundlich sein. Dass die Zimmer und Büroetagen ebenfalls dem neusten Stand entsprechen, versteht sich von selbst."[26]

---

[25] Tagungshotelerie-Wie das Geschäft mit dem Wissen für alle Seiten rentabel wird. http://www.messebasel.ch/presstxt/igeho/pm4d.txt, Internet
[26] Incentivehotels müssen mehr bieten als lediglich Komfort. In: CIM, Conference and Incentive Management, Heft 3, 1998, 75

Die Zusatzeinrichtungen eines Hotels sind bei den Tagungsveranstaltern und den Teilnehmern häufig neben den direkt mit der Tagung in Verbindung stehenden Faktoren von entscheidender Bedeutung für die Wahl der Tagungsstätte. So ermittelte eine Untersuchung der Beratungsfirma Dr. Gugg und Dr. Hank-Haase unter Tagungsgästen die in Abbildung 7 dargestellten Gewichtungen von gewünschten Zusatzeinrichtungen.

Abb. 7: Die gewünschten Zusatzeinrichtungen im Tagungshotel

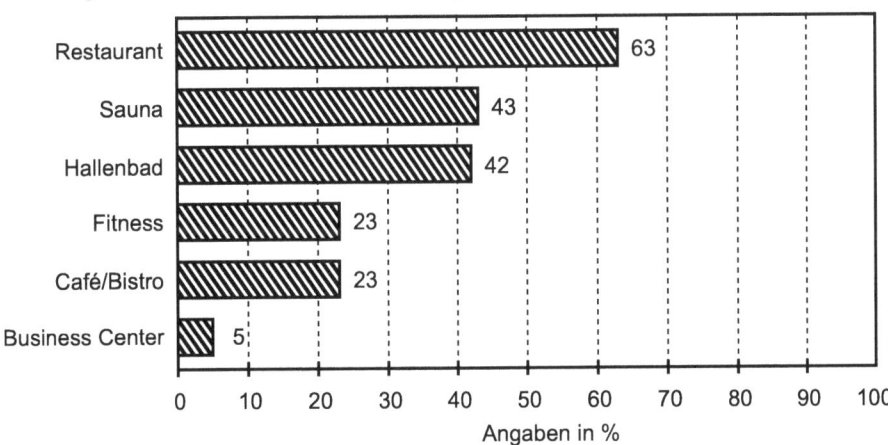

Quelle: Dr. GUGG & Dr. HANK-HAASE 1994

In bezug auf die Lage muss unterschieden werden zwischen einem typischen Seminarhotel, das auf relativ wenige und länger bleibende Teilnehmer ausgerichtet ist und einem Kongresshotel, das auf größere Veranstaltungen eingestellt ist. Während bei einem Seminarhotel der Tagungsort auch etwas abgelegen sein kann, steht bei einem Kongresshotel die schnelle Erreichbarkeit im Vordergrund. Die Ausnahme ist ein von dem Ort ausgehender starker Prestigefaktor, der diesen zur „Top-Tagungsdestination" macht. Ebenso kann ein Hotel als Kongresshotel bezeichnet werden, wenn es einem Kongresszentrum direkt angeschlossen ist, wie das Maritim Hotel in Frankfurt, das Dorint Hotel in Freiburg oder das Radisson SAS Hotel in Hamburg.

Neben den direkten Umsätzen aus dem Tagungsgeschäft sind die in diesem Segment generierten Übernachtungen für die meisten Qualitätshotels ein wesentlicher Bestandteil des „Business Mix". Eine Studie der Wirtschaftsprüfungs- und Steuerberatungsgesellschaft Arthur Andersen ermittelte für die Qualitätshotellerie der vier bedeutendsten Tagungsstädte Deutschlands den Anteil der dem Tagungssegment zuzurechnenden Übernachtungen pro Jahr:

- Berlin: 14,7% • Frankfurt: 7,4% • Hamburg: 16,8% • München 8,5%[27]

Besonders in Berlin wird im Rahmen des Umzuges der Regierung sowie zahlreicher Verbände und Lobbys eine Steigerung des Tagungsgeschäftes in den nächsten

---

[27] ARTHUR ANDERSENWIRTSCHAFTSPRÜFUNGS- UND STEUERBERATUNGSGESELLSCHAFT mbH 1998: The Hotel Industry Benchmark Survey 1998, 22-25

Jahren erwartet. Aber auch in den anderen drei Städten wird voraussichtlich im Zuge der zunehmenden Internationalisierung von Tagungen und Kongressen die Gesamtnachfrage in diesem Segment in den nächsten Jahren steigen.

1.1.2 Kongresszentren und Veranstaltungshallen

Zu dieser Gruppe der Tagungsstätten zählen alle größeren Hallen mit einer Kapazität für Veranstaltungen höherer Größenordnung. Die Obergruppe dieser Stätten bilden die professionellen, wirtschaftlich betriebenen Kongresszentren. Laut „Convention Planners Guide to Germany" des GCB gibt es derzeit deutschlandweit 19 Kongresszentren.[28] Daneben existiert jedoch ein breites Feld unterschiedlicher Veranstaltungshäuser wie Stadthallen, Kulturzentren, Konzerthallen, Bürgerhäuser und Mehrzweckhallen, denen mehr oder weniger professionelle Betreibermodelle zugrunde liegen. Die Wirtschaftlichkeit von Kongresshallen wird in der Branche intensiv diskutiert. Die Ursache dieses Problems liegt im Ursprung der meisten Hallen. Sie wurden häufig nicht als Kongresszentren, sondern als Stadthallen für kulturelle und gesellschaftliche Zwecke errichtet. Und sie wurden den Bürgern mit der Erwartung auf kostenlose Nutzung angepriesen. Dies steht natürlich im Kontrast zu dem Ziel einer wirtschaftlichen Auslastung. Gerade im Zuge des zunehmenden Kostendrucks auf die Gemeinden wurde in den letzten Jahren begonnen, diese Nutzungskonzepte zu überdenken. Man versucht derzeit, den lokalen Kulturveranstaltern und den Bürgern begreiflich zu machen, dass die Hallenmiete ebenso selbstverständlich in die Kalkulation eingehen muss, wie etwa Künstlergagen, die Dekoration oder die Gema-Gebühren. Anstelle einer indirekten Bezuschussung kultureller Veranstaltungen durch den Wegfall der Hallenmiete von den Gemeinden muss gegebenenfalls eine direkte, im Haushalt als solche ausgewiesene Bezuschussung erfolgen.[29]

Der Grund, der besonders in den 60er und 70er Jahren zahlreiche Gemeinden veranlasste, Stadt- und Mehrzweckhallen zu errichten, lag in dem nicht immer begründeten Glauben an eine hohe Umwegrentabilität. Diese nicht direkt den Kosten zuweisbaren Erträge sind für ein kontrollierbares, effektives Wirtschaften in den Gemeinden nicht gerade förderlich und es wird vermehrt gefordert, die vielen öffentlich gesponserten Hallen, ähnlich wie die privaten Zentren in den Hotels, den Gesetzen des Wettbewerbes auszusetzen. Ein Ausgleich der wegfallenden Zuschüsse könnte durch eine Gemeinschaftsfinanzierung von Marketingaktionen durch von der Umwegrendite profitierende Hotels, den Einzelhandel und die Gastronomie erfolgen. Ebenfalls etabliert sich zunehmend die Teilfinanzierung von Veranstaltungen durch Sponsoring von Unternehmen, die diese als Werbeplattform für die spezifischen Teilnehmergruppen nutzen. In bezug auf die Wirtschaftlichkeit von Kongresszentren kann man sagen, dass es in der Regel nicht etwa die

---

[28] GERMAN CONVENTION BUREAU (Hrsg.) 1998: Convention Planners Guide to Germany 1998/99.
[29] MAUGE, Michael 1997: Kongresszentren müssen Geld verdienen. In: TW Tagungs-Wirtschaft, 8

eigentliche Leistung, also die Vermietung von Räumen ist, die den Betreibern Renditen abwirft, sondern die begleitenden Geschäftsfelder Service und Organisation, technische und personelle Dienstleistungen bis hin zur Gastronomie.[30]

1.1.3 Universitäten

Häufig stellen Universitäten und Fachhochschulen in der vorlesungsfreien Zeit ihre Hörsäle als Tagungs- und Kongressräume zur Verfügung. Dabei handelt es sich zumeist um einfach eingerichtete aber technisch gut ausgestattete Räumlichkeiten mit Kapazitäten für bis zu 1.000 Personen. Der Nachteil bei den Hochschulen ist sicher die niedrige zeitliche Verfügbarkeit, da der Tagungsbetrieb dort meist nur eine starke Nebenrolle spielt. Größtenteils sind die stattfindenden Veranstaltungen auch wissenschaftlicher Natur und stehen mit dem Universitätsbetrieb in Verbindung.

IPK ermittelte im Rahmen der bereits erwähnten Studie von 1988 einen Gesamtbestand von 238 Universitäten und Fachhochschulen, von denen 128 (54%) Tagungen und Kongresse mit mehr als 50 Personen durchführen.

1.1.4 Sonstige Veranstaltungsstätten, alternative Tagungsstätten

Neben den in den vorigen Abschnitten aufgeführten klassischen Tagungshäusern gibt es eine Reihe von alternativen Tagungsstätten, die dem Ziel des Veranstalters entsprechend eine besondere Charakteristik aufweisen. Grundsätzlich sind der Wahl alternativer Tagungsstätten keine Grenzen gesetzt. Gerade im Rahmen erlebnisorientierter Incentive- und Eventveranstaltungen kann ein Tagungsort oft gar nicht abenteuerlich und ungewöhnlich genug sein. Sporthallen, Stadien, Rathäuser, Parlamentssäle, Fabrikhallen, Lagerhallen, Theater- und Konzertsäle, Museen, Kinos, historische Gebäude wie Burgen oder Schlösser, Parks, öffentliche Plätze, Parkplätze oder sonstige Freigelände, Zelte, Höhlen, Kulissen von Filmstudios, Bahnwaggons, Busse, Flugzeughangars etc. können je nach Art und Umfang einer Veranstaltung als charakteristische Stätten gewählt werden.

1.2 Der Gesamtbestand der Tagungsstätten in Deutschland

Verschiedenste Untersuchungen wie etwa die von INFRATEST BURKE 1995, IPK 1988 oder die Kapazitätserhebung des Statistischen Bundesamtes von 1993 kamen in der Vergangenheit zu recht unterschiedlichen Aussagen zur Quantität von Tagungsstätten in Deutschland. Dies begründet sich durch die unklaren Definitionen und Abgrenzungskriterien von Tagungsstätten und durch den teilweise zu geringe Stichprobenumfang der Untersuchungen.

---

[30] ebenda

Zum Bereich der Tagungshotels, die einen professionellen Anspruch haben und in bezug auf ihren Tagungsbereich miteinander wirtschaftlich in Konkurrenz stehen und für die das Segment Tagungen einen wichtigen Umsatzbestandteil darstellt zählen etwa 4.000. Diese Betriebe erzielen nach Schätzung des Deutschen Hotel- und Gaststättenverbandes im Durchschnitt 20% ihres Umsatzes mit Tagungs- und Kongressgästen.[31] In einer Pressemitteilung der Messe Basel wird der Bestand an „tagungsorientierten" Hotels in Deutschland mit etwa 4.500 angegeben.[32] Die Spitzengruppe der professionellen Tagungshotels bilden je nach Quelle 150[33], 400[34] und 900[35] Häuser.

1.3 Tagungsorte in Deutschland

Unterschiedliche Studien haben in der Vergangenheit versucht, den Gesamtbestand an Tagungsorten in Deutschland zu bestimmen. Sicherlich macht es keinen Sinn, die im vorigen Kapitel ermittelte Gesamtzahl der Tagungsstätten zugrunde zu legen, denn dies würde bedeuten, dass jeder Ort, der über eine Tagungsstätte verfügt, damit zum Tagungsort würde. Für den Begriff „Tagungsort" gibt es bislang noch keine anerkannte Definition. Es scheint aber sinnvoll, solche Orte als „Tagungsorte" zu bezeichnen, bei denen das Segment ‚Tagungen und Kongresse' einen bedeutenden Anteil an dem gesamten Incomingtourismus hat. Darüber hinaus sollte ein umfassendes Tagungsstättenangebot vorhanden sein, in dem verschiedensten Veranstaltungsformen durchgeführt werden können.

Eine kartographische Darstellung der deutschen Tagungsorte wurde durch die Unternehmensberatung Dr. GUGG und Dr. HANK-HAASE erstellt.[36] Als Grundlage diente laut Auskunft von Frau Hank-Haase der „Hoppenstedt Tagungsstättenführer". In der Karte werden die verschiedenen Tagungsorte nach „Großstädte", „Kurorte" und „Sonstige Tagungsorte" aufgeteilt. Abbildung 8 zeigt diese Karte, wobei die wichtigsten Ballungszonen von Tagungsorten in drei Dichtestufen markiert werden. Dieser Bestimmung der Dichte liegt keine statistische Methode zugrunde, sondern es wurde nach dem optischen Eindruck der Vorlage eine entsprechende Klassifizierung vorgenommen.

---

[31] GRUNER + JAHR 1998a: Branchenbild Maria - Geschäftsreisen, Stand April 1998
[32] Tagungshotelerie-Wie das Geschäft mit dem Wissen für alle Seiten rentabel wird. Internet: http://www.messebasel.ch/presstxt/igeho/pm4d.txt
[33] ebenda
[34] GRUNER + JAHR 1998a: Branchenbild Maria - Geschäftsreisen, Stand April 1998
[35] SÜDWESTDEUTSCHE VERLAGSANSTALT (Hrsg.) 1998: Hoppenstedts Tagungsorte – European Congress Organizers' Guide 1998/1999
[36] DR. GUGG & DR. HANK-HAASE 1998: Die Bedeutung der Bundesverbände für den Deutschen Tagungs- und Kongressmarkt

Abb. 8: Die Verteilung der Tagungsorte in der Bundesrepublik Deutschland

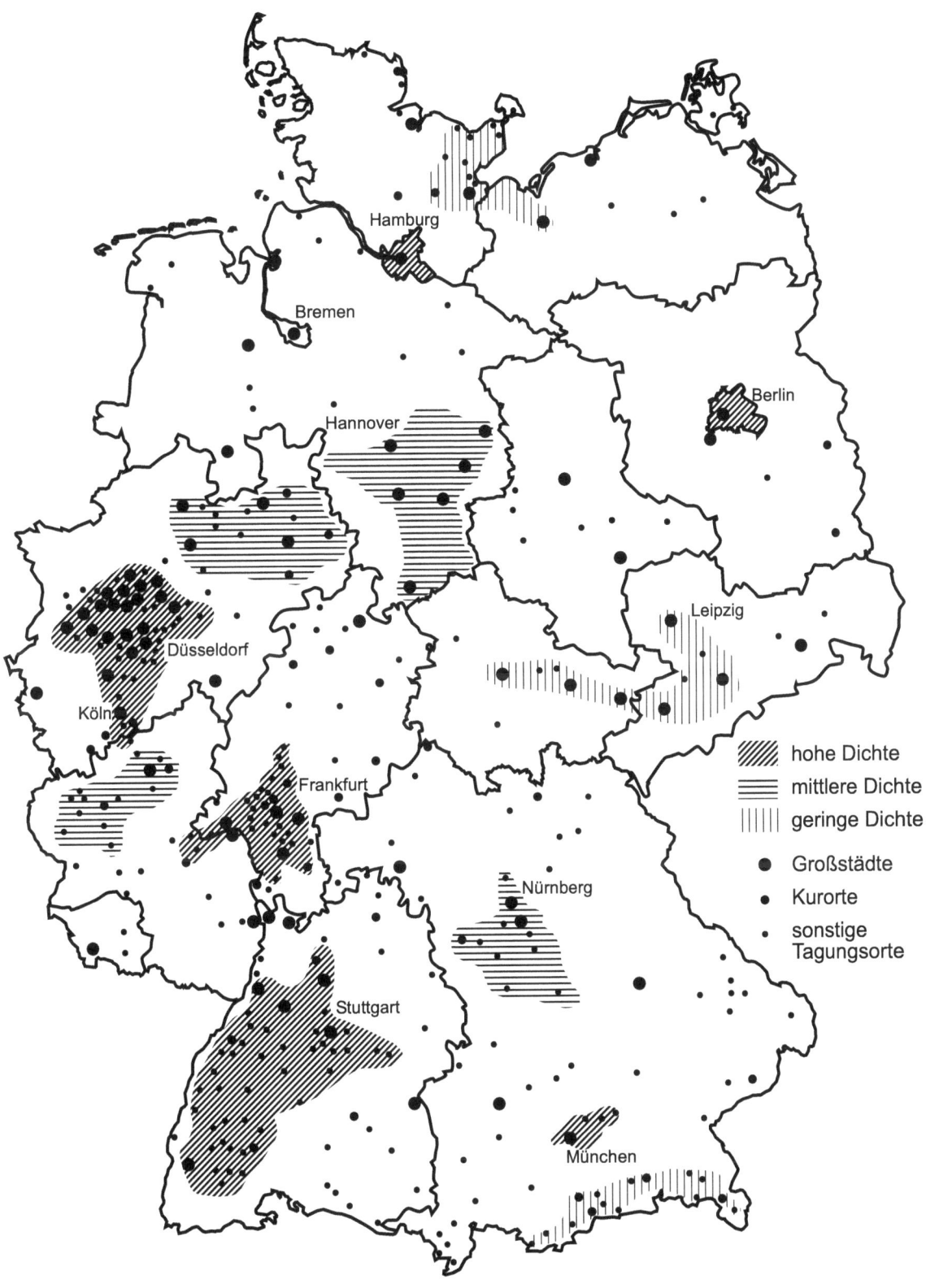

Quelle: Dr. GUGG & Dr. HANK-HAASE 1998

1.4 Bestandteile des Produktes „Tagung"

Bei einer Tagung handelt es sich um ein Produkt, das sich aus zahlreichen Einzelkomponenten zusammensetzt. Jeder dieser Teilfaktoren sowie deren Zusammenspiel ist für die Qualität und den Gesamtwert eines speziellen Tagungsproduktes entscheidend. Innerhalb dieser Teilfaktoren kann unterschieden werden zwischen „Hard-Factors" und „Soft-Factors"[37]. Unter Hard-Factors versteht man die unmittelbar für die Unternehmensansiedlung bzw. für den betrieblichen Leistungsprozess relevanten kostenwirksamen Einflüsse, wie Personal, Betriebsmittel, Werkstoffe, vorhandene Verkehrs-, Kommunikations- und Forschungsinfrastruktur, erschlossenes Bauland und Quadratmeterpreise.[38] Sie sind leicht quantifizierbar und erscheinen in den Bilanzen der Tagungsstätten. Im internationalen Wettbewerb hat Deutschland in diesem Bereich einen hervorragenden Ruf und ist in jeder Hinsicht wettbewerbsfähig. Anders sieht dies bei den Soft-Factors aus. Hierunter versteht man die schwer quantifizierbaren, weil subjektiven Qualitätsfaktoren von Tagungsstätten. Zu diesen zählen vor allem Eigenschaften, die mit dem Service in den Tagungshäusern in Verbindung stehen, wie Flexibilität, Improvisationsgabe, Herzlichkeit, Wärme, Erlebniswert, Exotik oder Opulenz, aber auch Werte, die eher den Tagungsort betreffen, wie das Image oder der Erholungswert. Hierin ermittelte Infratest Burke eine deutlich schlechtere Stellung Deutschlands im internationalen Vergleich.[39]

Neben den Soft- und Hard-Factors kann man die Gruppe der tagungsrelevanten Faktoren noch in Standort- und Tagungsfaktoren aufteilen. Unter Standortfaktoren versteht man die Merkmale, die sich besonders auf den Tagungsort sowie auf den Standort der Tagungsstätte am Tagungsort beziehen, wie die Infrastruktur, das Hotelangebot, die Erreichbarkeit des Ortes und der Tagungsstätte innerhalb des Ortes, das Freizeitangebot und den Erholungswert. Tagungsfaktoren sind im wesentlichen die direkt mit der Tagung in Verbindung stehenden Merkmale wie Zustand der Räumlichkeiten, Tagungstechnik, Freundlichkeit des Personals oder die gastronomische Versorgung der Teilnehmer. Diese Einteilung in Standort- und Tagungsfaktoren gab es in der Literatur bisher nicht, sie erscheint jedoch sinnvoll, da es sich dabei um zwei strategisch unterschiedliche Typen von Faktoren handelt. Im empirischen Teil dieser Arbeit wurde im Rahmen der Unternehmensbefragung auch explizit zwischen diesen beiden Faktoren unterschieden. Es stellte sich beispielsweise heraus, dass die Anforderung des Mittelstandes an die typischen Tagungsfaktoren deutlich höher sind, als die Anforderungen an den Standort.

---

[37] "Hard-Factors" und "Soft-Factors" sind die englischen Bezeichnungen für "harte" und "weiche" Standortfaktoren. Im Branchenjargon haben sich diese Formulierungen durchgesetzt.
[38] BLAUROCK, Tobias 1997: Tagungs- und kongresstouristische Standortfaktoren von Tagungs- und Kongressstätten unter besonderer Berücksichtigung der Stadt Dresden, 45
[39] INFRATEST BURKE SOZIALFORSCHUNG 1995: Der deutsche Tagungsmarkt 1994/1995, 45

1.4.1 Standortfaktoren

Nachfolgend werden die wichtigsten Standortfaktoren von Tagungsorten und Tagungsstätten beschrieben. Die Aufteilung weicht in ihrer Formulierung von den im empirischen Teil dieser Arbeit untersuchten Anforderungsprofilen an verschiedene Standort- und Tagungsfaktoren ab. Dies liegt in der Zielsetzung der Befragung begründet, die eine spezifischere Aufteilung erforderlich machte.

Zentrale Lage und Verkehrsanbindung

Dieser Standortfaktor beinhaltet sowohl die Lage und Erreichbarkeit des Ortes als auch die der Tagungsstätte innerhalb des Ortes oder der Stadt. Für städtische Tagungsstätten ist eine zentrale, verkehrsgünstige Lage enorm wichtig. Zahlreiche Studien haben bei der Ermittlung von Anforderungsprofilen an eine Tagungsstätte ermittelt, dass dieser Standortfaktor zu den wichtigsten zählt.[40] Abbildung 8 zeigt, dass in den gut erreichbaren, zentral gelegenen Ballungsgebieten in Deutschland ebenso eine Ballung von Tagungsorten anzutreffen ist. Dies belegt eine starke Korrelation zwischen zentralen Lagen mit guter Verkehrsanbindung und der Tagungsintensität.

Günstige Lage und leichte Erreichbarkeit sind für Tagesbesprechungen und kürzere Seminare die wichtigsten Kriterien. Zwei Drittel aller Zusammenkünfte finden in einem Umkreis von maximal 100 km statt.[41] Hier geht es häufig um eine rein sachlich und funktional angelegte Besprechung oder einen Vortrag, wobei außer dem reibungslosen Ablauf und der Funktionalität kaum weitere Anforderungen an die Tagungsstätte gestellt werden. Diese Veranstaltungen dauern nicht selten nur wenige Stunden und eine schnelle An- und Abreise ist essenziell. Ein Indiz für diese Art zu tagen sind die boomenden Segmente „Tagen an der Raststädte", die nach Aussagen der Autobahn Tank & Rast AG stetig steigende Nachfrage nach Raststätten mit Konferenzmöglichkeiten verzeichnen[42] und „Tagen auf dem Flughafen". Unter dem Stichwort „Fly and Meet" nutzten 1996 in Deutschland nach Angaben der Arbeitsgemeinschaft Deutscher Verkehrsflughäfen (ADV) fast 350.000 Personen in über 27.000 Veranstaltungen die Möglichkeit, direkt am Flughafen zu tagen.[43]

Eine zentrale Lage ist weniger wichtig, wenn es sich um längere Tagungen handelt, oder um Tagungen, bei denen eine gewisse Atmosphäre erforderlich ist, die nur eine nicht zentral gelegene Tagungsstätte bietet. Weiterhin ist bei Unterneh-

---

[40] WECKESSER (1994) ermittelte, dass für 92,6% der befragten Veranstalter von Tagungen der geographische Standort bei der Auswahl der Tagungsstätte „sehr wichtig" oder „wichtig" ist. Auch die IPK-Studie ermittelte die „gute Anreisemöglichkeit" als wichtigsten Standortfaktor. Die Mittelstandsbefragung unter Kapitel C kam zu einem ähnlichen Ergebnis.
[41] Die günstige Lage hat Kundenpriorität. In: Handelsblatt, 19.02.1996, 19
[42] ebenda, 19
[43] ARBEITSGEMEINSCHAFT DEUTSCHER VERKEHRSFLUGHÄFEN ADV 1996: Konferenzräume auf Flughäfen im Überblick. In: TW Tagungs-Wirtschaft, Heft 3, 33

menstagungen die Nähe zum Hauptsitz der Firma eine wichtigere Anforderung an die Lage der Tagungsstätte.

Landschaftliche Umgebung und Klima

Diese beiden Standortfaktoren werden zum wichtigen Qualitätskriterium, speziell für größere- und längere Veranstaltungen, bei denen viele Teilnehmer besonderen Wert auf das Rahmenprogramm und den Erholungswert der Tagung oder des Kongresses legen. Dies ist insbesondere dann der Fall, wenn zahlreiche Teilnehmer mit ihrem Partner anreisen oder wenn viele der Besucher nach Ende der Tagung noch einige Tage Urlaub anhängen. Ebenso können diese Kriterien bedeutend sein, wenn es sich um Veranstaltungen mit Incentive-Charakter handelt, oder wenn der Prestigewert eines Ortes für das Image der Tagung wichtig ist.

Differenziertes Hotelangebot

Ein breites Hotelangebot mit genügend Kapazitäten in den verschiedenen Kategorien ist besonders bei größeren Tagungen und Kongressen von enormer Wichtigkeit. Übersteigt beispielsweise die Teilnehmerzahl einer Tagung die Kapazitätsgrenze des größten geeigneten Hotels, so muss der Veranstalter eine Aufteilung in verschiedene Hotels vornehmen. Im Falle einer homogenen Teilnehmerstruktur ist dies natürlich nur dann möglich, wenn beide Hotels den gleichen Standard bieten und sich kein Tagungsgast benachteiligt fühlt. Demgegenüber kann es bei einer heterogenen Teilnehmerstruktur wichtig sein, dass sowohl genügend exklusive und luxuriöse Hotelzimmer zur Verfügung stehen, um beispielsweise Führungskräfte unterzubringen, als auch Zimmer im Niedrig- und Mittelpreissegment für Teilnehmer mit weniger großen Ansprüchen.

Infrastruktur und Dienstleistungsangebot

Selbstverständlich ist eine gute Infrastruktur und ein breites Dienstleistungsangebot am Tagungsortes für die Teilnehmer sehr wichtig, wenn es sich nicht gerade um eine Tagung handelt, die bewusst an einem abgelegenen Ort veranstaltet wird. Die meisten Tagungen und Kongresse finden an Orten mit hohem Urbanisierungsgrad statt.[44] Besonders im Rahmen der „Pre"- und „Post Convention"[45] mehrtägiger Veranstaltungen legen die Teilnehmer meist hohen Wert auf ein entsprechendes Angebot vor Ort. Dazu zählen etwa Faktoren wie ein gut erschlossenes ÖPNV System, ein breites kulturelles Angebot, gute Einkaufsmöglichkeiten oder städtische Freizeit- und Erholungseinrichtungen.

---

[44] Vgl. Abbildung 8
[45] Darunter versteht man die Zeit vor und nach der Tagung, in der entweder ein organisiertes Rahmenprogramm stattfindet, oder die Teilnehmer selbständig Unternehmungen am Tagungsort durchführen

Städtetouristische Attraktivität

Die städtetouristische Attraktivität ist sicherlich eng mit dem zuvor beschriebenen Standortfaktor der guten Infrastruktur und des breiten Dienstleistungsangebotes verknüpft. Während jedoch letzterer Fall zumeist auf die typischen tagungsintensiven deutschen Großstädte zutrifft, die natürlich auch - schon ihrer Größe wegen - über eine städtetouristische Attraktivität verfügen, kommen hier die zahlreichen typischen kleineren Touristenorte hinzu, bei denen weniger die urbane Struktur, als vielmehr die Konzentration auf eine tourismusspezifische Infrastruktur und einen entsprechenden Charakter im Vordergrund stehen. Besonders bei längeren Kongressen, die ein gewisses Image mit dem Ort in Verbindung bringen, sind es oft Orte mit hoher Tradition und touristischer Attraktivität, die den Großstädten vorgezogen werden.

1.4.2 Tagungsfaktoren

Bei den Anforderung an die Tagungsstätte, die in dieser Arbeit als Tagungsfaktoren bezeichnet werden, handelt es sich genau genommen auch um einen Standortfaktor. Die gestiegenen Ansprüche an die Qualität von Tagungsstätten und die Verbesserung der technischen Möglichkeiten erfordern eine genauere Differenzierung. Während unter den reinen Standortfaktoren der Anlass der Tagung über die Anforderungen an einen Tagungsort entscheidet und die einzelnen Faktoren, wie ein hoher Erholungswert und schnelle Erreichbarkeit eher substitutiven Charakter haben, sind Tagungsfaktoren eher komplementär geprägt. Das bedeutet, dass die Qualität einer Tagungsstätte von einer gleichmäßigen Verteilung der Tagungsfaktoren bestimmt wird. Mit anderen Worten: Ein technisch hervorragend ausgestattetes Tagungshotel, dessen Service zu wünschen übrig lässt ist letztlich eine schlechte Tagungsstätte. Es lässt sich generell feststellen, dass eine gute und konkurrenzfähige Tagungsstätte heute auf allen Gebieten der Tagungsfaktoren über ein optimales Angebot verfügen muss.

Raumangebot

Mehr als bei den Tagungshotels kommt es bei den Kongresszentren auf eine sinnvolle und funktionale Gestaltung und Aufteilung der Tagungsräume an. Eine Umfrage von WECKESSER unter 1.600 Kunden des Karlsruher Kongresszentrums ergab, dass das Raumangebot noch vor dem Standort oder dem Service das wichtigste Entscheidungskriterium für die Wahl einer Tagungsstätte ist. Immerhin 99,2% der Befragten bezeichneten ein gutes Raumangebot als „sehr wichtig" oder „wichtig".[46]

Die Anforderungen an Tagungsräume bestehen im wesentlichen aus folgenden Faktoren:

---

[46] WECKESSER, Michaela 1994: Anforderungen des Marktes an zeitgemäße Kongress- und Veranstaltungsstätten. 72 f.

- Hierarchische Größenabstufung der Räume nach dem Motto: minimal große Räume und maximal kleine Räume.[47] Das Verhältnis von Plenarsälen zu kleinen „Break-Out Rooms"[48] sollte im Verhältnis 1:10 gestaltet sein.[49]
- Die Unverwechselbarkeit der gesamten Einrichtung und besonders der Tagungsräume
- Eine Raumausbildung und Größenabmessung, welche die natürliche Verstehbarkeit, Verständlichkeit, Sichtbarkeit bis zur Sympathie fördern können und die der technischen Medien nur zur Stützung bedürfen
- Eine vielseitige Nutzung aller Räume für alle Anlässe und für alle Schichten[50]
- Eine möglichst flexible Raumabtrennung durch mobile Wände mit der Möglichkeit zum schnellen und kurzfristigen Umgestalten der Räume.
- Alle Räume auf einer Ebene
- Zusätzliche Ausstellungsflächen
- Tageslicht in allen Räumen[51]

Neben den Tagungsräumen ist auch eine aufmerksame Planung weiterer Räumlichkeiten wie Ankunftsbereich, Restaurationsbereich, Zirkulationsräume (Gänge, Treppen, etc.), Büros und Pressezentrum nötig.

Technische Ausstattung

In den letzten Jahren sind die Anforderungen an tagungstechnische audio-visuelle Medien gestiegen. Dabei ist es erforderlich, eine jederzeit verfügbare Basiseinrichtung bereitstellen zu können. Spezielle Geräte können bei einer externen Servicefirma gemietet werden.

Eine wichtige Voraussetzung in allen Tagungsstätten ist die professionelle Verkabelung der Räume für Strom und Kommunikationseinrichtungen (Telefon, Fax, Online-Nutzung und EDV), so dass sämtliche Geräte schnell angeschlossen werden können. Entscheidend ist die sinnvolle und unauffällige Einbindung der Geräte in das Tagungsgeschehen. Nicht etwa eine hochmoderne Tagungstechnik um jeden Preis, sondern die durchdachte Planung unterstützender technischer Einrichtungen sind Garant für den Erfolg einer Veranstaltung.[52]

---

[47] Special Messen und Kongresse: Tagungsstätten Milieu gesucht. In: WirtschaftsWoche, Heft 51, 14.12.1984, 105 ff.
[48] „Break-Out Rooms" ist die branchenübliche Bezeichnung für „Nebenräume".
[49] Incentivehotels müssen mehr bieten als lediglich Komfort. In: CIM Conference and Incentive Management, Heft. 3, 1998, 75
[50] Special Messen und Kongresse: Tagungsstätten Milieu gesucht, in: WirtschaftsWoche Heft 51, 14.12.1984, 105 ff.
[51] WECKESSER, Michaela 1994: Anforderungen des Marktes an zeitgemäße Kongreß- und Veranstaltungsstätten, 73
[52] Auskunft von Frau Anita Gunia, Geschäftsführerin des Seminarzentrums der Commerzbank „Collegium Glashütten"

Abbildung 9 zeigt die durch WECKESSER im Rahmen der Kundenbefragung des Karlsruher Kongresszentrums ermittelte Bedeutung der verschiedenen technischen Einrichtungen.

Bei dieser Auflistung handelt es sich jedoch nur um eine Auswahl der wichtigsten Einrichtungen, wobei durch veränderte computertechnische Möglichkeiten heute weitere Geräte zur Grundausstattung von Tagungsstätten gehören. So ist das Vorhandensein eines PC-Beamers zur Darstellung von Präsentationen mittlerweile eine Grundvoraussetzung für jedes professionelle Tagungszentrum.

Service

Guter Service, freundliche und kompetente Bedienstete und ein fähiges Management sind wichtige Garanten für das Gelingen von Tagungen und Kongressen. Diesem Faktor wird an dieser Stelle, wie auch im empirischen Teil dieser Arbeit, besondere Aufmerksamkeit geschenkt. Es handelt sich hierbei um einen Faktor, der sowohl in den gängigen Branchenzeitschriften, als auch in zahlreichen im Rahmen der Recherchen zu dieser Arbeit geführten Interviews häufig angesprochen wurde. So kommentiert Klaus Goschmann, ehemaliger Chefredakteur der „Tagungs-Wirtschaft": „Umfragen der TW Tagungs-Wirtschaft zeigen immer wieder: Gefordert – und oft vermisst - wird kompetentes Tagungs-Fachpersonal."[53]

Besonders in der Tagungshotellerie beklagen viele Veranstalter die mangelnde Kompetenz der Angestellten und die unzureichenden Serviceleistungen. Ein Grund hierfür ist, dass die Organisation von Tagungen in Hotels meist durch einen Bankettmanager übernommen wird, der in der Regel eine allgemeine Hotelausbildung absolviert hat und dessen Spezialisierung im gastronomischen Bereich liegt. Die besonderen Anforderung an die Gestaltung von Tagungen ist häufig nicht ausreichend bekannt und führt zu Unzufriedenheit bei den Unternehmen und Verbänden. Besonders ein unflexibles, starres Abwicklungskonzept, das wenig Rücksicht auf Sonderwünsche lässt, ist der Grund für die negative Stimmung bei den Veranstaltern. Der in den klassischen Bereichen der Hotellerie selbstverständliche Grundsatz „der Kunde ist König" ist im Tagungsbereich nur zu selten vorzufinden. Das Problem wird von Seiten der Hoteldirektoren aber zunehmend erkannt. So äußerte sich beispielsweise Christian Schücking, Hoteldirektor des Berlin Hilton, dass es heutzutage schwierig sei, gutes Personal langfristig zu halten. Sicherlich wisse man es zu schätzen, wenn zum Beispiel ein Empfangschef viele Jahre im Hotel arbeitet und ein persönliches Verhältnis zu den Stammgästen aufbaut. Aber das geringe Lohnniveau der Hotellerie führt unweigerlich zu einer starken Fluktuation der Mitarbeiter. Im wesentlichen sind es also Kostengründe, die besonders im Bereich der mittelgroßen Tagungshotels zu Abstrichen im Servicebereich führen, während bei den führenden Tagungshotels in Deutschland bereits gute

---

[53] GOSCHMANN, Klaus 1997: Bewegung in der Verbandslandschaft? In: TW TagungsWirtschaft, m+a Verlag, Heft Februar, 3

Abb. 9: Die verschiedenen technischen Einrichtungen in Tagungsstätten und der Anteil der Tagungsnachfrager, der diese benötigt

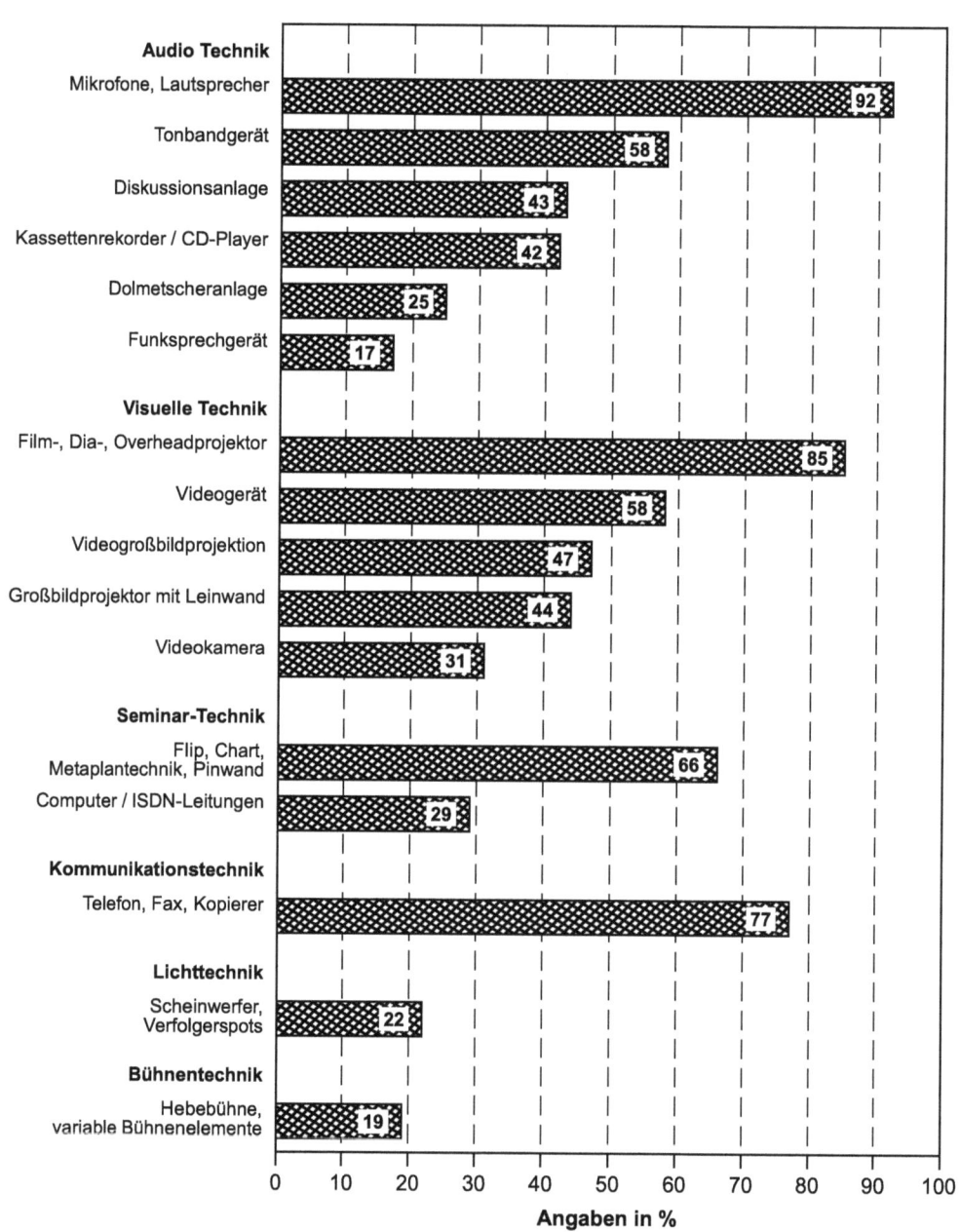

Quelle: WECKESSER, Michaela 1994

Ansätze zur Entwicklung professioneller und kundenorientierter Serviceleistungen zu erkennen sind. So verfügen beispielsweise die beiden größten Tagungshotels Berlins, das Hotel Inter-Continental und das Estrel über eigene Tagungsabteilungen, die für die jeweiligen Bereiche der Tagung speziell ausgebildetes Personal beschäftigen. Auch bei der Hotelkette Hyatt International garantiert eine unter dem Namen „Hyatt Meeting Connection" vorgenommene Standardisierung des Tagungsangebotes einen umfassenden Service, wie zum Beispiel die Bereitstellung eines zentralen Ansprechpartners.[54]

Ein anderes Problem ist die starke Konkurrenz und der dadurch entstandene Preiskampf im Tagungswesen. Laut Patricio Vazquez, Geschäftsführer der Intergerma, hat sich daraus ein „Qualitätsgefälle" von den professionellen, hochspezialisierten Veranstaltern in den Unternehmen und Verbänden zu den weniger qualifizierten Verantwortlichen in der Hotellerie und in den Kongresszentren entwickelt. So diktiere die private Wirtschaft die Preise vor, stifte Wettbewerb unter den Anbietern und trüge damit eine entscheidende Mitverantwortung für den Qualitätsmangel in den deutschen Tagungsstätten. Dazu komme, dass in der Hotellerie das Hauptziel eine hohe Kapazitätsauslastung sei. Vazquez beklagt eine mangelnde Deckungsbeitragsorientierung, das Fehlen von Werbe- und Kundenzufriedenheitskontrollen sowie die starre, hierarchisch strukturierte Kompetenzverteilung nach „unten", die zu einer Unterqualifizierung vieler „einfacher" Servicemitarbeiter führe. Auch Michael Mauge[55] beklagte eine mangelnde Qualitätsausrichtung in den Tagungshotels. Die Hotellerie sei hinsichtlich der Organisation und Durchführung nicht auf dem modernsten Stand und bilde ihre Servicekräfte unzureichend aus. Schwerpunktmäßig gelte dies für die Großveranstaltungen ab 150 Personen, bei denen hohe organisatorische und technischen Anforderungen gestellt werden.

Zu den Anforderungen an den Service in Tagungsstätten gehören:

- Speziell ausgebildete Organisatoren in den Tagungsstätten
- Möglichst ein zentraler Ansprechpartner
- Freundliches und kompetentes Servicepersonal
- Kundenorientiertes Angebot
- Flexibler Umgang mit Sonderwünschen
- Kompetente Beratung bezüglich technischer Möglichkeiten
- Bereitstellung von modernster Tagungstechnik[56]

---

[54] SCHIRMER, O.E. 1997: Neue Hyatts in Deutschland ohne abgefressene Buffets. In: CIM, Conference and Incentive Management, Heft. 6, 55 f.
[55] Geschäftsführer des Congress Centers Mannheim, der Mannheimer Kongress- und Touristik GmbH, Chairman des ICCA German Committee, Generalsekretär des MPI German Chapter und Lehrbeauftragter an der Fachhochschule Heilbronn
[56] Technischen Ausrüstung kann entweder vom Hotel selbst, oder durch eine externe Verleihfirma gestellt werden.

- Reisebüros und Verkehrsträger
- Gastronomische Betriebe
- Veranstalter von Rundfahrten und Fremdenführer
- Theater, Bars, Kabaretts, Nachtlokale, Diskotheken
- Kongresshilfsgewerbe und ähnliche Zulieferbetriebe (Druckereien, Bürobedarf, Werbung)
- Hochspezialisierte technische Betriebe
- Dolmetscher und Übersetzer
- Trainer und Moderatoren
- Pädagogen, Psychologen, Soziologen
- Sonstige Veranstalter

Infratest Burke zählt ebenso die Tagungsgebühren, die von den Teilnehmern zu entrichten sind, zur Umwegrentabilität.[75] Das Tagungsgeschäft steigert also den Kaufkraftzufluss für die Tagungsdestination. Zusätzlich kann davon ausgehend ein nicht quantifizierbarer sozio-kultureller Nutzen entstehen, wie etwa die Steigerung des Images oder der Zugewinn an städtebaulicher Attraktivität. Will man die Umwegrentabilität zahlenmäßig erfassen, muss man Teilnehmer von Veranstaltungen befragen, und mittels einer Stichprobe auf den Gesamtmarkt hochrechnen. Dies ist eine aufwändige und ungenaue Methode. Daher kam es in der Vergangenheit auch zu deutlichen Abweichungen bei dem Versuch, die zur Umwegrentabilität zählenden Ausgaben pro Person und Tag zu ermitteln. Bei der Ermittlung des Marktvolumens im folgenden Abschnitt spielt die Umwegrentabilität eine wichtige Rolle.

2.3.3 Der Umsatz des Kongress- und Tagungsmarktes

Während Infratest Burke den direkten Umsatz des Tagungsmarktes mit DM 10 Mrd. bezifferte, war in der IPK Studie zuvor noch von gerade DM 3,4 Mrd. die Rede. Unter direktem Umsatz verstehen beide Studien die Ausgaben für Raummiete und Tagungstechnik, für die Verpflegung in den Tagungsstätten und für die Übernachtungen.[76] Auch hier ist sicherlich ein Hauptaspekt der gravierenden Unterschiede die Erweiterung der Bezugsbasis auf Tagungen ab 10 Teilnehmern sowie die Einbeziehung Ostdeutschlands. Hank-Haase addiert zu den DM 3,4 Mrd. der IPK Studie pauschal 15% für Einkäufe und sonstige Ausgaben und rechnet diesen Betrag anhand der von Gugg ermittelten 70% Tagungen unter 50 Teilnehmern auf den Gesamtmarkt hoch. Als Ergebnis entsteht ein Gesamtumsatz von DM 13 Mrd.[77]. Dies stellt sicherlich eine etwas gewagte und ungenaue Methode dar.

---

[75] INFRATEST BURKE SOZIALFORSCHUNG 1995: Der deutsche Tagungsmarkt 1994/1995, 12
[76] Allerdings fehlen die Übernachtungen, die nicht in den Veranstaltungshäusern stattfanden.
[77] HANK-HAASE, Gisela 1992: Der Tagungs- und Kongressreiseverkehr als wirtschaftlicher Faktor in Großstädten der Bundesrepublik Deutschland, 53

sind, selbst überlassen bleibt.[61] Der Trend ist eine immer größer werdende Vermischung von Tagungs- und Rahmenprogrammen als Folge des zunehmenden Erlebnisgehaltes der Veranstaltungen.

1.5 Professional Congress Organizers (PCO) als Sonderrolle zwischen Mittler und Veranstalter

Die professionellen Kongressagenturen, die in den 60er Jahren erstmals auftraten und seitdem an Bedeutung gewonnen haben, nehmen auf dem deutschen Kongressmarkt eine besondere Position ein, da Sie gleichzeitig Anbieter, Nachfrager und Mittler von Tagungen sein können. Diese Unterscheidungen sind aus rechtlichen Gründen wichtig. Abbildung 10 zeigt die jeweilige Vertragsform für den Fall dass der PCO Mittler oder Veranstalter von Tagungen ist.

Abb. 10: Das PCO als Mittler oder Veranstalter und die jeweiligen Vertragsformen

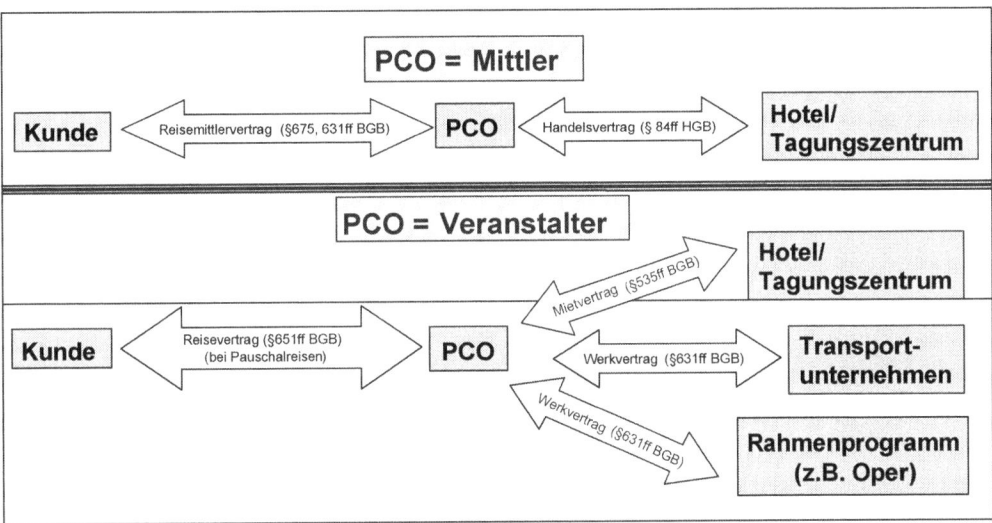

Quelle: Auskunft von Markus BEIKE (Arthur Andersen WPG und StGB)

In der Literatur wird den PCOs vorwiegend eine Nachfragerrolle zugeschrieben.[62] Trotzdem werden Sie an dieser Stelle unter der Angebotsseite aufgeführt. Grund hierfür, ist, dass die PCOs maßgeblich an Angebotskonzeptionierungen beteiligt, und durch die spezielle Zusammenstellung unterschiedlicher Komponenten eine Erweiterung des klassischen Angebots sind. Das Leistungsspektrum eines PCO bewegt sich zwischen den klassischen Tätigkeiten eines Reisbüros, den Aufgaben

---

[61] ebenda, 80 (Grundlage ist der Tagungsplaner der Zeitschrift TW Tagungswirtschaft von 1993)
[62] So erwähnt die Infratest Burke Studie von 1994/1995 die PCOs als Veranstalter im Kapitel „Die Nachfrage"

von Werbe- und Marketingagenturen bis hin zu unternehmensberaterischen Dienstleistungen.

Mit der zunehmenden Komplexität von Veranstaltungen ist in den letzten zwei Jahrzehnten die Anforderung an die Organisation gewachsen. Dies gilt besonders für die großen internationalen Kongresse und für die individuellen erlebnisorientierten Tagungsveranstaltungen. Grundsätzlich gilt es für die veranstaltenden Unternehmen und Verbände zwischen dem Aufbau einer eigenen Kongressabteilung und der Vergabe der Organisation an eine externe Kongressagentur abzuwägen. Vielfach existieren diverse Mischformen aus beiden Varianten. Große Unternehmen und Organisationen wollen häufig nicht die gesamte Verantwortung aus der Hand geben und die Koordination und Planung überwachen. Daher ist es üblich, dass ein Kongressbeauftragter in dem jeweiligen Unternehmen oder eine kleinere Abteilung in direkter Verbindung mit dem PCO steht. Neben einem kompetenten professionellen Berater profitiert das Unternehmen somit auch von den etablierten Vertrags- und Einkaufsstrukturen der Agenturen.

Viele Kongresshäuser haben einen hauseigenen PCO gegründet (Inhouse-PCO), was einerseits den Vorteil hat, dass die Stärken und Schwächen des Hauses bestens bekannt sind, andererseits hat die reine Tätigkeit für ein Kongreßzentrum ein sehr hohes Maß an Unflexibilität zur Folge.

Ein großes Problem, das besonders in den Branchenzeitschriften hohe Beachtung findet und auch in zahlreichen Interviews zu dieser Arbeit beklagt wurde, ist die hohe Zahl „unprofessioneller" Kongressagenturen, die das Gesamtbild dieser Branche in Verruf bringen. So schreibt die TW Tagungs-Wirtschaft: "Meetings, Incentive-Aktionen, Produktpräsentationen, Kunden- und sonstige Veranstaltungen sind zu wichtig, um als Flop zu enden. Dies passiert zumeist, wenn Unternehmen und Verbände ... auf Offerten von „Spezialisten" hereinfallen, die in Wirklichkeit keine sind. Ein geradezu inflationär wachsender Agentur-Markt erschwert die richtige Wahl. ... Es geschieht immer öfter, dass seriösen Agenturen durch schmarotzende Mitbewerber direkt oder indirekt finanzieller Schaden entsteht."[63] In diesem Zusammenhang berichtet Michael MAUGE von einem beispielhaften Fall. Die Firma Microsoft beschäftigte in den USA 20 junge Damen in einer internen Veranstaltungsabteilung. Aus Gründen der Wirtschaftlichkeit wurde die gesamte Abteilung aufgelöst und man beschloss, die Veranstaltungsorganisation auszulagern. 15 der 20 Beschäftigten gründeten daraufhin jeweils eigene Agenturen, die sie als „Ein-Mann-Unternehmen" führten. MAUGE merkte an, dass zur Gründung einer wirklich professionellen Veranstaltungsagentur hohe Investitionen für eine moderne EDV-Ausstattung, für die Einrichtung einer mandantenfähigen Buchhaltung etc. nötig seien, und dass die Anlaufzeit, in der keine Renditen erzielt werden könnten, bei mindestens vier Jahren läge.

---

[63] Trittbrettfahrer unerwünscht. In: TW Tagungs-Wirtschaft, Oktober 1997, 71

2. Nachfrage

Die Nachfrager im Tagungsmarkt sind einerseits die Veranstalter der Kongresse und Tagungen, indirekt aber auch die Teilnehmer, die durch Ihre Anforderungen und Wünsche erheblichen Einfluss auf die äußere und inhaltliche Form der Veranstaltung ausüben.

In diesem Abschnitt soll zunächst das Gesamtvolumen der Veranstaltungen sowie die Saisonalität der Tagungstätigkeit und anschließend die sich hieraus ergebende wirtschaftliche Bedeutung des Tagungs- und Kongressmarktes in der Bundesrepublik Deutschland beschrieben werden.

2.1 Das Volumen der Veranstaltungen

Infratest Burke ermittelte für 1994 einen Gesamtbestand von 610.000 Veranstaltungen ab einer Teilnehmerzahl von 10 Personen.[64] Aufgrund der ermittelten Durchschnittsdauer von 2,3 Tagen ergeben sich etwa 1,4 Mio. Veranstaltungstage. Die gesamte Teilnehmerzahl beträgt knapp 50 Mio.[65] Bei dieser Studie handelt es sich um die aktuellsten Zahlen zum gesamten Tagungsvolumen in Deutschland. Im Rahmen dieser Arbeit wurden die interviewten Experten stets um eine Einschätzung der Untersuchungsergebnisse gebeten. Dabei wurde vor allem der hohe Wert für die durchschnittliche Dauer der Tagung beanstandet.[66] So kam eine Studie der Firma IPK aus dem Jahr 1988 zu einer Durchschnittsdauer von 1,4 Tagen in den Hotels und 1,6 Tagen in Hallen. Und dies, obwohl hier ja nur die Tagungen ab 50 Teilnehmern erfasst wurden und große Veranstaltungen tendenziell länger dauern als kleine.[67] Diese Abweichung ist schon deshalb erwähnenswert, weil die Tagungsdauer einen Multiplikator bei der Hochrechnung des Branchenumsatzes bildet. Außerdem führt eine zu hoch angenommene Durchschnittsdauer zu einer starken Verzerrung bei der Ermittlung der Bedeutung des Tagungswesens für die Hotellerie. So ist auch nach Einschätzung zahlreicher Fachleute die von Infratest Burke ermittelte Zahl von 55 Mio. Hotelübernachtungen, die durch die Tagungsbranche generiert werden, mit größter Wahrscheinlichkeit etwas zu hoch angesetzt.

Die Gesamtzahl der Tagungen und Kongresse wurde von IPK für 1986 noch mit 143.000 beziffert. Dies erscheint schon eher schlüssig im Vergleich mit den 610.000 Veranstaltungen, die Infratest Burke ermittelt hat, da zum einen die ehemaligen

---

64 In dieser Zahl sind Veranstaltungen wie Tagungen, Kongresse, extern abgehaltene Seminare, Eigentümerversammlungen, Vereins- und Parteiversammlungen sowie extern abgehaltene Produktpräsentationen enthalten. Nicht erfaßt wurden Hochschultagungen, Familienfeiern sowie Seminare, die in firmeneigenen Räumen abgehalten werden.
65 INFRATEST BURKE SOZIALFORSCHUNG 1995: Der deutsche Tagungsmarkt 1994/1995, 6 ff.
66 Dr. Gisela Hank-Haase bestätigte, dass auch sie diesen Wert für zu hoch halte. Im Rahmen der durch die Unternehmensberatung Dr. Gugg und Dr. Hank-Haase durchgeführten Teilnehmer- und Veranstalterbefragungen ergab sich stets eine durchschnittliche Tagungsdauer zwischen 1,4 und 2 Tagen.
67 INFRATEST-WIRTSCHAFTSFORSCHUNG 1981: Tagungsmarkt 1981. In: Congress & Seminar Heft 2, 18, München

Bundesländer in diese Studie noch nicht berücksichtigt wurden und zum anderen der doch sehr bedeutende Teil der kleinen Tagungen unter 50 Personen nicht einbezogen wurde. Gleiches gilt für die gesamte Teilnehmerzahl, die von IPK mit knapp 17 Mio. angegeben wurde. Hank-Haase[68] rechnet diese Zahl anhand der von Gugg[69] gemachten Aussage, dass 70% der Veranstaltungen weniger als 50 Teilnehmer haben, hoch und ermittelte eine Gesamtteilnehmerzahl von 55 Mio., was sogar etwas über der Infratest Burke Studie liegt.

2.2 Die Saisonalität von Veranstaltungen

Der Tagungs- und Kongressmarkt ist starken saisonalen Schwankungen ausgesetzt. Bedingt durch die rotierenden Ferienzeiten in den Bundesländern gibt es jeweils in den Frühjahrsmonaten März, April und Mai und in den Herbstmonaten September, Oktober und November zwei ausgeprägte saisonale Schwerpunkte. Der stärkste Monat ist der Oktober. Abbildung 11 zeigt die Verteilung der Tagungen und Kongresse in den verschiedenen Monaten.

Abb. 11: Die Saisonalität von Tagungsveranstaltungen

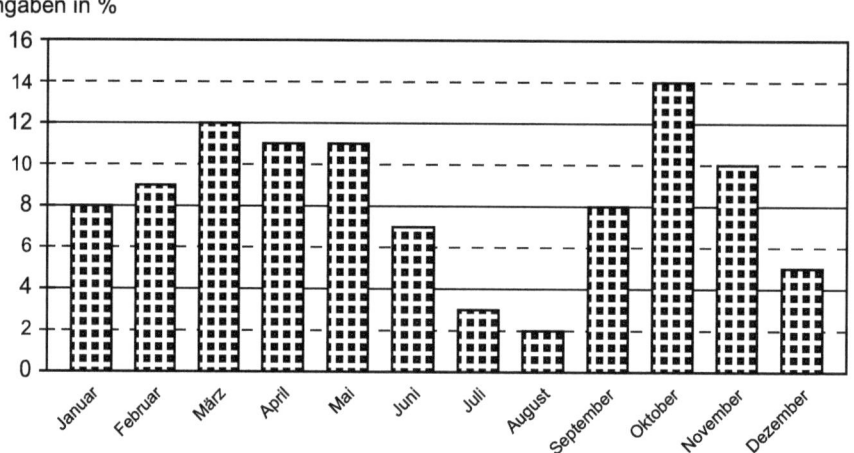

Quelle: HANK-HAASE, Gisela 1992

Dabei ist zu beachten, dass zwischen den einzelnen Tagungsorten erhebliche Abweichungen feststellbar sind. So ist der Rückgang der Tagungsintensität in den Sommermonaten weniger stark, wenn es sich um Städte mit großem touristischen Potential handelt (z.B. Heidelberg und Freiburg, aber auch Berlin und München) und stärker bei Städten, deren Nachfrage schwerpunktmäßig durch den Geschäftsreiseverkehr geprägt ist (z.B. Mannheim, Essen oder Dortmund).[70] Anhand

---

[68] HANK-HAASE, Gisela 1992: Der Tagungs- und Kongressreiseverkehr als wirtschaftlicher Faktor in Großstädten der Bundesrepublik Deutschland, 23
[69] GUGG, Eberhard 1972: Der Kongressreiseverkehr. = Schriftenreihe des Deutschen Wirtschaftswissenschaftlichen Institutes für Fremdenverkehr, Heft 27; 32
[70] HANK-HAASE, Gisela 1992: Der Tagungs- und Kongressreiseverkehr als wirtschaftlicher Faktor in Großstädten der Bundesrepublik Deutschland, 89

einer Gegenüberstellung der aktuellen Werte mit denen von GUGG aus 1972 erkennt man, dass sich die saisonale Verteilung der Veranstaltungen zwischen 1972 und 1992 kaum verändert hat.[71]

Neben der saisonalen Verteilung von Tagungen und Kongressen wird in diesem Zusammenhang meist noch die Verteilung der Veranstaltungen auf die verschiedenen Wochentage beschrieben. Hier sind die Unterschiede zwischen den einzelnen Städten noch gravierender. Abbildung 12 zeigt die Verteilung der Veranstaltungen im Wochenverlauf.

Abb. 12: Die Verteilung von Tagungsveranstaltungen im Wochenverlauf

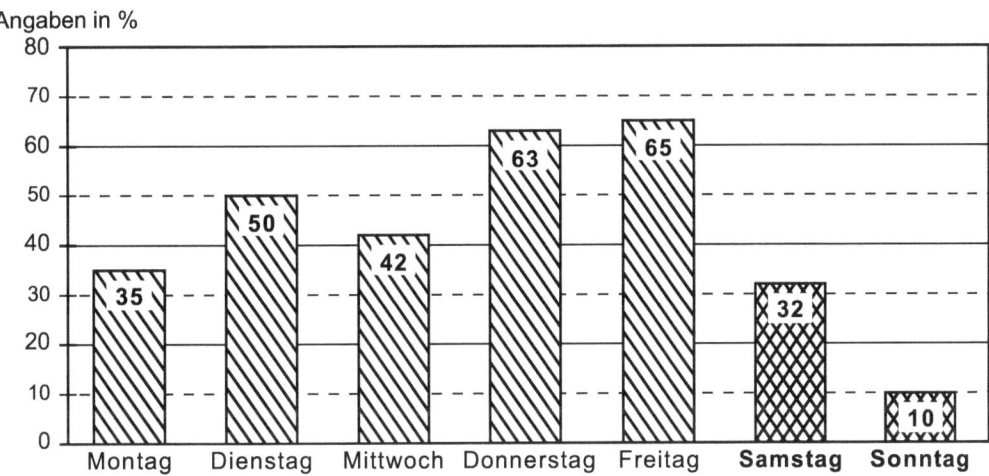

Quelle: HANK-HAASE, Gisela 1992

2.3   Die volkswirtschaftliche Bedeutung des Kongress- und Tagungsmarktes

Die Ermittlung des aus dem Kongress- und Tagungsmarkt resultierenden volkswirtschaftlichen Nutzens steht immer wieder im Mittelpunkt der Diskussionen in Branchenkreisen. Einerseits sind solche Aussagen für die gesamte Branche interessant, die damit insbesondere vor dem Bund oder der EU die Wichtigkeit und Bedeutung des Tagungsmarktes rechtfertigen und entsprechende Würdigung und Unterstützung beanspruchen kann. Andererseits dienen sie den Entscheidungsträgern innerhalb der Branche, um Entwicklungen und Trends zu erkennen Weiterhin bilden sie die Grundlage für zukünftige ökonomische Entscheidungen und Aktivitäten. So ist es seit Jahren umstritten, ob die vielzitierte Umwegrentabilität von Kongressen die enormen Investitionen in Kongresszentren tatsächlich recht-

---

[71] ebenda, 94

fertigt und ob die – häufig von Konsumenten getragenen Betriebskosten der Zentren – nicht letztlich zur Subventionierung der Kongresse selbst führen. Auch für die internationale Tagungshotellerie sind Marktzahlen zum Umsatz des deutschen Tagungswesens für die Planung und Entwicklung neuer Produkte von größtem Interesse.[72]

2.3.1 Das Problem der Marktquantifizierung

Jede größer angelegte Studie über den Kongress- und Tagungsmarkt hat zum Ziel dessen Umsatzvolumen und dessen ökonomische Bedeutung zu quantifizieren. So waren es stets die Marktvolumina, die nach entsprechenden Untersuchungen von der Presse und in weiteren Marktbeschreibungen an erster Stelle zitiert wurden. Die von Infratest Burke ermittelten DM 43 Mrd. Gesamtumsatz p.a. in der Tagungsbranche sind trotz der doch erheblichen Unsicherheitsfaktoren und trotz des hohen Anteiles, den simple Schätzverfahren an diesem Ergebnis haben, ein Wert, der immer wieder und wieder zitiert wird. Dies ist keine große Überraschung, handelt es sich doch bei Infratest Burke um ein seriöses Marktforschungsinstitut und bei der Studie um eine recht teuere und aufwendige Analyse. Trotzdem bauen einige der Untersuchungsergebnisse auf groben Hochrechnungen auf, die das Ergebnis zumindest zweifelhaft erscheinen lassen. Es ist nötig, sich vor Auge zu führen, dass es sich bei den bisherigen Quantifizierungen des Tagungsmarktes stets um Auftragsstudien handelte, hinter denen ein bestimmtes Interesse der Auftraggeber steckte, das zumindest die Vermutung zulässt, durch eine gezielte ergebnisorientierte Wahl der Untersuchungsmethodik Verfälschungen provoziert zu haben.

An dieser Stelle soll darauf aufmerksam gemacht werden, dass ein Markt wie der Kongress- und Tagungsmarkt in keinem Fall und mit keinem Geld der Welt objektiv und hundertprozentig einwandfrei in seinem Marktvolumen dargestellt werden kann. Der Grund wurde für all die bislang erläuterten Teilbereiche des Marktes in den vorigen Kapiteln deutlich: Wie in kaum einer anderen Branche sind die Übergänge im Tagungswesen sowohl auf Seiten des Angebotes als auch auf Seiten der Nachfrager fließend. Mit welchem Recht zählt man beispielsweise die Tagungen, die in den Unternehmen, also in den eigenen Räumen, veranstaltet werden, nicht zur Tagungsbranche? Auch hier werden indirekt Raummieten gezahlt, nämlich die, die ohnehin für die sonst leerstehenden Räume anfallen würden, bzw. die direkten und indirekten Zugewinne, die entstünden, wenn eine Nutzung als Büroräume oder eine Fremdvermietung erfolgen würde. Der Grund hierfür ist, dass es deutschlandweit so gut wie nicht möglich ist diesen Teilmarkt in Zahlen zu fassen. Also lautet der einheitliche Tenor derer, die sich mit der Tagungsbranche auseinandersetzen und Aussagen zum Volumen machen wollen: Nur externe Veranstaltungen zählen „offiziell" zum Tagungsmarkt. Das macht sicherlich auch Sinn, doch

---

[72] RICCI, Martina M.C. 1994: Der Kongress- und Tagungsmarkt in der Bundesrepublik Deutschland. 126

handelt es sich bei dieser Annahme um eine Vereinfachung und nicht etwa eine genaue Definition. Es ist daher zwingend erforderlich alle Parameter, die zur Herleitung solcher Untersuchungsergebnisse führten nachzuvollziehen, kritisch zu betrachten und Unsicherheitsfaktoren zu entdecken. Jede seriöse Studie wird dem Leser die Möglichkeit geben, diese festzustellen und je nach bestehendem Interesse abzuwägen, in welche Richtung eventuelle Abweichungen wahrscheinlich sind. So könnte im Falle der DM 43 Mrd. von Infratest Burke beispielsweise die Tourismusmarketing-Gesellschaft einer Kongressstadt die pauschal veranschlagten Umwegrendite anzweifeln, kamen doch frühere Analysen zu höheren Werten. Ebenso könnte etwa eine Hotelkette, die sich auf den Bau neuer Tagungshotels in Deutschland spezialisiert hat, die ermittelten 2,3 Tage Durchschnittsdauer von Tagungen und die der Studie zufolge generierten 55 Mio. Übernachtungen anzweifeln, da hier zahlreiche andere Studien zu wesentlich geringeren Werten gelangen. Selbstverständlich gibt es auch einige Ansätze, zu vermuten, dass das Marktvolumen die Höhe von DM 43 Mrd. übersteigt. Hier sei die in der vorliegenden Studie gemachte Aussage zu erwähnen, dass fast 76% der durch mittelständische Unternehmen veranstaltete Tagungen in einer Größenordnung unter 20 Teilnehmern stattfinden. Es ist demzufolge kaum anzunehmen, dass die weit umfangreichere Gruppe der Kleinunternehmen tendenziell größere Tagungen veranstaltet. Also ist es nicht abwegig, dass insgesamt der Markt der kleinen Tagungen eine noch bedeutendere Rolle in bezug auf den Gesamtumsatz der Branche spielt. Hierbei handelt es sich jedoch um Vermutungen und um den Versuch die Vielzahl der Schwachpunkte oder auch der Stärken der bisher erstellten Marktstudien in der Tagungsbranche für den Leser transparent und interpretierbar zu machen. Bei all den verschiedenen Unsicherheitsfaktoren und Notwendigkeiten zur groben Schätzung ist natürlich auch ein erheblicher Spielraum zur Lenkung solcher Marktzahlen gegeben.

2.3.2 Die Umwegrentabilität

Die Umwegrentabilität von Tagungen stellt einen viel diskutierten Bestandteil des volkswirtschaftlichen Nutzens von Tagungen und Kongressen dar. Darunter versteht man die Erträge, die im Rahmen der Veranstaltungen, aber nicht direkt in den Tagungsstätten anfallen. Es ist bekannt, dass diese von den Tagungsaktivitäten ausgehenden positiven Effekte höher sind, als die direkten Umsätze in den Veranstaltungshäusern.[73] Zu diesen indirekten Nutznießern zählen unter anderem:[74]

---

73 INFRATEST BURKE SOZIALFORSCHUNG 1995: Der deutsche Tagungsmarkt 1994/1995. 11
74 RICCI, Martina M.C. 1994: Der Kongress- und Tagungsmarkt in der Bundesrepublik Deutschland. 136 f.

- Reisebüros und Verkehrsträger
- Gastronomische Betriebe
- Veranstalter von Rundfahrten und Fremdenführer
- Theater, Bars, Kabaretts, Nachtlokale, Diskotheken
- Kongresshilfsgewerbe und ähnliche Zulieferbetriebe (Druckereien, Bürobedarf, Werbung)
- Hochspezialisierte technische Betriebe
- Dolmetscher und Übersetzer
- Trainer und Moderatoren
- Pädagogen, Psychologen, Soziologen
- Sonstige Veranstalter

Infratest Burke zählt ebenso die Tagungsgebühren, die von den Teilnehmern zu entrichten sind, zur Umwegrentabilität.[75] Das Tagungsgeschäft steigert also den Kaufkraftzufluss für die Tagungsdestination. Zusätzlich kann davon ausgehend ein nicht quantifizierbarer sozio-kultureller Nutzen entstehen, wie etwa die Steigerung des Images oder der Zugewinn an städtebaulicher Attraktivität. Will man die Umwegrentabilität zahlenmäßig erfassen, muss man Teilnehmer von Veranstaltungen befragen, und mittels einer Stichprobe auf den Gesamtmarkt hochrechnen. Dies ist eine aufwändige und ungenaue Methode. Daher kam es in der Vergangenheit auch zu deutlichen Abweichungen bei dem Versuch, die zur Umwegrentabilität zählenden Ausgaben pro Person und Tag zu ermitteln. Bei der Ermittlung des Marktvolumens im folgenden Abschnitt spielt die Umwegrentabilität eine wichtige Rolle.

2.3.3 Der Umsatz des Kongress- und Tagungsmarktes

Während Infratest Burke den direkten Umsatz des Tagungsmarktes mit DM 10 Mrd. bezifferte, war in der IPK Studie zuvor noch von gerade DM 3,4 Mrd. die Rede. Unter direktem Umsatz verstehen beide Studien die Ausgaben für Raummiete und Tagungstechnik, für die Verpflegung in den Tagungsstätten und für die Übernachtungen.[76] Auch hier ist sicherlich ein Hauptaspekt der gravierenden Unterschiede die Erweiterung der Bezugsbasis auf Tagungen ab 10 Teilnehmern sowie die Einbeziehung Ostdeutschlands. Hank-Haase addiert zu den DM 3,4 Mrd. der IPK Studie pauschal 15% für Einkäufe und sonstige Ausgaben und rechnet diesen Betrag anhand der von Gugg ermittelten 70% Tagungen unter 50 Teilnehmern auf den Gesamtmarkt hoch. Als Ergebnis entsteht ein Gesamtumsatz von DM 13 Mrd.[77]. Dies stellt sicherlich eine etwas gewagte und ungenaue Methode dar.

---

[75] INFRATEST BURKE SOZIALFORSCHUNG 1995: Der deutsche Tagungsmarkt 1994/1995, 12
[76] Allerdings fehlen die Übernachtungen, die nicht in den Veranstaltungshäusern stattfanden.
[77] HANK-HAASE, Gisela 1992: Der Tagungs- und Kongressreiseverkehr als wirtschaftlicher Faktor in Großstädten der Bundesrepublik Deutschland, 53

Abb. 13: Der Gesamtumsatz des deutschen Tagungsmarktes

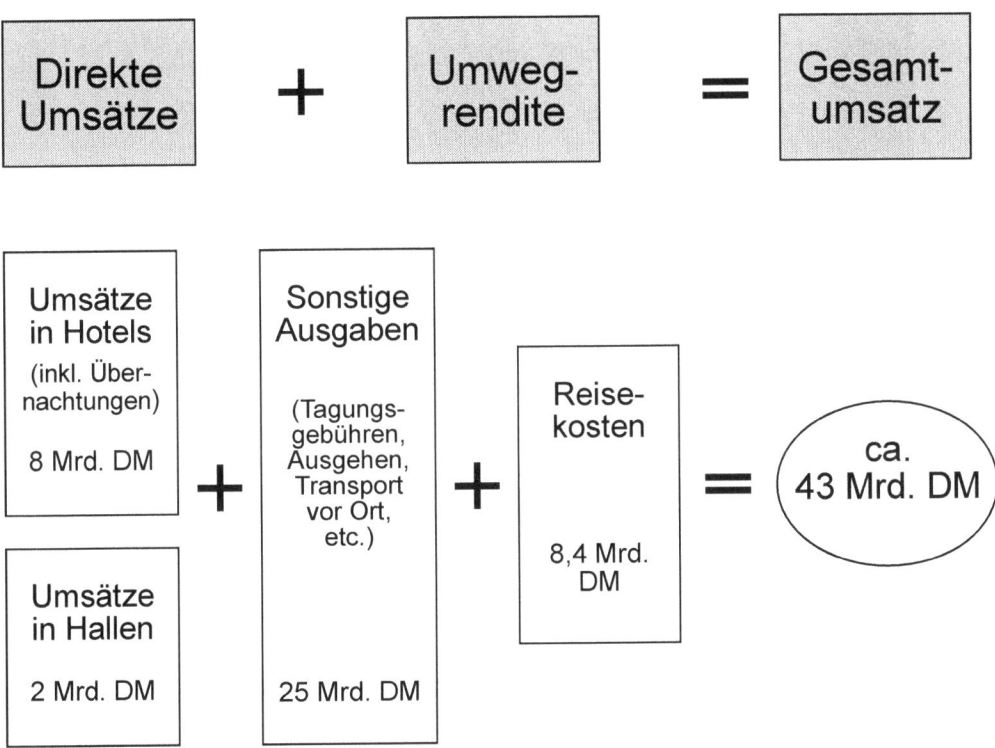

Quelle: INFRATEST BURKE SOZIALFORSCHUNG 1995

Bei Infratest Burke unterteilt sich der Betrag von DM 10 Mrd. in DM 8 Mrd. Umsatz in Hotels und DM 2 Mrd. in Hallen. Das bedeutet, dass hier 75% der direkten Umsätze in Hotels gemacht wurden. In der IPK Studie lag der Anteil der Umsätze in Hotels etwas niedriger bei 68%, was darauf zurückzuführen ist, dass die nicht erfassten kleinen Tagungen mit höherer Wahrscheinlichkeit im Hotel stattfinden, als die Veranstaltungen mit mehr als 50 Teilnehmern.

Tabelle 4 zeigt die von Infratest Burke aufgrund der Befragung von Tagungsanbietern und Teilnehmern ermittelten durchschnittlichen Ausgaben pro Person und Tag bei eintägigen bzw. mehrtägigen Tagungen. Die Ausgaben für Gastronomie beziehen sich dabei auf die in den Tagungsstätten angefallenen Kosten. Verpflegungsaufwendungen außerhalb der Veranstaltungshäuser sind in den „sonstigen Ausgaben" enthalten.

Aus diesen Umsätzen pro Teilnehmer und Tag in den verschiedenen Bereichen ergibt sich wie in Abbildung 13 dargestellt der Gesamtbranchenumsatz von DM 43 Mrd. Diese Zahl wurde, wie in Tabelle 5 gezeigt, berechnet (s. Tab. 5).

Tab. 4: Die Durchschnittsausgaben pro Tagungsteilnehmer und Tag

Ausgaben pro Teilnehmer und Tag		Eintages-veranstaltungen	Mehrtages-veranstaltungen
Direkte Umsätze in den Tagungsstätten	Raummiete	25,-- DM	25,-- DM
	Gastronomie	60,-- DM	60,-- DM
	Unterkunft	-	160,-- DM
	Gesamt	85,-- DM	245,-- DM
Sonstige Ausgaben	(Tagungsgebühr, Ausgehen, Transport vor Ort, etc.)	95,-- DM	95,-- DM
Anreisekosten		85,-- DM	230,-- DM
Durchschnittliche Gesamtausgaben		**265,-- DM**	**570,-- DM**

Quelle: INFRATEST BURKE SOZIALFORSCHUNG 1995; eigene Berechnungen

Tab. 5: Die Ermittlung des Gesamtumsatzes der Tagungsbranche

Eintages-veranstaltungen:	Direkte Umsätze pro Person	85,-- DM	
	+ Sonstige Kosten pro Person	95,-- DM	
		180,-- DM	
	x ca. 18 Mio. Teilnehmertage		3,2 Mrd. DM
Mehrtages-veranstaltungen	Direkte Umsätze pro Person	245,-- DM	
	+ Sonstige Kosten pro Person	95,-- DM	
		340,-- DM	
	x ca. 93 Mio. Teilnehmertage		31,6 Mrd. DM
Reisekosten			8,4 Mrd. DM
GESAMTUMSATZ			**43,2 Mrd. DM**

Quelle: INFRATEST BURKE SOZIALFORSCHUNG 1995; eigene Berechnungen

Der hohe Stellenwert von mehrtägigen Veranstaltung bei der Ermittlung des Gesamtumsatzes wird hier sehr deutlich. Bei der Berechnung der Gesamtzahl mehrtägiger Veranstaltungen spielt die durchschnittliche Tagungsdauer eine große

Rolle, die mit 2,3 Tagen wie bereits erwähnt von vielen Branchenkennern als tendenziell zu hoch angesehen wird. Da andere Studien eine geringere Durchschnittsdauer von Tagungen ermittelten, muss man davon ausgehen, dass besonders im Bereich der Hotelübernachtungen geringere Umsätze zu verzeichnen sind.

Laut Infratest Burke sind die nominalen direkten Umsätze in den Tagungsstätten zwischen 1986 und 1992 zwar von DM 92,-- auf DM 103,-- gestiegen, real in Preisen von 1986 bedeute dies aber einen Rückgang auf DM 82,--. Dieser reale Rückgang wird mit dem zunehmenden Ausgabenbewusstsein der Teilnehmer und Veranstalter begründet.

Die einzige seit 1995 von der Infratest Burke Studie abweichende Quantifizierung des Kongress- und Tagungsmarktes enthält die im Juli 1998 von Dr. Gugg und Dr. Hank Haase veröffentlichte Studie der Bedeutung der Bundesverbände für den deutschen Kongress- und Tagungsmarkt. Hier wird das Umsatzvolumen mit DM 45 Mrd. beziffert, doch ist davon auszugehen, dass es sich dabei nur um eine inflationierte Rezitierung des von Infratest Burke ermittelten Betrages handelt.

2.3.4 Der Beschäftigungseffekt

Entsprechend des Umsatzvolumens werden durch den Kongress- und Tagungsreiseverkehr zusätzliche Arbeitsplätze geschaffen. Dabei muss unterschieden werden zwischen direkt vom Tagungs- und Kongressreiseverkehr abhängiger Beschäftigung wie Personal von Kongressdienstleistern oder Kongresszentren und indirekt abhängigen wie Personal in gastronomischen Betrieben oder Reisebüros. Die indirekte Abhängigkeit zeichnet sich dadurch aus, dass nur ein Teil des Betriebes der entsprechenden Unternehmen auf den Kongress- und Tagungsmarkt zurückzuführen ist. Dies macht schon deutlich, dass es ähnlich dem Fremdenverkehr im allgemeinen sehr schwierig ist, den Beschäftigungseffekt dieser Branche zu quantifizieren.[78]

3. Trends, Tendenzen und Ausblick

Branchenfachleute sind sich einig, dass der Kongress- und Tagungsmarkt seine Stagnationsphase überwunden hat und wieder in die Rolle des Wachstumsmarktes zurückgekehrt ist. Sämtliche Zukunftsprognosen sagen auch für die kommenden Jahre einen weiterhin steigenden Umsatz im Kongress- und Tagungsmarkt voraus. Der zumeist von Laien vorgebrachte Einwand, dass die verbesserten technischen Möglichkeiten wie Video- und Online-Konferenzen oder E-Mail zu Rückgängen auf dem Tagungsmarkt führen, werden unter Experten heftig dementiert. Der Tagungsmarkt wird zunehmend spezifischer. Innerhalb des Gesamtmarktes haben

---

[78] HANK-HAASE setzt sich mit diesem Thema näher auseinander und vergleicht mehrere Methoden zur Ermittlung des Beschäftigungseffektes. (HANK-HAASE, Gisela 1992: Der Tagungs- und Kongressreiseverkehr als wirtschaftlicher Faktor in Großstädten der Bundesrepublik Deutschland, 53 ff.)

sich verschiedene Teilsegmente gebildet, die über unterschiedliche Entwicklungsparameter verfügen. So handelt es sich beispielsweise bei dem Incentive-Markt um ein stark boomendes Segment, während etwa im Bereich rein sachlicher und routinemäßiger Informationstransfers die neuen Medien Internet und Intranet sowie die effektiven Telekommunikationsmöglichkeiten dem einst erforderlichen Konferenz- und Tagungsgeschehen den Rang zunehmend ablaufen.

Die positiven Entwicklungsaussichten überwiegen jedoch bei weitem, was zu dem Schluss führt, dass sowohl der nationale, als auch der internationale Tagungsmarkt im Wachstum begriffen ist. Folgende Trends und Tendenzen bilden die Grundlage der positiven Zukunftsprognosen:

- Die immer rasantere technische Entwicklung in allen Wirtschafts- und Wissenschaftsbereichen erfordert zukünftig einen intensiveren Wissensaustausch um im internationalen Wettbewerb konkurrenzfähig zu bleiben.

- Die Globalisierung der Märkte führt dazu, dass immer mehr Unternehmen über einen immer weiter reichenden Aktionsrahmen verfügen. Auch daraus entsteht eine stets bedeutender werdende Notwendigkeit für umfassende Weiterbildungs- und Fortbildungsmaßnahmen sowie für einen verstärkten Austausch von Informationen.

- Besonders durch die europäische Integration, die Währungsunion und die Öffnung der osteuropäischen Märkte haben sich die Marktbedingungen Deutschlands entscheidend verändert. Hiervon wird in den nächsten Jahren ein starker Impuls für das Tagungsgeschehen ausgehen.

- Wir befinden uns im Übergang von der Industriegesellschaft zur Informationsgesellschaft. Das bedeutet eine zunehmende Bedeutung von Kommunikation, und zwar besonders von persönlicher Kommunikation als natürlichem Ausgleich für die zunehmende Technisierung und immense Informationsflut.

- Der eingangs dieser Arbeit beschriebene Werte- und Bewusstseinswandel mit steigenden Anforderungen an Lebensqualität und einem höheren Erlebnis- und Freizeitgehalt schafft neue Kommunikationsbedürfnisse und -anlässe. Damit steigt auch das Streben nach Wissens- und Bildungserweiterung. [79]

- In vielen Wirtschaftsunternehmen haben sich die Kommunikationsstrukturen in den letzten Jahren stark verändert. Unter dem Motto Humanisierung des Arbeitsplatzes haben Methoden wie Teamarbeit, Personalaustausch zwischen verschiedenen Niederlassungen, das Prinzip der „Open Doors" oder die Abschaffung überflüssiger Hierarchiestufen zur breiteren ‚Kompetenzstreuung' geführt. Der ständige Kontakt und Wissensaustausch gewinnt zunehmend an Wichtigkeit.

---

[79] RICCI, Martina M.C. 1994: Der Kongress- und Tagungsmarkt in der Bundesrepublik Deutschland, 145

Neben diesen Trends, die im wesentlichen die zukünftige Konjunkturlage in der Tagungsbranche implizieren, gibt es eine Reihe weiterer Trend und Tendenzen, die sich mehr auf den Ablauf und den Charakter der eigentlichen Veranstaltungen beziehen. Nachdem bereits in den verschiedenen Kapiteln auf neue Entwicklungen und Veränderungen eingegangen wurde, sollen an dieser Stelle die wichtigsten Trends in bezug auf den Tagungsablauf beschrieben werden

- In bezug auf die Größe der Veranstaltungen war in den letzten Jahren ein klarer Trend hin zu kleineren Tagungen und Kongressen zu erkennen. Dies bedeutet jedoch nicht, dass die ehemals größere Veranstaltungen nun auf weniger Teilnehmer beschränkt werden. Vielmehr liegt der Schwerpunkt des Marktwachstums im Bereich kleiner Tagungen, was zu einer Verschiebung der Verteilung der Veranstaltungen nach Größenklassen geführt hat. Von dieser Entwicklung profitiert besonders die Tagungshotellerie, die Ihr Angebot speziell auf diesen Bereich der kleinen Veranstaltungen spezialisiert hat. Durch diese Spezialisierung und das gestiegene Angebot haben sich die Kosten für Tagungen im Hotel erheblich reduziert und eine Auslagerung entsprechender Veranstaltungen ins Hotel wurde für viele Unternehmen attraktiv.

- Im Zuge dieser Entwicklung entstand eine Art „Zweiklassengesellschaft" in der Tagungsbranche. Während einerseits ein Bereich der Tagungen in kleinem Rahmen, sowohl bezogen auf Teilnehmerzahl, als auch auf die sonstigen Anforderungen abläuft und Preisgünstigkeit eine wichtige Voraussetzung aus Sicht der Unternehmen darstellt, ist auf der anderen Seite ein Trend hin zu maßgeschneiderten, hochwertigen, erlebnisreichen Angeboten zu erkennen. Die zwei „Klassen" beziehen sich dabei auf das Ziel, das der Veranstalter mit der Tagung erreichen will. Während einerseits das Ziel einzig in der Vermittlung von Inhalten liegt, also eine sachliche und unspektakuläre Atmosphäre gewünscht wird, stehen im zweiten Fall qualitative Interessen beim Veranstalter hinsichtlich des äußeren Umfeldes im Vordergrund. Diese gehobene Klasse von Veranstaltungen ist in der Regel ein Instrument des modernen Marketings der veranstaltenden Unternehmen und Verbände, das heißt es geht hierbei stets darum, etwas zu verkaufen, sei es wichtige Informationen, sei es ein Produkt oder ein bestimmtes Image. Im Fokus dieser Zielsetzung können etwa Kunden stehen, die man an sich binden oder von bestimmten Dingen oder Themen überzeugen möchte, oder aber Mitarbeiter, die an das Unternehmen gebunden werden, oder dadurch zu höheren Leistungen motiviert werden sollen.

- In diesem Bereich liegt auch der in vorherigen Abschnitten bereits beschriebene Trend zu einem höheren Erlebnisgehalt von Tagungen. Der Markt der Incentives und Events dringt zunehmend auch in den Bereich alltäglicher Tagungen und Kongresse vor. Dadurch entstehen besondere Anforderungen sowohl an die Wahl des Tagungsortes und der Tagungsstätte, als auch an den Ablauf der Veranstaltung.

- Ein weiterer wichtiger Trend, der besonders im Bereich der größeren Tagungen zu verzeichnen ist, aber zunehmend auch bei kleineren Veranstaltungen an Bedeutung gewinnt, ist die Interaktivität. Darunter ist die Einbeziehung der Teilnehmer in das Tagungsgeschehen zu verstehen. So ermittelte eine Untersuchung der Produktionsgesellschaft für Events „Hinterm Mond", dass eine eigene aktive Beteiligung an Veranstaltungen den Teilnehmern am häufigsten in Erinnerung bleibt. Diese Form von „Erlebnis" rangiert noch vor „Live-Auftritten von Stars" und „Kontakten mit anderen Besuchern".[80] Eine wichtige technische Neuerung in diesem Bereich ist das sogenannte „Digi-Vote", also die Möglichkeit aller Teilnehmer in kürzester Zeit über bestimmte Problematiken, wie die Themengestaltung der Veranstaltung oder inhaltliche Fragestellungen „per Knopfdruck" abzustimmen. Diese Integration des Publikums führt zu einer höheren Aufmerksamkeit und birgt Möglichkeiten zu Befragungen, die ansonsten nur sehr aufwendig durchzuführen währen.

- Schließlich ist ein weiterer Trend, der sich aus den eingangs beschriebenen konjunkturellen Parametern ableiten lässt die zunehmende Internationalität von Veranstaltungen. Die moderne globalisierte Wirtschaftsstruktur unserer Zeit führt zu immer stärkeren internationalen Verflechtungen. Wirtschaftliche Krisen in einer bestimmten Gegend dieser Welt haben Auswirkungen auf die weltweiten Börsen und damit die Weltwirtschaft insgesamt. Die zunehmende Liberalisierung der Märkte etwa in vielen ehemals sozialistischen Ländern führt zu einer steigenden Internationalität von Wirtschaftsbeziehungen. Damit einher geht auch die Notwendigkeit, länderübergreifend Tagungen und Kongresse durchzuführen. Diese Entwicklung wird sich in den nächsten Jahren weiterhin fortsetzen.

- Die Europäische Währungsunion birgt neue Chancen für die deutsche Kongressbranche. Da Währungsumtausch und -umrechnung für die Teilnehmer aus den „EUROländern" entfallen, wird die Teilnahme an Kongressen erleichtert und günstiger.[81] Auch die Tagungsstätten werden von der Währungsunion profitieren. Mit dem Euro wird die Hotellerie in Deutschland ihr attraktives Preis-Leistungsverhältnis weit besser transportieren können, als die Deutsche Mark als nationale Währung dies je konnte.[82]

---

80 Top-Erlebnis-Favorit: Aktive Beteiligung. In: m+a report Mai/Juni 1998, 70
81 ITB-Euro-Kongress mit wichtigen Schlüssen für die Meetingbranche. In: CIM Conference and Incentive Management, Verlagsgruppe Deutscher Verkehrs-Verlag, Heft 3, 1998, 40
82 Euro als Chance für Hotellerie in Deutschland. In: TW TagungsWirtschaft, m+a Verlag, Heft Juli, 69, Frankfurt am Main

KAPITEL C: ANALYSE DES TAGUNGSSEGMENTES „MITTELSTÄNDISCHE UNTERNEHMEN"

Das Gros bisheriger Untersuchungen zum deutschen Kongress- und Tagungsmarkt konzentriert sich auf den Bereich der Veranstaltungen von Großunternehmen und führenden Verbänden und Organisationen. Dies führt dazu, dass besonders bei größeren Tagungen und Kongressen sowohl auf Seiten der Veranstalter, als auch bei den Tagungsstätten eine umfangreiche Informationsbasis vorliegt. Zu den Anforderungen der Nachfrager sind ebenso fundierte Daten vorhanden, wie zu Volumen und Struktur dieser Veranstaltungen. Die beteiligten Veranstalter verfügen zwar in der Regel noch über eigene Statistiken, die der Öffentlichkeit nicht zugänglich sind, dennoch ist der Tagungsmarkt im Bereich der Großunternehmen und Großverbände relativ transparent. Angebot und Nachfrage sind weitgehend aufeinander abgestimmt.

Ganz anders stellt sich dies im Segment der kleinen und mittelgroßen Unternehmen dar. Hier sprechen Branchenkenner von einer enormen Grauzone, die bislang kaum Inhalt von Untersuchungen war. Der Grund dafür liegt auf der Hand. Bei diesem Nachfragesegment handelt es sich tendenziell um kleinere Veranstaltungen, die nach außen hin weniger spektakulär in Erscheinung treten. Je kleiner die Veranstaltung, desto schwieriger ist es die Teilnehmer nach ihren Anforderungen an die verschiedenen Standort- und Tagungsfaktoren zu befragen. Klein und mittelständische Unternehmen verfügen nur selten über eine professionelle Veranstaltungsabteilung oder einen zuständigen Veranstaltungsmanager, der eher bereit ist, an entsprechenden Befragungen teilzunehmen. Hier liegt die Organisation von Veranstaltungen noch bei der Geschäftsleitung oder in den Sekretariaten. Dies ist insofern problematisch, als die Klein- und mittelgroßen Unternehmen zwar vorwiegend kleine Tagungen durchführen, in der Summe aber einen großen Teil des Tagungsmarktes ausmachen.

Diese Arbeit soll ein erster Schritt sein, den Tagungsmarkt weniger großer Unternehmen - und zwar explizit des deutschen Mittelstandes - darzustellen. Hierzu ist wird zunächst der Begriff „Mittelstand" definiert, bevor anschließend Ziele und Methodik der Untersuchung erläutert werden.

1. Definition des Begriffes „mittelständische Unternehmen"

Diese Untersuchung bezieht sich auf das Nachfragesegment „mittelständische Unternehmen". Daher ist es erforderlich, die Definition des Begriffes „mittelständische Unternehmen" und die Bedeutung des Mittelstandes in der deutschen Wirtschaft zu erläutern. Dies ist insofern problematisch, als es keine allgemeingültige Definition und Abgrenzung für den Mittelstand in Deutschland gibt. Das Institut für Mittelstandsforschung (IfM) in Bonn hat sich näher mit diesem Thema beschäftigt und versucht, anstelle einer allgemeinen Definition, die Bedeutung des Mittelstandes in der Gesamtwirtschaft zu skizzieren.[83]

Der Begriff "wirtschaftlicher Mittelstand" ist ausschließlich in Deutschland gebräuchlich. Im gesamten anglo-amerikanischen und romanischen Sprachraum spricht man von kleinen und mittleren Unternehmen und meint damit einen statistisch greifbaren Teil der Gesamtwirtschaft. Im deutschen Sprachgebrauch deckt der Begriff zwar diesen statistisch dokumentierbaren Bereich ebenfalls ab, geht aber inhaltlich hierüber hinaus. Er umfasst sowohl ökonomische als auch gesellschaftliche und psychologische Aspekte und enthält sowohl quantitative als auch qualitative Merkmale, die für das Verständnis von Motiven, Bedingungen, Besonderheiten und Auswirkungen einer selbständigen wirtschaftlichen Tätigkeit von Bedeutung sind.

Unter den qualitativen Aspekten, die für das Begreifen des Mittelstands von zentraler Bedeutung sind, ragt die enge Verbindung von Unternehmen (bzw. Praxis) und Inhaber heraus. Daraus resultiert die unmittelbare Einwirkung der Unternehmensleitung auf alle strategisch bedeutsamen Vorgänge im Unternehmen. Daneben ist für mittelständische Unternehmen eine enge Beziehung zwischen Mitarbeitern und Geschäftsführung charakteristisch. Mitunter wirken die qualitativen Kriterien so stark auf das Gesamtunternehmen ein, dass die quantitativen Aspekte nachrangigen Charakter erhalten. Dies kann dazu führen, dass selbst ein (Industrie-) Betrieb mit weitaus mehr als 500 Beschäftigten seiner Natur nach noch mittelständisch ist.

Aus quantitativer Sicht beschreibt der Begriff "wirtschaftlicher Mittelstand" über alle Branchen hinweg die Gesamtheit von Unternehmen und Freien Berufen, soweit sie eine bestimmte Größe nicht überschreiten. Die statistische Festlegung dieser bestimmten Unternehmensgröße wirft allerdings in der Regel einige Probleme auf, da geeignete Größenindikatoren erforderlich sind.[84] In der Wissenschaft existieren zahlreiche solcher Indikatoren wie Gewinn, Anlagevermögen, Bilanzsumme, Wertschöpfung, Stellung am Markt, Anzahl der Arbeitsplätze, Umsatz. Die amtliche Statistik liefert zu den meisten der hier angeführten Definitionskriterien keine oder nur auf bestimmte Wirtschaftsbereiche beschränkte Daten, so dass - auch im Hinblick auf Repräsentativitätskontrollen von stichprobenhaft gewonnenen Datensätzen - in aller Regel ein pragmatischer Ansatz zur Beschreibung von Unternehmensgrößen gewählt wird, der sich auf die Messung des Umsatzes und der Zahl der Beschäftigten beschränkt. Dieses Verfahren ist inzwischen weltweit gebräuchlich.

---

[83] vgl. dazu: BUNDESMINISTERIUM FÜR WIRTSCHAFT (Hrsg.) 1997: Unternehmensgrößenstatistik 1997/98 - Daten und Fakten
[84] BUNDESMINISTERIUM FÜR WIRTSCHAFT (Hrsg.) 1997: Unternehmensgrößenstatistik 1997/98 - Daten und Fakten, 2 f.

"Unabhängig von der Wahl des Indikators stellt eine quantitative Abgrenzung immer nur eine zweckorientierte untersuchungsvereinfachende Näherung dar".[85] Diese einschränkende Aussage hat selbstverständlich auch für die vorliegende Untersuchung Gültigkeit.

In einigen Definitionen wird der Begriff „Mittelstand" synonym mit Klein- und mittelgroßen Unternehmen (KMU) verwendet. Daher muss darauf hingewiesen werden, dass die Kleinunternehmen in der vorliegenden Untersuchung nicht zum Mittelstand gezählt werden. Es soll speziell das Tagungsverhalten „mittelgroßer" Unternehmen untersucht werden.

Entscheidend bei der Wahl der Abgrenzungskriterien ist, dass die möglichst vollständige Anzahl der Unternehmen innerhalb der gewählten Kriterien bekannt ist, um Hochrechnungen auf den Gesamtmarkt vornehmen zu können. Grundsätzlich empfiehlt es sich, eine Eingrenzung sowohl nach Umsatz, als auch nach Beschäftigtenzahl vorzunehmen. Die umfassendste Bestandszählung deutscher Unternehmen bildet die Umsatzsteuerstatistik des Statistischen Bundesamtes, die die Datensätze von 3,4 Mio. deutschen Unternehmen umfasst. Andere Quellen, wie Hoppenstedt CD-Rom „Firmendatenbank - Mittelständische Unternehmen"[86] mit 125.000 Unternehmensdatensätzen, die „Markus CD-Rom" des Bureau van Deyke[87] mit insgesamt 750.000 Datensätzen deutscher und österreichischer Unternehmen und Datensätze der Industrie- und Handelskammern, sind wesentlich unvollständiger.

Somit bilden die Bestandszahlen der Umsatzsteuerstatistik die Grundlage für die Hochrechnung der Stichprobenergebnisse dieser Untersuchung auf das gesamte Marktsegment. Die Beschäftigungszahlen sind jedoch in dieser Datenbank nicht enthalten, was eine Beschränkung der Abgrenzungskriterien auf die Umsatzgröße erfordert. Es wurde die Jahresumsatzgrößenklasse DM 25 Mio. bis DM 100 Mio. als Abgrenzung der Grundgesamtheit gewählt. Tabelle 6 zeigt, dass sich in dieser Klasse 19.719 Unternehmen befinden, die 13,4% zum Gesamtumsatz aller Unternehmen beitragen. Die nächst kleinere Klasse umfasst etwa die fünffache Menge an Unternehmen, liegt mit 14,6%igem Anteil am Gesamtumsatz aber nur 1,2% über der gewählten Kategorie.

---

[85] KRATZ, T. 1996: Abgrenzung der klein- und mittelständischen Unternehmen. In: MAYER, H. (Hrsg.): Problembereiche klein- und mittelständischer Unternehmen. Dresdner Beiträge zur Revision und Steuerlehre, Band 3, Dresden, 4.
[86] HOPPENSTEDT VERLAGS GmbH 1998: Firmendatenbank - Mittelständische Unternehmen. CD-Rom, Darmstadt
[87] BUREAU VAN DYKE (Hrsg.) 1998: Markus CD-Rom. Frankfurt

Tab. 6: Die Unternehmens- und Umsatzgrößenstruktur in Deutschland (1996)[88]

Unternehmen mit ....DM Jahresumsatz	Deutschland			
	Unternehmen		Jahresumsatz[89]	
	abs.	in %	in Mio. DM	in %
32.500 bis 50.000	250.968	9,1	10.281	0,2
50.000 bis 100.000	492.927	17,8	35.876	0,5
100.000 bis 500.000	1.153.310	41,7	276.232	4,0
500.000 bis 1 Mio.	343.417	12,4	242.830	3,5
1 Mio. bis 5 Mio.	398.586	14,4	836.880	12,2
5 Mio. bis 25 Mio.	97.721	3,5	1.002.231	14,6
25 Mio. bis 100 Mio.	19.719	0,7	916.378	13,4
100 Mio. und mehr	6.277	0,2	3.531.495	51,5
INSGESAMT	2.762.925	100,0	6.852.202	100,0

Quelle: Umsatzsteuerstatistik 1996 des Statistischen Bundesamtes; eigene Berechnung

2. Ziel der Untersuchung

Ziel der Untersuchung ist es, Volumen und Struktur der Tagungen, bei denen mittelständische Unternehmen Veranstalter sind, zu bestimmen. Dabei wurden die Unternehmen nach Anzahl und Größe der Veranstaltungen pro Jahr, nach den unterschiedlichen Veranstaltungsformen, nach bevorzugten Tagungsdestinationen, nach den Anforderungen an die verschiedene Standort- und Tagungsfaktoren, nach der Zuständigkeit für die Organisation und Informationsgewinnung, nach der Zufriedenheit in den verschiedenen Bereichen der Tagungshotels sowie nach den Budgets für Tagung, Hotel und Rahmenprogramm und die Entwicklung von Budgets und Tagungstätigkeit in den letzten fünf Jahren befragt.

Neben der quantitativen Darstellung der Untersuchungsergebnisse werden diese inhaltlich interpretiert. Dabei steht die Frage nach der Effizienz des Marktes im Mittelpunkt. Des weiteren wird auf zahlreiche Diskrepanzen zwischen den Erwartungen der Nachfrager und dem Angebot hingewiesen. Ebenso werden Entwicklungspotentiale für die verschiedenen Bereiche des Tagungswesens ermittelt.

---

[88] Die Zahlen des Jahres 1996 sind die aktuellsten verfügbaren Daten der Umsatzsteuerstatistik
[89] Ohne Umsatzsteuer

3. Die methodische Vorgehensweise

In den vorherigen Kapiteln wurde bereits ausgiebig auf die Problematik der empirischen Erfassung des Kongress- und Tagungsmarktes hingewiesen. Die zahlreichen Abgrenzungs- und Definitionsprobleme sowie die fließenden Übergänge im Bereich der Tagungsveranstaltungen erfordern die Entwicklung einer speziellen, zielorientierten empirischen Methode. Diese Methode baut je nach Fragestellung auf einer Kombination von quantitativen und qualitativen Erhebungen auf. Dies bedeutet, dass nicht nur zur Interpretation der erhobenen Zahlenwerte eine umfangreiche Kenntnis des Tagungsmarktes erforderlich ist, sondern bereits bei der Erstellung der Fragebögen und bei der Entwicklung der gesamten Untersuchungsmethodik.

Die empirische Untersuchung fand in mehreren Phasen statt. Insgesamt wurden 2.000 Unternehmen in zwei Befragungsabschnitten schriftlich befragt. Der Fragebogen wurde unter Mitarbeit verschiedener Experten aus der Tagungsbranche entwickelt. Im ersten Abschnitt wurden 1.000 Fragebögen an mittelständische Unternehmen verschickt. Diese wurden nach dem Anteil der Grundgesamtheit in den 16 Bundesländern gewichtet. Die Adressen konnten von der Hoppenstedt CD-ROM „Mittelständische Unternehmen" mit einen Anschreiben zu einem Serienbrief verknüpft werden.

Neben einem Anschreiben und dem Fragebogen enthielt jeder verschickte Brief auch einen freien Rückumschlag, der zu einer höheren Bereitschaft bei den Unternehmen, den Fragebogen zurückzuschicken, führen sollte. Die Adressierung der Briefe erfolgte an den jeweiligen Geschäftsführer, da auch hiervon eine höhere Aufmerksamkeit und Bereitschaft, an der Befragung teilzunehmen, erwartet wurde. Weiterhin wurde den Unternehmen am Ende des Fragebogens die Gelegenheit gegeben, eine Zusammenfassung der Untersuchungsergebnisse kostenlos zu bestellen. Auch dies sollte zur Teilnahme motivieren.

Die jeweiligen Fragebögen wurden durch eine kleine Zahl auf der letzten Seite kodiert, was den Rückschluss auf das entsprechende Unternehmen zuließ. Dies hatte mehrere Gründe. Zum einen konnte dadurch auf Fragen zum Unternehmen verzichtet werden. Außerdem sollte eine Differenzierung der Befragungsergebnisse nach Regionen erfolgen und es musste das entsprechende Bundesland, in dem sich der Betrieb befindet erkenntlich sein. Schließlich sollte damit die Möglichkeit bewahrt werden, in Einzelfällen noch Rückfragen an die jeweiligen Unternehmen zu stellen.

Dieser erste Befragungsabschnitt brachte einen Rücklauf von 70 Fragebögen. Dies entspricht einer Quote von 7,3%, da 38 Briefe unzustellbar zurückkamen. Diese Quote war insofern sehr befriedigend, als sich die Befragung an Unternehmen richtet, die grundsätzlich kaum Interesse an der Untersuchung haben. Andere Untersuchungen des Tagungsmarktes, die eine höhere Rücklaufquote erzielten, richteten sich meist entweder an PCOs und Tagungsstätten oder an die professionellen Veranstalter von großen Tagungen bzw. die Tagungsteilnehmer an solchen. Diese Befragten haben natürlich ein erhebliches Interesse an den Ergebnissen und eine deutlich höhere Bereitschaft an der Untersuchung teilzunehmen. Trotzdem stellte sich nach Auswertung der ausgefüllten Fragebögen heraus, dass besonders in bezug auf die Budgets und das gesamte Tagungsvolumen noch keine sicheren Aussagen gemacht werden können. Bei einigen Fragen wie etwa nach der Ausgabenentwicklung, den Informationsquellen oder der Entwicklung des Tagungsvolumens in den letzten 5 Jahren haben sich die Angaben schnell stabilisiert und es ergaben sich zum Ende der Auswertung hin kaum noch zu Veränderungen.

Um aber das Ziel der Marktquantifizierung erreichen zu können war es erforderlich, einen weiteren Befragungslauf anzuschließen. Dabei wurden erneut 1.000 Fragebögen in gleicher Weise wie beim ersten Lauf verschickt. Der zweite Fragebogen wurde um acht bereits ausreichend beantwortete Fragen aus dem ersten Bogen auf insgesamt 12 Fragen gekürzt. Dabei wurde darauf geachtet, dass keine Frage im Wortlaut verändert wurde und der Charakter des Fragebogens sich trotz der Reduzierung auf 12 Fragen nicht veränderte.[90] Die beiden Fragebögen befinden sich im Anhang zu dieser Arbeit.

Die zweite Befragung ergab einen etwas höheren Rücklauf von 78 Fragebögen Dies entspricht einer Quote von 8,1%, da 32 Briefe unzustellbar zurückkamen. Somit lag der Gesamtrücklauf beider Befragungsläufe bei 148 Fragebögen, was einer gesamten Rücklaufquote von 7,7% entspricht. Die beim ersten Lauf noch erheblichen Schwankungen bei Fragen zu Budget und Tagungsvolumen haben sich in der weiteren Auswertung stabilisiert und somit konnte nach dem zweiten Befragungslauf ein verwertbares Ergebnis für alle Fragen festgestellt werden. Trotzdem erhebt diese Untersuchung keinen Anspruch auf Repräsentativität.

Im nächsten Schritt wurden weitere 40 Unternehmen telefonisch zu Ihrem Tagungsverhalten befragt. Auch hierbei wurde auf die Gewichtung nach Bundesländern geachtet. Der Grund für diese zusätzliche Erhebung war die Hypothese, dass Unternehmen, die an der schriftlichen Befragung teilgenommen hatten, tendenziell häufiger tagen und demnach ein höheres Interesse an den Ergebnissen haben. Ein Unternehmen, das beispielsweise keine Tagungen durchführt, wird kaum einen Fragebogen zum Tagungsverhalten ausfüllen. Der Wahrheitsgehalt dieser Hypothese sollte besonders hinsichtlich der Marktquantifizierungen die Grundlage für die Berechnung eines möglichen Gewichtungsfaktors der Untersuchungsergebnisse der schriftlichen Befragung sein. Daher beschränkte sich der entwickelte Leitfaden zur telefonischen Befragung auch auf Tagungshäufigkeit, durchschnittliche Dauer und durchschnittliche Tagungsbudgets. Ebenso wurde gefragt, welche

---

90 Der Grund der Kürzung lag darin, dass der gesamte Fragebogen dadurch von vier auf zwei Seiten reduziert werden konnte, wovon eine höhere Bereitschaft zur Teilnahme an der Befragung erwartet wurde. Es gab in dieser Phase der Untersuchung also den „trade-off" zwischen dem Ziel eines hohen Rücklaufs und der wissenschaftlichen Korrektheit.

Branchenzeitschriften den Befragten bekannt sind. Diese Frage wurde bei den schriftlichen Fragebögen nicht berücksichtigt.

Die telefonische Befragung führte zu der Erkenntnis, dass die zuvor formulierte Hypothese nicht bestätigt werden kann. Sowohl in Bezug auf die Gesamtzahl, als auch auf die Budgets und die Durchschnittsdauer wurden Angaben gemacht, die mit denen der schriftlichen Befragung konform sind. So gaben 36 (90%) der interviewten Personen an, dass Ihr Unternehmen Tagungen außerhalb des eigenen Hauses durchführt. Bei der schriftlichen Befragung lag dieser Wert sogar geringfügig niedriger bei 87,8%. Eine zusätzliche Gewichtung der Ergebnisse der schriftlichen Befragung ist somit nicht erforderlich.

Auf eine Integration der telefonischen Befragungsergebnisse in die Gesamtauswertung wurde verzichtet, da sich dadurch keine bedeutenden Veränderungen ergeben hätten.

Um das Volumen der Veranstaltungen und des Branchenumsatzes zu bestimmen ist es erforderlich, die entsprechenden Befragungsergebnisse der Stichprobe auf den Gesamtmarkt hochzurechnen. Da der Stichprobenumfang aber zu gering war, um *repräsentative* Aussagen zu dem absoluten Marktvolumen machen zu können, wurde zusätzlich ein konservatives und ein positives Szenario berechnet. Man erhält somit für die entsprechenden Marktzahlen einen Wertebereich, in dem sich mit hoher Wahrscheinlichkeit die realen Marktzahlen befinden. Zunächst wird aber trotzdem das sich aus der Befragung ergebende absolute Tagungsmarktvolumen berechnet. Diese Hochrechnung wird „realistisches Szenario" genannt, da es die jeweils wahrscheinlichsten Werte zur Berechnung berücksichtigt.

4. Auswertung und Interpretation der Untersuchungsergebnisse

4.1 Volumen und Struktur der Tagungsnachfrage

Tagungen und Kongresse sind ein fester Bestandteil der Wirtschaftstätigkeit mittelständischer Unternehmen. Sie stellen einen wichtigen Kommunikationsfaktor dar und tragen maßgeblich zum Gesamtvolumen des deutschen Tagungsmarktes bei. Die veranstalteten Tagungen finden entweder im eigenen Haus oder in einer Tagungsstätte statt, wobei Hotels die deutlich größte Rolle spielen.

Auf die Frage, wie oft Mitarbeiter des eigenen Unternehmens an Veranstaltungen, die von anderen Betrieben oder Institutionen veranstaltet werden, teilnahmen, stellte sich ein eindeutiges Ergebnis ein. Immerhin 51,3% der befragten Unternehmen gaben an, „oft" an solchen Veranstaltungen teilzunehmen. „Selten" nehmen in 47,4% der Fälle die Mitarbeiter an Fremdveranstaltungen teil. Nur 1,3% gaben an, „nie" an Tagungen zu partizipieren.

Die Frage nach der Gesamtzahl der selbst veranstalteten Tagungsveranstaltungen pro Jahr sollte eine der wichtigsten Punkte der Untersuchung darstellen. Es konnte nicht davon ausgegangen werden, dass den Befragten in den Unternehmen bekannt ist, welche Veranstaltungsformen dem Überbegriff „Tagungen" untergeordnet sind. Also hätte die einfache Frage nach der Gesamtzahl der Tagungen zu einem kaum deutbaren Ergebnis geführt, da beispielsweise Schulungen oder Präsentationen in vielen Fällen nicht genannt worden wären. Die Frage wurde daher erweitert auf vier Formen von Tagungsveranstaltungen sowie die alternative Antwortmöglichkeit „Andere":

- Tagungen und Kongresse
- Incentives
- Schulungen und Seminare
- Produktpräsentationen
- Andere

Zusätzlich war es erforderlich dieser Frage in bezug auf die Größe der jeweiligen Veranstaltungen zu erweitern. Nur so konnte die gesamte Teilnehmerzahl und das Umsatzvolumen berechnet werden. Es wurden folgende sechs Größenklassen gebildet:

- Weniger als 20 Teilnehmer
- 101 bis 200 Teilnehmer
- 20 bis 50 Teilnehmer
- 201 bis 500 Teilnehmer
- 51 bis 100 Teilnehmer
- 500 und mehr Teilnehmer

4.1.1 Die Bedeutung der verschiedenen Veranstaltungsformen

Abb. 14: Die Verteilung der Veranstaltungen auf die verschiedenen Veranstaltungsformen

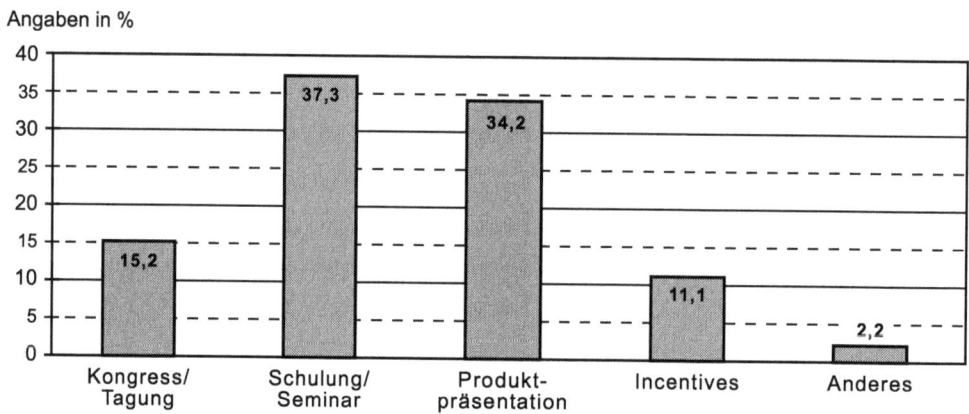

Quelle: Eigene Erhebung

Die Frage nach der Art der Veranstaltungen hat ergeben, dass der mit Abstand größte Teil aller von mittelständischen Unternehmen durchgeführten Tagungsveranstaltungen mit zusammen 71,5% auf Schulungen/Seminare (37,3%) und Produktpräsentationen (34,2%) fällt. Es handelt sich hierbei um Veranstaltungen, die in regelmäßigen Abständen stattfinden und fester Bestandteil der alltäglichen Wirtschaftstätigkeit sind, während es sich bei den anderen Veranstaltungsformen eher um besondere Anlässe handelt, die oft nur einmal oder wenige Male im Jahr stattfinden.

Wie Abbildung 15 zeigt, handelt es sich bei Schulungen und Seminaren sowie bei Produktpräsentationen um tendenziell kleinere Veranstaltung, so dass eine Aufteilung in Veranstaltungsformen nach Teilnehmern und nicht nach Veranstaltungen ein etwas verändertes Bild ergeben würde.

Kongresse und Tagungen haben mit einem Anteil von 15,2% einen recht geringen Stellenwert für den Mittelstand, auch wenn beachtet werden muss, dass es sich dabei um eher größere Veranstaltungen handelt.

„Incentives" bilden mit immerhin 11,1% einen überraschend großen Bereich der Tagungstätigkeit des Mittelstandes. Somit wird der Trend bestätigt, dass die Bedeutung von Incentives im ökonomischen Aktionskreis deutscher Unternehmen wächst. Dies ist insofern von besonderer Tragweite für das Tagungswesen, als Incentives tendenziell ein höheres Umsatzvolumen pro Kopf generieren als andere Tagungen. Die Anzahl der Teilnehmer pro Veranstaltungen

Abb. 15: Die Teilnehmerzahlen der verschiedenen Tagungsformen

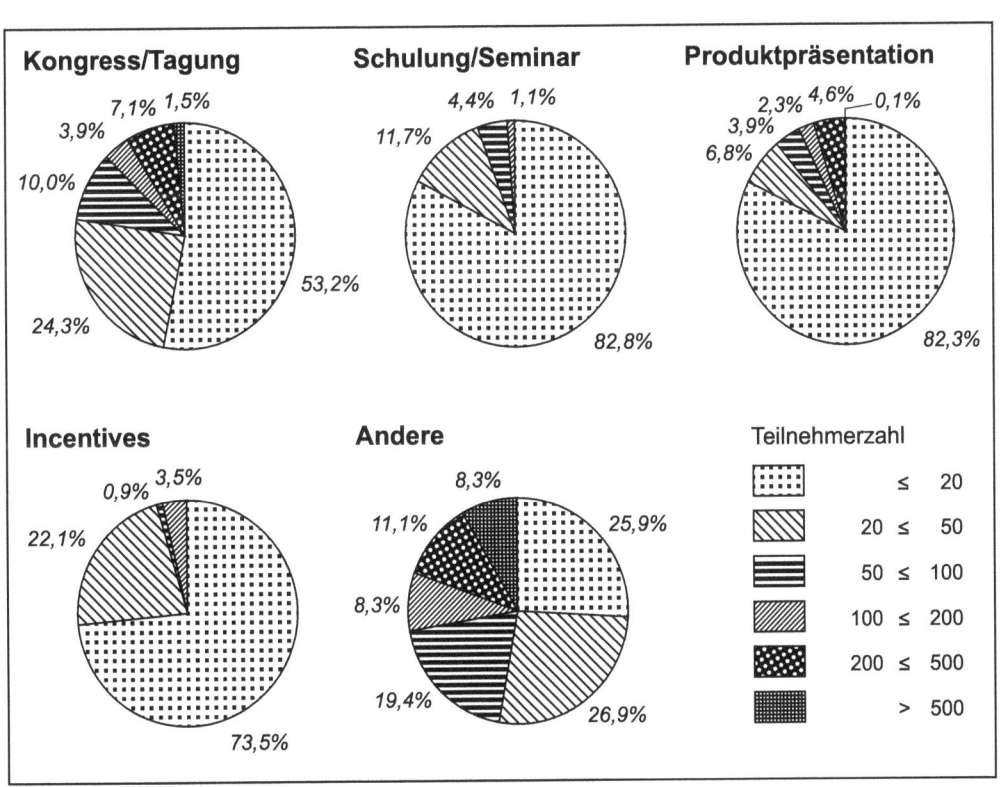

Quelle: Eigene Erhebung

4.1.2 Größe der Veranstaltungen

Die Verteilung der Veranstaltungen anhand verschiedener Größenklassen hat eine hohe Brisanz bei der Ermittlung der ökonomischen Dimension der Tagungsbranche. Während in der Vergangenheit die Bedeutung von Tagungen mit weniger als 50 Teilnehmern als gering für das Umsatzvolumen des gesamten Tagungswesens eingestuft wurde, zeigt die vorliegende Untersuchung, dass es sich bei den kleinen Veranstaltungen um das Gros des Tagungsmarktes handelt.

Abbildung 16 zeigt den alle Erwartungen übertreffenden hohen Stellenwert von Veranstaltungen mit weniger als 20 Teilnehmern im Tagungssegment „mittelständische Unternehmen". 75,9% der Veranstaltungen fanden in dieser Größenordnung statt. Es wurde bei der nachfolgenden telefonischen Befragung von 40 Unternehmen speziell nach der Teilnehmerzahl dieser kleinen Veranstaltungen gefragt. Es stellte sich heraus, dass sämtliche Veranstaltungen, die außerhalb der eigenen Räume der Unternehmen stattfanden, mehr als 10 Teilnehmer hatten. Die durchschnittliche Teilnehmerzahl dieser Klasse liegt bei etwa 15 Teilnehmern, was für die Ermittlung der Gesamtteilnehmerzahlen wichtig ist.

Abb. 16: Die Verteilung der Veranstaltungen nach der Anzahl der Veranstaltungen (links) und nach der Anzahl der Teilnehmer (rechts)

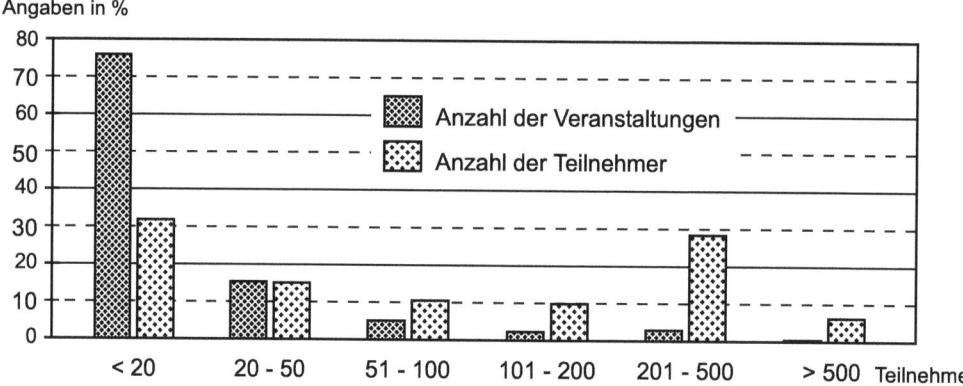

Quelle: Eigene Erhebung

Die Verteilung der Teilnehmer-Größenklassen verändert sich deutlich, wenn man anstelle des Anteils der Veranstaltungen den Anteil der jeweiligen Teilnehmer innerhalb einer Klasse an der Gesamtzahl der Teilnehmer zugrunde legt. Dies ist vor allem in Hinblick auf den Kaufkraftzufluss und die verschiedenen Budgets der Veranstaltungen sowie auf die, in den einzelnen Größenklassen generierten, Hotelübernachtungen von besonderer Bedeutung. Danach ergeben sich zwei Konzentrationsbereiche: einer bei Veranstaltungen unter 20 Teilnehmern (31,8 %) und einer bei Veranstaltungen zwischen 200 und 500 Teilnehmern (28,4%). Diese beiden Größenklassen sollten sowohl bei der Tagungshotellerie, als auch bei den

Städten und Gemeinden als Zielgruppen erkannt und verstärkt in Vermarktungsbemühungen integriert werden.

Während bei den Veranstaltungen mit weniger als 20 Teilnehmern "Schulungen und Seminare" die dominierenden Veranstaltungsarten waren, überwogen bei den Veranstaltungen mit 200 - 500 Teilnehmern „Kongresse und Tagungen". Hierbei ist zu beachten, dass „Schulungen und Seminare" meist mit geringen Anforderungen an die Tagungsstätte verbunden sind. Die Abwicklung von „Kongressen und Tagungen„ sowie „Produktpräsentationen" stellen dagegen in der Regel hohe Anforderungen an Räumlichkeiten, an die technische Ausstattung sowie an die Organisation.

Durchschnittlich nehmen knapp 36 Personen an einer Tagungsveranstaltung teil.

Auch in bezug auf die verschiedenen Veranstaltungsarten zeigt sich, dass die Gegenüberstellung der Verteilung der Veranstaltungen mit der Verteilung der Teilnehmer einen unterschiedlichen Eindruck hinsichtlich der Bedeutung der einzelnen Größenklassen vermittelt.

So sind zwar 53% der Kongresse und Tagungen Veranstaltungen mit unter 20 Teilnehmern, auf sie fallen aber nur 15% aller an Kongressen und Tagungen teilnehmenden Personen. Obwohl nur 7% der Kongresse und Tagungen zwischen 200 und 500 Teilnehmer haben, erreichen Sie einen Anteil von 32% an allen Teilnehmern und sind damit die vorherrschende Größenklasse. Kongresse und Tagungen sind mit durchschnittlich 62 Teilnehmern im untersuchten Nachfragesegment die größte Veranstaltungsart.

Schulungs- und Seminarveranstaltungen finden in 83% der Fälle in einer Größenordnung unter 20 Teilnehmern statt. Nach Teilnehmern gewichtet umfasst diese Klasse 58% aller Teilnehmer an Schulungen und Seminaren. Die durchschnittliche Teilnehmerzahl liegt bei 21 Personen.

Interessant ist, dass Produktpräsentationen zu 82% mit weniger als 20 Teilnehmern stattfinden. In diese Klasse fallen jedoch nur 37% aller Teilnehmer. Auf nahezu den gleichen Teilnehmeranteil (35%) kommen Produktpräsentationen mit 201 bis 500 Teilnehmern, die nur 5% der Veranstaltungen darstellen. Somit ist die Durchschnittsgröße von Produktpräsentationen mit 38 Teilnehmern fast doppelt so hoch wie die der Schulungen und Seminare.

Die Teilnehmerzahlen von Incentive-Veranstaltungen liegen zu 74% in der Größenklasse „unter 20 Teilnehmer", wobei immerhin noch 22% in die nächst größeren Klasse „20 bis 50 Teilnehmer" fallen. Das zeigt, dass Incentives im Nachfragesegment „mittelständische Unternehmen" tendenziell kleiner sind als im gesamten Tagungsmarkt, wo man von durchschnittlich 50 bis 100 Teilnehmern ausgeht. Die Durchschnittsgröße von Incentives liegt bei 24 Teilnehmern.

Unter „Andere" Veranstaltungen wurden in der Regel „größere Feierlichkeiten" und „Roadshows" genannt. Diese finden breit gestreut in verschiedenen Größenordnungen statt. Da andere Veranstaltungen nur einen Anteil von 2,2% aller Veranstaltungsarten darstellen, wirkt sich die hohe Durchschnittsgröße von 121 Teilnehmern nur marginal auf den Gesamtmarkt aus.

4.1.3   Die Dauer der Veranstaltungen

Wie in Kapitel B beschrieben, stellt die Dauer von Veranstaltungen eine wichtige Größe bei der Berechnung der Gesamtumsätze in der Tagungsbranche dar. Dies hat drei Gründe: Zum einen bildet die durchschnittliche Dauer von Tagungen einen Multiplikator bei der Ermittlung der Teilnehmertage. Zweitens ist davon maßgeblich die Bedeutung des Tagungsmarktes für die Hotellerie abhängig, da nur mehrtägige Veranstaltungen Übernachtungsnachfrage generieren. Drittens hat Infratest Burke Sozialforschung ermittelt, dass bei mehrtägigen Veranstaltungen die Anreisekosten mit durchschnittlich DM 230,-- fast dreimal so hoch liegen wie bei Eintagesveranstaltungen.[91]

Abb. 17: Die durchschnittliche Dauer der Veranstaltungen

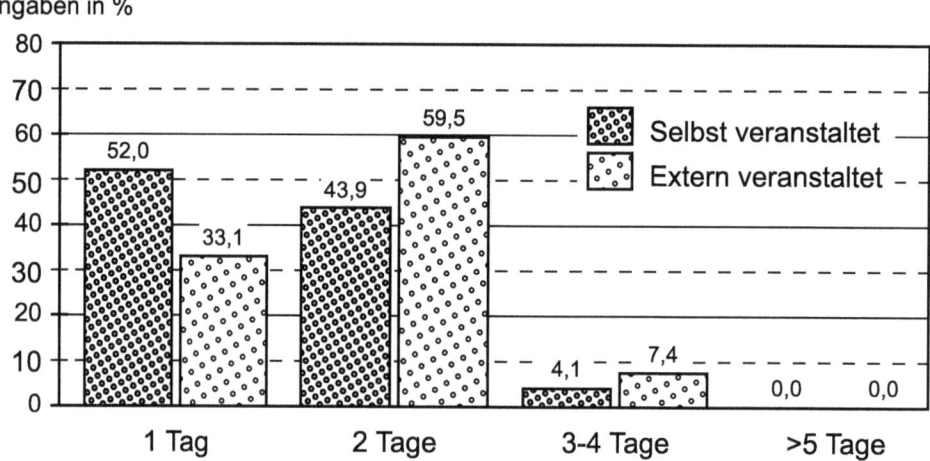

Quelle: Eigene Erhebung

Bei der Frage nach der durchschnittlichen Dauer von Veranstaltungen wurde zwischen selbst veranstalteten Tagungen und besuchten Fremdveranstaltungen differenziert, da hier eine recht starke Abweichung festzustellen ist.

So sind 52% der durch mittelständische Unternehmen ausgerichteten Tagungen Eintagesveranstaltungen. 43,0% dauern zwei Tage und nur 4,1% drei bis vier Tage.

Der Besuch von Fremdveranstaltungen anderer Unternehmen dauert dagegen in 59,5% der Fälle zwei Tage und nur bei 33,1% der Befragten einen Tag. Bei 7,4%

---

[91] Vgl.: Kapitel B 2.3.3 und Tabelle 12

der externen Veranstaltungen wurde eine durchschnittliche Dauer von drei bis vier Tagen ermittelt. Fünf und mehr Tage wurde von keinem Unternehmen als Durchschnittswert angegeben.

Die Durchschnittsdauer der Veranstaltungen ist von besonderer Wichtigkeit zur späteren Berechnung des Marktvolumens.[92]

4.1.4 Das Budget der Veranstalter

Die Kostenstrukturen von Tagungsveranstaltungen sind sehr heterogen und daher differenziert zu betrachten. Ein Teil der Veranstaltungen, wie etwa Produktpräsentationen oder Incentives wird zum Großteil durch die Veranstalter finanziert, die sich erst in zweiter Linie, das heißt langfristig, davon einen wirtschaftlichen Nutzen versprechen. Andere Veranstaltungen, wie manche Schulungen für nicht zum Unternehmen gehörende Teilnehmer oder auch einzelne Kongresse, sind gebührenpflichtig und werden daher von den Teilnehmern mitfinanziert. Eine weitere Problematik besteht darin, dass Mitarbeiter von Unternehmen oft der Restriktion unterliegen, keine Interna bekannt zu geben. Dies lässt erkennen, wie schwierig und aufwendig eine exakte Ermittlung der Budgets und der direkten Umsätze für Tagungen, Hotels und Rahmenprogramme ist.

---

[92] Zur Bestimmung des Marktvolumens ist es zunächst erforderlich aus den Angaben zur Durchschnittsdauer von Veranstaltungen zwei Multiplikatoren zu ermitteln:
Die Durchschnittsdauer von Veranstaltungen im gesamten Marktsegment und den Übernachtungsmultiplikator
Für die Berechnungen der durchschnittlichen Dauer von Veranstaltungen des Gesamtsegmentes mittelständische Unternehmen wurde die Gesamtzahl der Tagungen jedes Unternehmens aus der Rücklaufmenge mit der dazugehörigen Angabe zur durchschnittlichen Tagungsdauer multipliziert. Anschließend wurde die Gesamtzahl der Veranstaltungstage kumuliert und durch die Gesamtzahl der Tagungen geteilt. Bei der Klasse „drei bis vier Tage" wurde als Multiplikator die Klassenmitte 3,5 Tage gewählt. Diese Berechnung ergab eine Durchschnittsdauer von 1,54 Tagen für selbst veranstaltete Tagungen und 1,78 für Fremdveranstaltungen.
Ebenso ist die Dauer der Tagungen für die Ermittlung der potentiellen Übernachtungen bedeutend. Es handelt sich deshalb um „potentielle" Übernachtungen, weil nicht ermitteln werden konnte, welcher Anteil der Übernachtungen bei Mehrtagesveranstaltungen in kommerziellen Beherbergungsbetrieben stattfinden. Ebenso ist es denkbar, dass Teilnehmer abends nach Hause fahren oder privat bei Kollegen untergebracht sind. Daher ist die Hypothese, dass Teilnehmer von Mehrtagesveranstaltungen in Hotels übernachten, eine Vereinfachung, die nicht zu einem absoluten Ergebnis führt, sondern zur potentiellen Übernachtungsnachfrage des Segmentes.
Um an späterer Stelle mittels der Gesamtzahl der durch das Tagungsgeschehen generierten Übernachtungen das Volumen des Tagungsmarktes berechnen zu können, ist die Ermittlung eines „Übernachtungsmultiplikators" notwendig. Dieser stellt den Quotienten aus dem kumulierten Produkt aus Gesamtzahl der Veranstaltungen und der durchschnittlichen Übernachtungsmenge der jeweiligen Unternehmen und der Gesamtzahl der Veranstaltungen dar. Dazu wurde für die Durchschnittsdauer von
einem Tag → keine Übernachtung,
zwei Tagen → durchschnittlich eine Übernachtung und
drei bis vier Tagen → durchschnittlich 2,5 Übernachtungen
angenommen. Der Übernachtungsmultiplikator gibt an, wie viele Übernachtungen durchschnittlich pro Veranstaltung und Teilnehmer anfallen. Der Wert 0,54 sagt aus, dass in 54% aller Veranstaltungen im Gesamtsegment für die Teilnehmer eine Übernachtung anfällt. Die Durchschnittsdauer abzüglich des Übernachtungsmultiplikators ergibt den Wert ‚1', da in allen Klassen die Durchschnittsdauer von Tagungen betragsmäßig genau ‚1' größer ist als die Anzahl der Übernachtungen.

Abb. 18: Das Durchschnittsbudget der Veranstaltungen

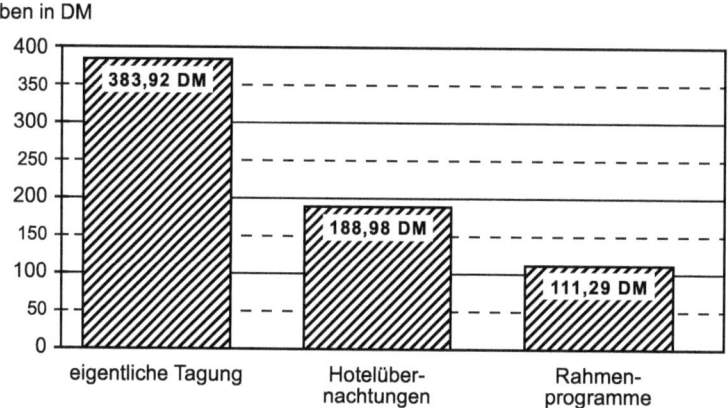

Quelle: Eigene Erhebung

Die Durchschnittsausgaben sind aber bei der Ermittlung des Marktvolumens eine bedeutende Maßgröße. Daher wurde trotz der Erhebungsproblematik der Versuch unternommen, eine Quantifizierung der Durchschnittsbudgets vorzunehmen. So wurden die Unternehmen nach deren durchschnittlichen Budgets pro Person und Veranstaltungstag für die drei Bestandteile Tagungsveranstaltung, Hotelübernachtung und Rahmenprogramm befragt.

Als durchschnittliches Budget der Veranstaltungen pro Person und Tag ergaben sich für den eigentlichen fachlichen Teil der Tagungsveranstaltung DM 384,--, für Hotelübernachtungen DM 189,-- und für Rahmenprogramme DM 111,--.

Die angegebenen Beträge schwanken im Bereich der Hotelübernachtungen nur relativ gering um den Durchschnittswert. Die meisten Angaben liegen hier zwischen DM 150,- und DM 200,--. Nur sehr selten wurden Beträge um DM 100,-- genannt. Ebenso selten waren durchschnittliche Übernachtungskosten von DM 300,-- und mehr. Daraus lässt sich ableiten, dass die meisten Übernachtungen mittelständischer Unternehmen in Hotels der mittleren Kategorie (zwei bis max. vier Sterne) stattfinden.

Bei den Budgets für die Tagungsveranstaltungen und Rahmenprogramme liegen die Schwankungen der Antworten erheblich höher. Bei den Tagungsveranstaltungen bildeten sich zwei Konzentrationsbereiche. Der erste liegt zwischen DM 50,-- und DM 120,--, der 52% der Antworten ausmacht. Diese Beträge entsprechen etwa den Tagungspauschalen vieler Hotels. Eine weitere Konzentration der genannten Beträge liegt aber mit einem Anteil von 23% zwischen DM 1.000 und DM 2.000. Dabei handelt es sich größtenteils um Schulungen, Präsentationen, Incentives oder Kongresse, die für die Veranstalter mit erheblich höheren Budgets pro Person und Tag als „einfache" Tagungen verbunden sind. Dieser Konzentrationsbereich ist die wesentliche Ursache des hohen Durchschnittswertes der Budgets für Tagungsveranstaltungen.

Andere Untersuchungen zu Tagungsbudgets beruhten in der Regel auf Befragungen klassischer Tagungshotels und Kongresszentren. Aufwendige, einzigartige Veranstaltungen wie Incentives oder Produktpräsentationen, die mit höheren Kosten verbunden sind, fanden darin nur reduziert Beachtung. Gleiches gilt in diesem Fall für Kosten, die im Rahmen der Tagung, nicht aber bei der Tagungsstätte anfallen (z.B. Kosten für Gastredner, Tagungsunterlagen).

4.1.5 Das Marktvolumen

An jährlich insgesamt über 650.000 von mittelständischen Unternehmen durchgeführten Veranstaltungen nehmen insgesamt knapp 23,5 Mio. Personen teil. Der Gesamtumsatz dieses Marktsegmentes beträgt DM 13,9 Mrd. im Bereich der eigentlichen Tagung, DM 2,4 Mrd. für Hotelübernachtungen, DM 2 Mrd. für Rahmenprogramme, DM 3,6 Mrd. für Reisekosten und DM 3,4 Mrd. für sonstige Ausgaben am Tagungsort. Somit beträgt das gesamte Marktvolumen des Nachfragesegmentes „mittelständische Unternehmen" jährlich etwa DM 25 Mrd.[93]

Zur Berechnung dieser Werte mussten, neben den Multiplikatoren der Übernachtungen und Durchschnittsdauer noch ein „Rücklaufmultiplikator" für die Hochrechnung der Ergebnisse aus dem Rücklauf auf die Grundgesamtheit der mittelständischen Unternehmen errechnet werden. Ferner mussten anhand der Durchschnittsdauer, die Anzahl der Eintagesveranstaltungen und der Mehrtagesveranstaltungen bestimmt werden. Zur Ermittlung der gesamten Reisekosten war die Berechnung der totalen Teilnehmerzahl bei Eintages- und Mehrtagesveranstaltungen erforderlich, die mit den bei Infratest Burke aufgeführten Durchschnittskosten für die Anreise zum Tagungsort von DM 85,-- (eintägig) und DM 230,-- (mehrtägig) multipliziert wurde. Bei der Bestimmung der sonstigen Ausgaben lag ebenso der Wert der Infratest Burke Studie von DM 95,-- pro Tag und Teilnehmer zugrunde. Dieser Wert wurde mit den gesamten Teilnehmertagen multipliziert, da er sowohl für Eintages- als auch für Mehrtagesveranstaltungen gilt.

Die Berechnung eines konservativen und eines optimistischen Szenarios ergibt einen Wertebereich, in dem die entsprechenden Marktdaten mit hoher Wahrscheinlichkeit liegen. Damit soll gezeigt werden, dass die Bestimmung des Tagungsmarktvolumens aufgrund der Vereinfachungen und restriktiven Annahmen der Untersuchung Ungenauigkeiten aufweist. Durch die Bildung einer Wertespanne zwischen zwei Szenarien entsteht ein realistischeres Bild des Marktvolumens.

---

[93] Diesen Werte liegen die Berechnungen eines realistischen Szenarios zugrunde. Daneben wird in Tabelle 8 ein konservatives (pessimistisches) und ein optimistisches Szenario durchgerechnet. Dadurch ergibt sich eine Spanne in der mit höchster Wahrscheinlichkeit die entsprechenden Marktzahlen liegen.

Tab. 7: Die Berechnung des Veranstaltungsvolumens[94] (realistisches Szenario)

	Rücklauf	Grundgesamtheit (Segment)
Veranstaltungen	4.925	656.000
Teilnehmer	176.015	23.450.000
Teilnehmertage	271.158	36.128.000
Übernachtungen	95.143	12.677.000
Durchschnittliche Teilnehmerzahl pro Veranstaltung	36	36
Tagung	104.102.169 DM	13.870.000.000 DM
Hotel	17.980.460 DM	2.396.000.000 DM
Rahmenprogramm (bei 50% der Veranstaltungen)	15.088.644 DM	2.010.000.000 DM
Reisekosten		3.625.000.000 DM
Sonstige Ausgaben		3.432.000.000 DM
Gesamtumsatz inklusive Umwegrentabilität		**25.264.000.000 DM**

Quelle: Eigene Ermittlung

Tab. 8: Das Tagungsmarktvolumen im gesamten Segment bei Zugrundelegen eines konservativen und eines optimistischen Szenarios

	Konservatives Szenario	Optimistisches Szenario
Veranstaltungen	656.000	656.000
Teilnehmer	15.000.000	33.000.000
Teilnehmertage	21.000.000	56.000.000
Übernachtungen	6.000.00	23.000.000
Durchschnittliche Teilnehmerzahl pro Veranstaltung	23	51
Tagung	8.200.000.000 DM	21.651.648.320 DM
Hotel	1.2000.000.000 DM	4.300.000.000 DM
Rahmenprogramm (bei 50% der Veranstaltungen)	1.200.000.000 DM	3.100.000.000 DM
Reisekosten	2.300.000.000 DM	5.000.000.000 DM
Sonst. Ausgaben	2.000.000.000 DM	5.000.000.000 DM
Gesamtumsatz inklusive Umwegrentabilität	**14.80.000.000 DM**	**39.600.000.000 DM**

Quelle: Eigene Ermittlung

---

[94] Alle hochgerechneten DM-Beträge der Grundgesamtheit sind auf volle Millionen gerundet. Sonstige Werte für die Grundgesamtheit wie Anzahl der Veranstaltungen oder Anzahl der Teilnehmer sind auf volle Tausend gerundet. Der Wert für die durchschnittliche Teilnehmerzahl ist aufgerundet.

Den Berechnungen des realistischen Szenarios und der beiden ‚Randszenarien' lagen die in Tabelle 9 dargestellten Annahmen bezüglich „kritischer" Werte[95] zugrunde.

Tab. 9: Die Annahmen zur Berechnung der drei Szenarien

Szenario	konservativ	realistisch	optimistisch
Durchschnittliche Dauer	1,4 Tage	1,54 Tage	1,7 Tage
Teilnehmerklassen	Es wurde die Untergrenze der Teilnehmerklasse zugrunde gelegt	Es wurde die Klassenmitte zugrunde gelegt	Es wurde die Obergrenze der Teilnehmerklasse zugrunde gelegt
Übernachtungsmultiplikator	0,4	0,54	0,7
Durchschnittliches Budget für :			
Tagung	300 DM	383 DM	450 DM
Hotel	160 DM	189 DM	210 DM
Rahmenprogramm	80 DM	111 DM	140 DM

Quelle: Eigene Erstellung

4.2 Die Orte der Veranstaltungen

Mit einem Anteil von 91,1% findet der mit Abstand größte Teil der Veranstaltungen mittelständischer Unternehmen in Deutschland statt. Nur in 8,9% der Fälle werden andere Länder bevorzugt.

Die beliebtesten deutschen Tagungsstädte sind nach der Häufigkeit der Nennung:

- Frankfurt/Main (14,2%)
- München (9,9%)
- Berlin (8,8%)
- Hamburg (7,1%)
- Köln (6,4%)
- Düsseldorf (5,7%)

---

[95] Unter kritischen Werten sind die Ergebnisse der stark restriktiven und vereinfachenden Fragen der schriftlichen Befragung zu verstehen.

Auf internationaler Ebene sind die

- USA (20%),
- Frankreich (16%),
- Schweiz (12%),
- Großbritannien (10%),
- Österreich (10%),
- Italien (8%) und die
- Niederlande (6%)

die populärsten Zielländer.

4.3 Die Anforderungen an den Tagungsort

Bei der Frage nach den Anforderungen an die verschiedenen Standortfaktoren des Tagungsortes hatten die Befragten die Möglichkeiten eine Beurteilung der Wichtigkeit von neun vorgegebenen Standortfaktoren mittels der fünf qualitativen Auswahlkriterien

•sehr wichtig	•wichtig	•weniger wichtig	•kaum wichtig	•unwichtig
(5)	(4)	(3)	(2)	(1)

abzugeben. Die Zahlen in Klammern bildeten die Grundlage für die Berechnung von Mittelwerten für die einzelnen Standortfaktoren (s. Abb. 19).

Abb. 19: Wie wichtig sind Ihnen folgende Standortfaktoren der Kongress-/ Tagungsorte.

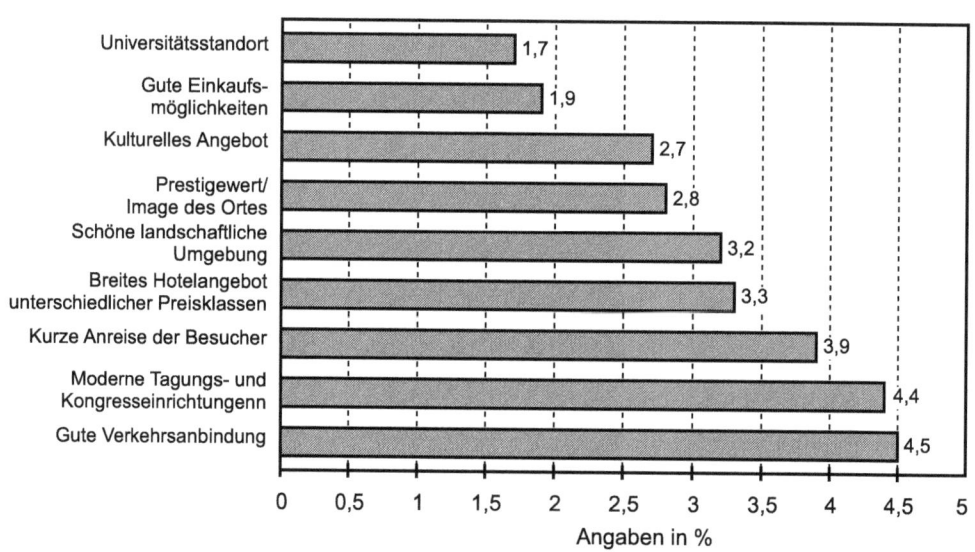

Quelle: Eigene Erhebung

Es zeigt sich eindeutig, dass die Anforderungsstruktur an den Tagungsort bei mittelständischen Unternehmen überwiegend pragmatischer Natur ist. Der Erlebnisgedanke scheint in diesem Segment weniger ausgeprägt als auf dem Gesamtmarkt.

Die gute Verkehrsanbindung stellt die wichtigste Anforderung an Tagungsorte dar. Als „sehr wichtig" bzw. „wichtig" bezeichneten diesen Faktor 93% der Befragten. Es folgen die Standortfaktoren „Vorhandensein moderner Kongress- und Tagungsstätten" vor der „kurzen Anreisedauer der Besucher" und einem „breiten Hotelangebot unterschiedlicher Preisklassen".

Eher freizeit- und erlebnisorientierte Standortfaktoren wie „schöne landschaftliche Umgebung", „Prestigewert/Image des Ortes", „kulturelles Angebot" und „gute Einkaufsmöglichkeiten" rangieren in der Bedeutungsskala deutlich getrennt weiter hinten.

4.4 Die Anforderungen an die Tagungsstätte (Tagungsfaktoren)

Die Frage nach den bedeutendsten Tagungsfaktoren wurde in gleicher Weise gestellt wie die nach den Standortfaktoren. Insgesamt zwölf Faktoren sollten innerhalb der entsprechenden Skala nach ihrer Wichtigkeit bewertet werden. Auch hier wurden wieder Mittelwerte gebildet (s. Abb. 20).

Während die Angaben der befragten Unternehmen zu den Standortfaktoren eine relativ breite Streuung der Mittelwerte aufwiesen, wurden die meisten Tagungsfaktoren als „ziemlich wichtig" bis „sehr wichtig" eingestuft. Immerhin neun der zwölf Tagungsfaktoren kamen auf einen Mittelwert über vier, während dies bei den Standortfaktoren nur zwei von neun waren. Der Durchschnitt aller Mittelwerte liegt bei den Tagungsfaktoren bei 4,1 und bei den Standortfaktoren bei 3,2. Dies zeigt eine tendenziell höhere Bedeutung der Tagungsfaktoren im Nachfragesegment „mittelständische Unternehmen".

Erwartungsgemäß die wichtigste Anforderung an eine Tagungsstätte ist der „zuverlässige und reibungslose Ablauf der Veranstaltung". Gleich dahinter rangiert die Erwartung, in den Tagungsstätten „freundliches Personal" anzutreffen. Damit wird diesem Faktor eine noch höhere Bedeutung beigemessen als etwa der Professionalität und guten Ausbildung des Personals. An dritter Stelle rangiert der „direkte Anschluss der Tagungsstätte an ein Hotel". Diese Aussage ist konform mit der Tatsache, dass ohnehin die mit Abstand meisten Tagungen mittelständischer Unternehmen in Tagungshotels stattfinden.

Die „Verfügbarkeit modernster Tagungstechnik", „gut geschultes Personal", „ein zentraler Ansprechpartner", „Preisgünstigkeit", „Angenehme tagungsgerechte Einrichtungen" und „alle Serviceleistungen werden vom Haus gestellt" wurden ebenso von jeweils über 80% der Befragten als „sehr wichtig" oder „wichtig" bezeichnet.

Mit größerem Abstand folgt „zentrale Lage in der Stadt/am Tagungsort".

Die „Bereitstellung von Ausstellungsflächen" rangiert zwar weiter hinten, dennoch sollte berücksichtigt werden, dass fast 50% der Unternehmen Ausstellungsflächen in den Tagungsstätten für „sehr wichtig" oder „wichtig" halten. Somit sind solche auch für das Segment des Mittelstandes dringend erforderlich und dürfen bei einem zeitgemäßen Tagungshaus nicht fehlen.

Abb. 20: Die Anforderung an die Tagungsstätte

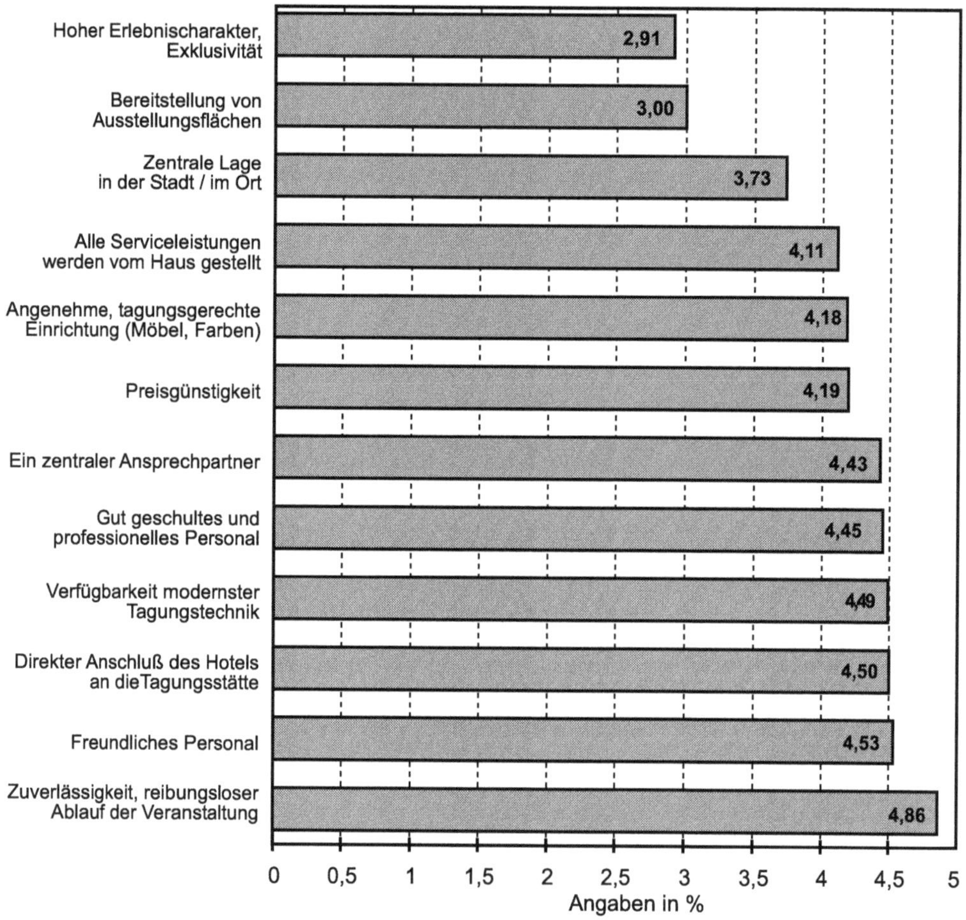

Anforderung	Wert
Hoher Erlebnischarakter, Exklusivität	2,91
Bereitstellung von Ausstellungsflächen	3,00
Zentrale Lage in der Stadt / im Ort	3,73
Alle Serviceleistungen werden vom Haus gestellt	4,11
Angenehme, tagungsgerechte Einrichtung (Möbel, Farben)	4,18
Preisgünstigkeit	4,19
Ein zentraler Ansprechpartner	4,43
Gut geschultes und professionelles Personal	4,45
Verfügbarkeit modernster Tagungstechnik	4,49
Direkter Anschluß des Hotels an die Tagungsstätte	4,50
Freundliches Personal	4,53
Zuverlässigkeit, reibungsloser Ablauf der Veranstaltung	4,86

Angaben in %

Quelle: Eigene Erhebung

Ein „hoher Erlebnischarakter" hat bei den Befragten die geringste Bedeutung bei der Wahl der Tagungsstätten.

4.5 Die Zufriedenheit mit der Qualität in den Tagungsstätten

Ein Schwerpunkt der Diskussionen in den Branchenzeitschriften und bei Fachleuten der Tagungsbranche ist die Frage nach der Qualität der Tagungsstätten. Diese Problematik wurde anhand einer Zufriedenheitsanalyse für das Nachfragesegment „mittelständische Unternehmen" untersucht. Die Ergebnisse zeigen Schwachstellen – sowohl im Bereich der technischen Ausstattung als auch bei der Organisation und Betreuung durch das Personal in den Tagungsstätten.

Der Großteil der Veranstaltungen finden in Hotels der 2 bis 4 Sterne Kategorie statt. Stadthallen und Kongresszentren spielen als Tagungsstätte mittelständischer Unternehmen eine untergeordnete Rolle. Dies belegt erneut, dass solche größeren Häuser sich nur unzureichend auf die Anforderungen mittelständischer Unternehmen einstellen. Daher beziehen sich die Ergebnisse dieser Zufriedenheitsanalyse vorrangig auf Hotels der mittleren Kategorie.

Abb. 21: Die Zufriedenheit mit den Tagungsstätten

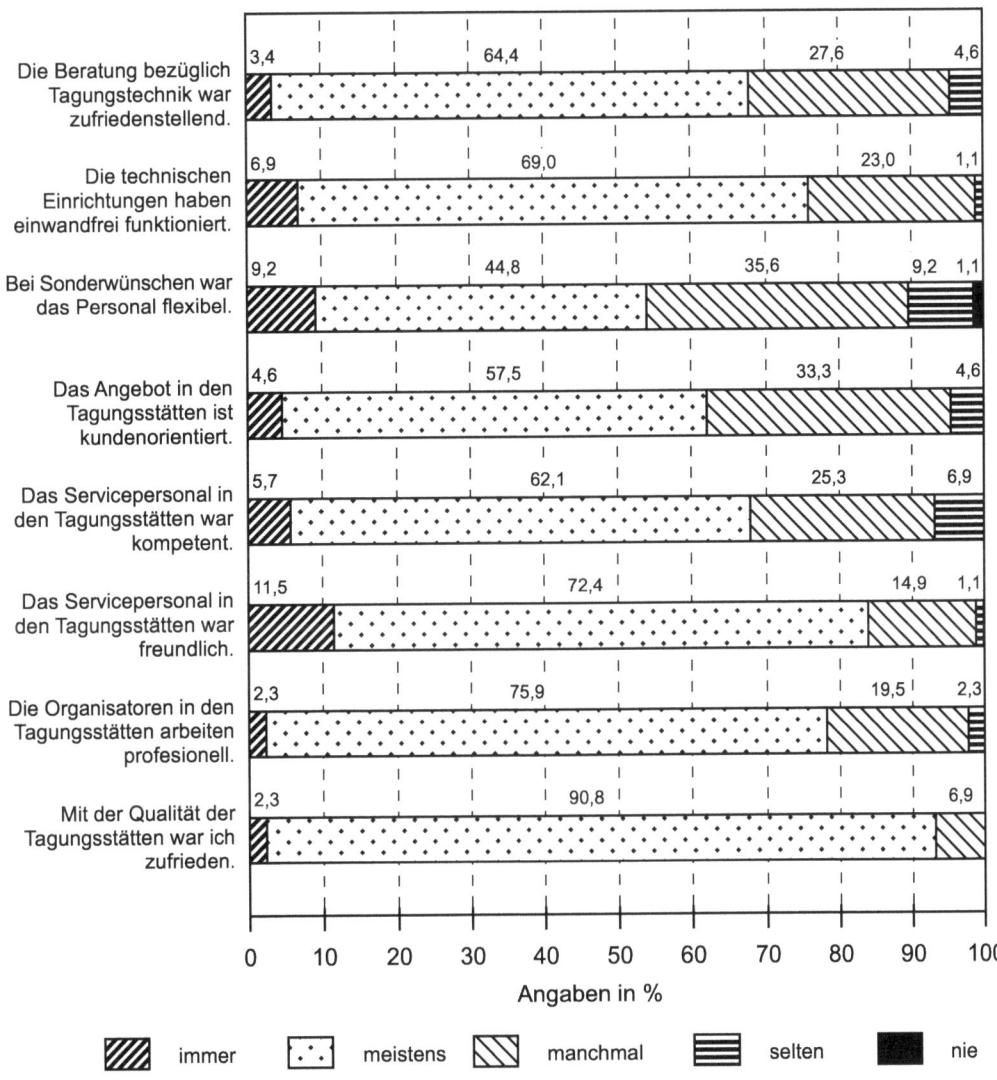

Quelle: Eigene Erhebung

Die meisten der befragten Unternehmen sind mit den verschiedenen Leistungen der Tagungshotels „immer" oder „meistens" zufrieden. Dies soll aber nicht darüber hinwegtäuschen, dass es einen beachtlichen Anteil von Unternehmen gibt, die häufig mit den Leistungen von Tagungsstätten unzufrieden waren. Immerhin

35,6% der Befragten gaben an, dass das Personal nur „manchmal" flexibel auf Sonderwünsche reagiert. 9,2% der Unternehmen trafen sogar nur „selten" auf flexible Mitarbeiter.

Ähnlich äußerten sich die Befragten in bezug auf das kundenorientierte Angebot. Insgesamt 37,9% der Unternehmen gaben an, dass das Angebot in den Tagungshäusern nur „manchmal" oder „selten" an den Anforderungen der Kunden orientiert ist. Dies zeigt, dass ein erheblicher Problembereich in der mangelnden Flexibilität im Umgang mit individuellen Kundenwünschen liegt. Geht man davon aus, dass ein Großteil der Veranstaltungen nicht mit Sonderwünschen verbunden ist und folglich bei diesen kaum Konflikte entstehen können, wird deutlich, dass der Anteil der Tagungshäuser, die in ihrer Angebotsgestaltung und im Umgang mit dem Kunden nicht flexibel sind, noch höher ist.

Auf die Frage, wie häufig in den Tagungsstätten kompetentes Personal angetroffen wurde, antwortete fast ein Drittel der Unternehmen „manchmal" oder „selten".

Vergleichbare Werte ergaben sich bei der Beratung bezüglich tagungstechnischer Einrichtungen. Dies zeigt, dass viele Unternehmen sich in den Tagungshäusern nicht gut betreut fühlen, sondern oft auf sich alleine gestellt sind. Gerade die zunehmende Komplexität tagungstechnischer Einrichtungen macht das Vorhandensein von gut ausgebildetem Personal, das sich ständig um die Belange der Tagungsteilnehmer kümmert, erforderlich.

Über drei Viertel der Unternehmen bevorzugten das vom Haus gestellte Personal zur technischen Betreuung anstelle einer externen Servicefirma.

Nicht nur beim Servicepersonal, sondern auch auf Managementebene treten in den Tagungshäusern Mängel auf. So antworteten nur 2,3% der Unternehmen, dass die Organisatoren in den Tagungsstätten „immer" professionell arbeiten. Der gleiche Anteil gab sogar an, „nie" auf professionelle Organisatoren gestoßen zu sein.

In 23% der Antworten funktioniert die Tagungstechnik nur „manchmal". „Meistens" gaben 69% der Befragten an, und überhaupt keine Probleme mit technischen Einrichtung hatten 6,9% der Unternehmen.

Weit zufriedener als mit der Kompetenz der Servicekräfte sind die befragten Betriebe mit deren Freundlichkeit. 11,5% der Befragten gaben an, dass das Servicepersonal „immer" freundlich ist, die Mehrheit von 72,4% antwortete mit „meistens" und 16% „manchmal" oder „selten".

Die meisten Unternehmen (64,4%) halten das Personal in Tagungsstätten für „gut" ausgebildet. Allerdings stehen diesem Anteil immerhin 34,2% der Befragten gegenüber, welche die Qualifizierung der Mitarbeiter in den Tagungsstätten nur als „mäßig" bezeichnen. Dies bedeutet, dass mehr als ein Drittel der Unternehmen hier indirekt Unzufriedenheit äußern, die bei den Tagungshäusern nicht unbeachtet bleiben sollte.

Immerhin 40% der Befragten gaben an, dass in Hotels im Bereich Management und Organisation vielfach Probleme auftauchten. 29,1% der Unternehmen beklagten häufige Unzufriedenheit im Empfangsbereich, und 25,5% waren oft mit der Gastronomie unzufrieden. Beim Zimmerservice tauchten nur in 7,3% der Fälle des öfteren Mängel auf. Häufig genannte Gründe dieser Unzufriedenheit waren:

„Staus beim Ein- und Auschecken"

„Mangelnde Flexibilität des Personals"

„Tagung geht im Alltagsgeschäft unter"

„Buchungsfehler"

Bei der Frage nach Problemen im Tagungsbereich klagten 38,2% der Befragten über häufige Unzufriedenheit mit der Tagungstechnik, 30,9% mit den Räumlichkeiten, 18,2% mit dem Management und der Organisation und 9,1% mit der Gastronomie. Hier wurden folgende Problemfelder wiederholt genannt:

„Technische Geräte funktionierten nicht einwandfrei"

„Keine ausreichende Betreuung während der Tagung"

„Zu kleine Räumlichkeiten"

„Schlechte Beleuchtung"

Das Überraschende an den Ergebnissen dieser Zufriedenheitsanalyse ist, dass einerseits in mehreren Bereichen der Tagungsstätten Mängel festgestellt wurden und viele Unternehmen dort mit dem Angebot nicht zufrieden waren, dass aber andererseits die Frage nach der generellen Zufriedenheit mit den Tagungsstätten die weit höchste Zufriedenheitsquote ergibt. Dies lässt vermuten, dass die Erwartungen der mittelständischen Unternehmen an Tagungsstätten weniger groß sind als die der Großunternehmen, deren schlechte Erfahrungen auch meist Anlass der öffentlichen Diskussionen über Qualitätsmängel sind. Zwar wird, wie die Frage nach den Anforderungen an Tagungsfaktoren gezeigt hat, hoher Wert auf einen reibungslosen Ablauf und das Vorhandensein moderner Tagungstechnik gelegt, doch geht man oft in Selbstverantwortung an die Sache heran und ist bereit zu improvisieren, wenn manches nicht immer so klappt, wie es bei professionellen Tagungshäusern üblich sein sollte.

Ein weiterer Grund für die generelle Zufriedenheit mit der Tagungsstätte ergab sich im Rahmen einer frei auszufüllenden Frage nach den angenehmen Erfahrungen mit Hotels oder Tagungshäusern. Hier nannten zahlreiche Unternehmen ein bestimmtes Haus, wo man seit vielen Jahren Stammgast sei und sehr zuvorkommend behandelt würde. Mehrfach wurde an dieser Stelle angemerkt, dass kleine Tagungsstätten auf dem Lande bevorzugt werden, da hier eine größere Flexibilität und freundlichere Mitarbeiter anzutreffen seien. Hier wird offenbar einer gewissen „Gemütlichkeit" und sympathischen Ausstrahlung des Hauses und des Personals der Vorzug vor streng professionell und auf einen hohen Qualitätsstandard eingestellten Tagungseinrichtungen gegeben.

4.6 Die Organisation der Veranstaltungen

Wir haben die Unternehmen gefragt, wie die verschiedenen Veranstaltungen geplant werden und inwieweit man die Leistungen von Branchenverbänden und professionellen Dienstleistern nutzt. Diese Fragen nach der Organisation der Veranstaltungen ist wichtig für eine zielgerichtete Vermarktung der Möglichkeiten eines professionellen und zeitgemäßen Kongress- und Tagungswesens.

Abb. 22: Wo werden die Veranstaltungen organisiert?

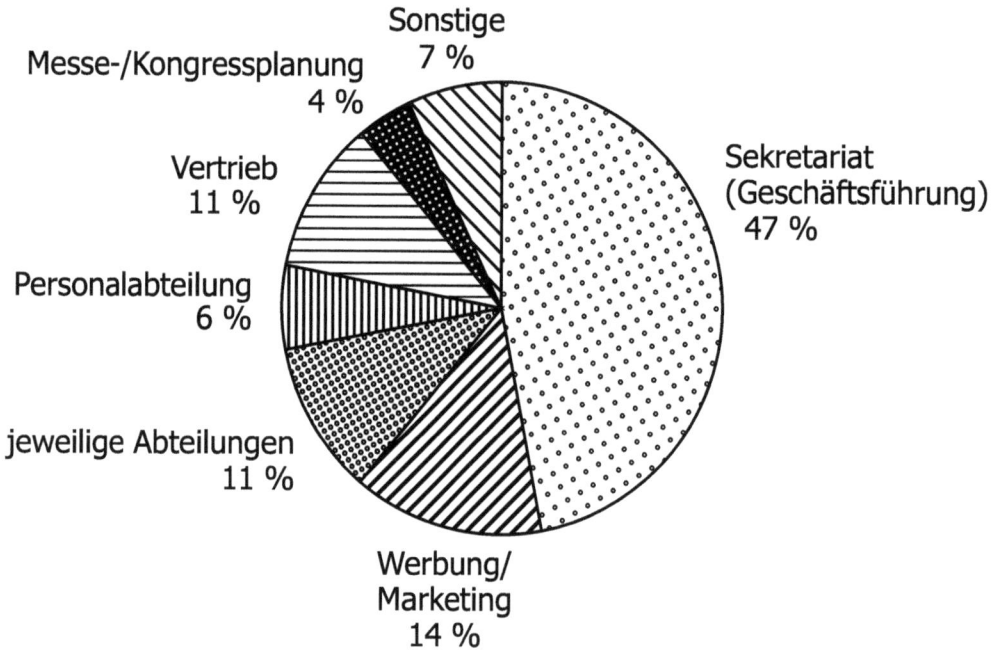

Quelle: Eigene Erhebung

Tagungsveranstaltungen werden zum Großteil in den Sekretariaten der Geschäftsführung organisiert. 47% der befragten Unternehmen gaben an, dass in der Regel sämtliche Veranstaltungen zentral von der Unternehmensführung geplant und durch deren Sekretariate koordiniert werden. Es folgen die Abteilungen „Werbung/Marketing" mit 14%, der „Vertrieb" und die „jeweilige veranstaltende Abteilung" mit je 11% sowie die „Personalabteilung" mit 6%. Eine eigene Messe- und Kongressabteilung haben 4% der befragten Unternehmen. „Sonstige Abteilungen" wie „Human Resources" oder „Vertragswesen" kommen zusammen auf 7%.

Die Frage nach den Informationsquellen bei der Planung von Veranstaltungen führte zu der Erkenntnis, dass eine relativ geringe Vertrautheit mit spezifischen Informations- und Organisationsmöglichkeiten der Tagungsbranche besteht. So nutzen nur 16,9% der Unternehmen spezielle Tagungsstättenführer, und nur 7,4% wenden sich an einen Branchenverband. Das Deutsche Kongressbüro (GCB) spielt in diesem Segment nahezu keine Rolle. Nur 2,7% der befragten Unternehmen gaben an, gelegentlich die Dienste des GCB in Anspruch zu nehmen.

Abb. 23: Welche Informationsquellen werden genutzt

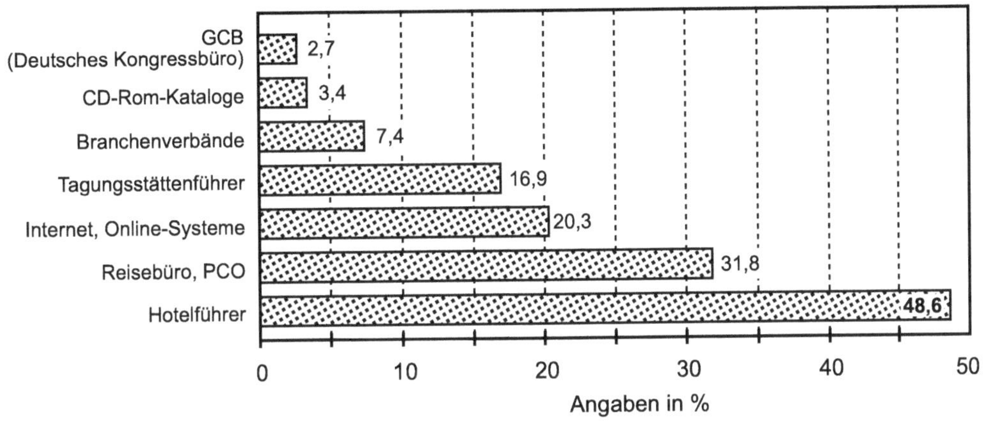

Informationsquelle	Angaben in %
GCB (Deutsches Kongressbüro)	2,7
CD-Rom-Kataloge	3,4
Branchenverbände	7,4
Tagungsstättenführer	16,9
Internet, Online-Systeme	20,3
Reisebüro, PCO	31,8
Hotelführer	48,6

Quelle: Eigene Erhebung

Die meisten Unternehmen bewältigen weite Teile der Organisation ohne Fremdunterstützung. Zwar wenden sich 31,8% an ein Reisebüro oder ein PCO, doch nur 3,1% der Unternehmen nehmen die Dienste einer Kongressagentur in Anspruch. Daraus lässt sich schließen, dass bei Reisebüros, die in 35,8% der Fälle konsultiert werden, nicht etwa die professionelle Veranstaltungsorganisation nachgefragt wird, sondern lediglich die Buchung entsprechender Bestandteile der Tagungsveranstaltung.

Dies wird auch durch die Tatsache belegt, dass traditionelle Hotelführer die beliebteste Informationsquelle bei der Wahl der Tagungsstätte sind und für 48,6% aller Unternehmen ein wichtiges Hilfsmittel bei der Organisation von Veranstaltungen darstellen.

Das „Internet und Online-Systeme" werden von 20,3% der Befragten bei der Planung genutzt und zählen damit bereits zu den beliebtesten Informationsquellen.

Eine geringe Rolle in diesem Zusammenhang spielen CD-Rom Kataloge, die nur von 3,4% der Unternehmen verwendet werden.

4.7 Ausblick

Um Aussagen über die Entwicklung der Tagungsnachfrage mittelständischer Unternehmen in den vergangenen Jahren machen und eine Zukunftsprognose abgeben zu können, wurden die Unternehmen befragt, wie sich in den letzten fünf Jahren die Gesamtzahl der selbst ausgerichteten und der besuchten Veranstaltungen entwickelt hat.

Abb. 24: Die Entwicklung der Gesamtzahl der eigenen und fremdveranstalteten Kongresse und Tagungen in den vergangenen fünf Jahren

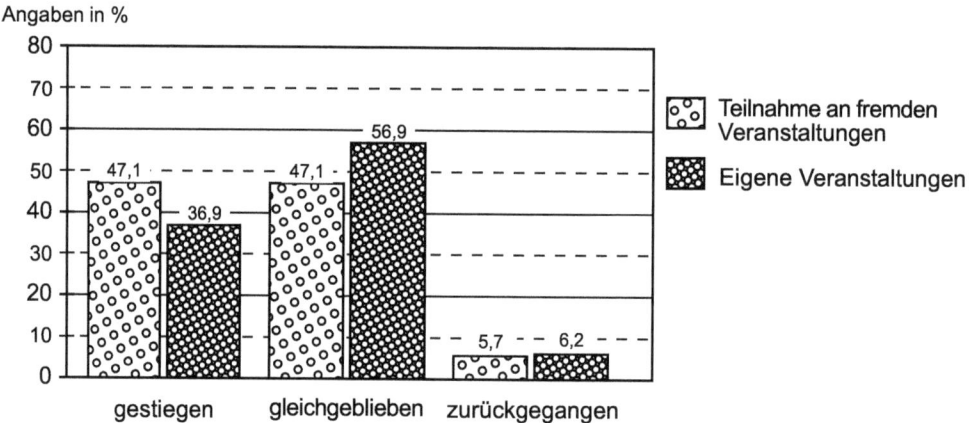

Quelle: Eigene Erhebung

Sowohl bei der Gesamtzahl der eigenen Veranstaltungen, als auch bei besuchten Fremdveranstaltungen ist ein tendenzieller Anstieg zu erkennen. So gaben 36,9% der Befragten an, dass die Anzahl der eigenen Veranstaltungen in den vergangenen fünf Jahren gestiegen sei, während nur 6,2% einen Rückgang verzeichneten.

Bei der Teilnahme an Fremdveranstaltungen ist der Anstieg noch deutlicher. Hier gaben 47,1% eine Steigerung an, der ein Rückgang in nur 5,7% der Fälle entgegensteht.

Dies belegt den Bedeutungszuwachs von Tagungen und Kongressen in den vergangenen fünf Jahren auch bei mittelständischen Unternehmen.

Die meisten Unternehmen verzeichnen sowohl steigende Preise, als auch höhere finanzielle Aufwendungen in allen vier Bereichen „Tagungspauschale", „Reisekosten", „Hotelkosten" und „Rahmenprogramme". Allerdings ist in der Gesamtbetrachtung der Anstieg der finanziellen Aufwendungen bei der „Tagungspauschale" und bei den „Hotelkosten" stärker als der Preisanstieg, während in den Bereichen „Reisekosten" und „Rahmenprogramme" die Preise stärker zunahmen. Dies lässt vermuten, dass im Zuge steigender Preise für Tagungen tendenziell eher bei den Reisekosten und bei den Rahmenprogrammen gespart wird als bei dem eigentlichen fachlichen Teil der Tagungsveranstaltung oder bei der Hotelübernachtung.

4.8   Die nach vier Regionen differenzierte Tagungsnachfrage mittelständischer Unternehmen

Wie bereits erwähnt, erfolgte die Auswahl der Unternehmensadressen, gewichtet nach der Grundgesamtheit in den Bundesländern, um eine gesonderte Auswertung der Ergebnisse für die verschiedenen Bundesländer zu ermöglichen. Dies ist jedoch bei einem gesamten Rücklauf von 148 Fragebögen kaum möglich. So lagen etwa aus Bremen nur zwei auswertbare Fragebögen vor. Daher wurde die Bundesrepublik Deutschland in die vier Regionen „Nord", „Mitte", „Süd" und „Ost" unterteilt. Diese Regionen wurden, wie in Tabelle 10 dargestellt, durch die Zusammenlegung von Bundesländern gebildet.

Tab. 10: Die Einteilung der Bundesrepublik Deutschland in vier Regionen

Region	Bundesländer	Region	Bundesländer
Nord	• Bremen • Hamburg • Niedersachsen • Schleswig-Holstein	Süd	• Bayern • Baden-Württemberg
Mitte	• Hessen • Nordrhein-Westfalen • Rheinland-Pfalz • Saarland	Ost	• Berlin • Brandenburg • Sachsen • Thüringen • Sachsen-Anhalt • Mecklenburg-Vorpommern

Quelle: Eigene Erstellung

Wichtig ist, dass hier nicht die Orte der Veranstaltungen regional differenziert betrachtet werden, sondern die Firmensitze der veranstaltenden Unternehmen. Ziel dieser räumlichen Analyse ist somit, Informationen zur Verteilung der Nachfrage zu gewinnen.

Die differenzierte Betrachtung der Befragungsergebnisse nach vier Regionen ermöglicht es, regionale Disparitäten im Bereich des Tagungsverhaltens und des Veranstaltungsvolumens mittelständischer Unternehmen zu erkennen. Trotzdem muss darauf hingewiesen werden, dass die dargestellten Daten auf einer recht geringen Anzahl ausgewerteter Fragebögen in den einzelnen Regionen aufbauen. Dennoch lassen sich im Rahmen dieser Untersuchung Tendenzen zu regionalen Unterschieden bei der Tagungsnachfrage ablesen. So zeigt sich, dass, bezogen auf die Gesamtzahl der Veranstaltungen, die Regionen „Mitte" und „Süd" eine deutlich höhere Tagungsintensität aufweisen.

So werden knapp 70% aller Tagungen von Unternehmen aus den Regionen „Mitte" und „Süd" veranstaltet. Die geringste Anzahl der Veranstaltungen liegt in der Region „Nord" vor.

Die starke Konzentration der Tagungsintensität in den Regionen „Mitte" und „Süd" wird noch verstärkt durch die Tatsache, dass die durchschnittliche Teilnehmerzahl pro Veranstaltung mit 36 bzw. 44 deutlich über der in den Regionen „Nord" (27) und „Ost" (23) liegt.

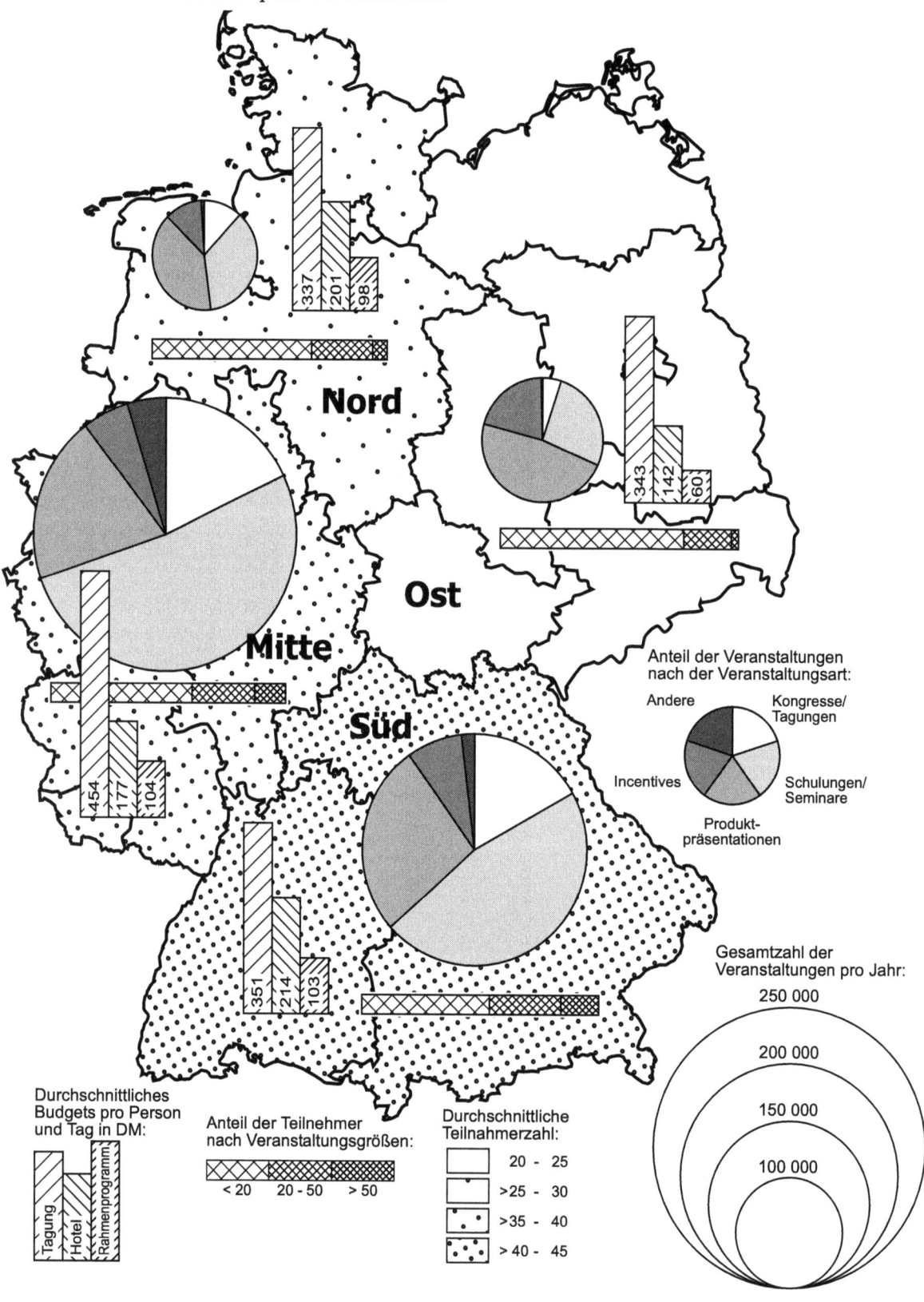

Abb. 25: Die Tagungsnachfrage mittelständischer Unternehmen in vier Regionen der Bundesrepublik Deutschland

Quelle: 148 ausgewertete Fragebögen, eigene Darstellung

Tab. 11: Das Tagungsvolumen in den vier Regionen

	Nord	Mitte	Süd	Ost	Gesamt
Veranstaltungen	99.000	242.000	205.000	110.000	656.000
Teilnehmer	2.714.000	8.983.000	9.204.000	2.549.000	23.450.000
Teilnehmertage	4.367.000	13.338.000	14.259.000	4.165.000	36.129.000
Durchschnittliche Teilnehmerzahl pro Veranstaltung	27	36	44	23	**36**

Quelle: 148 ausgewertete Fragebögen; eigene Berechnung

Auch die Verteilung der Veranstaltungsformen zeigt regionale Unterschiede. So bilden „Schulungen und Seminare" in den Regionen „Mitte" und „Süd" mit 52,1%, bzw. 46,5% die am meisten verbreitete Tagungsform, während in den Regionen „Nord" und „Ost" die Produktpräsentationen mit einem Anteil von 39,3%, bzw. 47,5% dominiert. Incentives sind prozentual in der Region „Ost" am stärksten (20,5%) und in der Region „Mitte" am schwächsten vertreten (5,7%).

Bei den durchschnittlichen Budgets können auch Unterschiede zwischen den Regionen festgestellt werden. So ist man in der Region „Mitte" bereit durchschnittlich DM 454,-- pro Tag und Teilnehmer für die eigentliche Tagungsveranstaltung auszugeben und rangiert damit deutlich an erster Stelle vor der Region „Süd" (DM 351,--), der Region „Ost" (DM 343,--) und der Region „Nord" (DM 337,--). Die Durchschnittsbudgets für Hotelübernachtungen schwanken zwischen DM 214,-- in Region „Süd" und DM 142,-- in Region „Ost". Auch bei den Budgets für Rahmenprogramme liegt die Region „Ost" mit durchschnittlich DM 60,-- an letzter Stelle. Hier stehen in der Region „Mitte" und „Süd" mit DM 104,-- bzw. DM 103,-- die höchsten Budgets zur Verfügung.

Es zeigt sich also eine starke Konzentration von mittelständischen Unternehmen und den von ihnen veranstalteten Tagungen in den Regionen „Mitte" und „Süd". Diese Konzentration ist sowohl bei der absoluten Anzahl der Veranstaltungen und der Teilnehmerzahl, als auch beim Umsatzvolumen deutlich zu erkennen. Diese Konzentration entsteht einerseits durch die Ballung von mittelständischen Unternehmen und andererseits durch das hohe Tagungsangebot in diesen Regionen.

5. Zusammenfassung der Untersuchungsergebnisse

Die Auswertung der Fragebögen hat zu zahlreichen Informationen zum Tagungsverhalten mittelständischer Unternehmen geführt. Es hat sich bestätigt, dass dieses Marktsegment einen großen Anteil am gesamten Kongress- und Tagungsmarkt einnimmt und ein entsprechend hohes Umsatzvolumen generiert. Diese Bedeutung wurde bislang innerhalb der Branche zwar vermutet, wegen der fehlenden Datenlage konnte man sich aber nur unzureichend auf dieses Nachfragesegment einstellen.

Besonders interessant sind die Merkmale im Nachfrageverhalten, die sich von dem Segment der Großunternehmen unterscheiden. Diese konnten im wesentlichen in zwei Bereichen festgestellt werden: bei den Anforderungen an Standort- und Tagungsfaktoren sowie bei der Organisationsstruktur von Veranstaltungen.

In bezug auf die Anforderungen mittelständischer Unternehmen an Tagungsstätten und Tagungsorte zeigte sich, dass der Trend zu einem hohen **Erlebnisgehalt von Tagungen**, zur Verknüpfung von sachlicher Information mit Freizeitwerten und zur Nutzung entsprechender Tagungsmedien in diesem Nachfragesegment **nur gering ausgeprägt** ist. Während bei den Großunternehmen sämtliche Veranstaltungsformen zunehmend erlebnisorientiert gestaltet werden, ist dieser Trend bei dem wirtschaftlichen Mittelstand kaum zu erkennen. Dies gilt insbesondere für die Veranstaltungsformen, die in traditionellen Veranstaltungshäusern abgehalten werden.

Standortfaktoren wie ein gutes „kulturelles Angebot" am Tagungsort oder ein „hoher Erlebnischarakter" der Tagungsstätte rangieren in der Bedeutungsskala mittelständischer Unternehmen weit hinten. Gefragt sind Standort- und Tagungsfaktoren, die einen sachlichen, traditionellen und unproblematischen Veranstaltungsablauf gewährleisten. Spezielle Anforderungen werden nur selten gestellt. Die Erwartungen der Unternehmen reduzieren sich vornehmlich auf die Bereitstellung eines Raumes, einer technischen Grundausstattung und gastronomischer Verpflegung.

Eine **Ausnahme bilden die Incentives**, die einen bedeutenden Anteil an den gesamten Veranstaltungen des Nachfragesegmentes haben. Diese werden in der Regel an ungewöhnlichen Veranstaltungsorten abgehalten und sind im Gegensatz zu den traditionellen Tagungen vorwiegend freizeitbezogen.

Es ist also festzustellen, dass mittelständische Unternehmen zwar am Tagungsmarkt partizipieren, sich aber kaum bewusst sind, dass es sich dabei um ein fortschrittliches und mit vielfältigen Möglichkeiten ausgestattetes Instrumentarium handelt. **Die Bedeutung von modernen Tagungsformen als strategischer Produktionsfaktor ist im Vergleich zu den Großunternehmen bei dem wirtschaftlichen Mittelstand noch sehr gering.** „Moderne" Tagungen sind heutzutage mehr als einfache Kommunikation, sie sind eine hochkomplexe Form des Marketings, der Kunden- und Mitarbeiterbindung, der Inszenierung zu vermittelnder Inhalte; sie sind eine eigene kleine Welt innerhalb des thematischen Sachbezuges, in der Kreativität genauso gefragt ist wie Professionalität und Sachverstand. Der Trend zu solchen Veranstaltungen hat sich bei mittelständischen Unternehmen noch nicht durchgesetzt.

Dies liegt nicht etwa daran, dass diese Unternehmen grundsätzlich kein Interesse an modernen Veranstaltungsformen haben. Es liegt eher an dem mangelnden Bewusstsein, welche strategische Bedeutung zeitgemäße Tagungsformen einnehmen können, und dass es überhaupt entsprechende Angebote gibt. **Die typischen Brancheneinrichtungen und Institutionen wie Fachzeitschriften, die Verbände, die PCOs oder andere Kongressdienstleister, die im Grunde die „Fortschrittlichkeit" des Tagungswesens ausmachen, sind kaum bekannt** und werden entsprechend nur am Rande in Anspruch genommen.

Dieser Zustand verdeutlicht ein **großes Potential** für die Anbieter in der Branche. Es wird deutlich, dass Angebot und Nachfrage im untersuchten Segment zwar auf den ersten Blick aufeinander abgestimmt scheinen, dass aber ein durchaus großer Teil der mittelständischen Nachfrager durch entsprechende Informationen und durch die Einbeziehung in Fachdiskussionen zu einem bewussteren Agieren am Tagungsmarkt bewegt werden könnte. Ein sich daraus entwickelnder Schwung für die gesamte Branche wäre nicht abwegig. Es gilt also, besonders für Innovatoren der Branche, den Mittelstand gezielt anzusprechen, ihm die Möglichkeiten eines zeitgemäßen Tagungswesens zu verdeutlichen und ihn als Kunden „neu" zu gewinnen.

6. Anhang

Fragebogen

Die meisten der 20 Fragen lassen sich schnell durch Ankreuzen beantworten.

Sollten Sie Anmerkungen haben, oder an einer Stelle eine größere Differenzierung
wünschen, so können Sie unter Frage 20 am Ende des Bogens freie Ergänzungen
vornehmen.

1 Veranstalten Sie Tagungen, Kongresse und/oder andere geschäftliche Veranstaltungen für über 20 Personen   **oft**   **selten**
    in Ihrem eigenen Haus _____ ☐ ☐
    außerhalb Ihres eigenen Hauses _____ ☐ ☐

2 Wie oft nehmen Sie/Ihre Mitarbeiter an Tagungen, Kongressen, Schulungen, Präsentationen, etc. teil,   **oft**   **selten**
    die von anderen Unternehmen (extern) veranstaltet werden _____ ☐ ☐
    Welche Art von Veranstaltungen _____

3 Ist in den letzten 5 Jahren die Gesamtzahl der Tagungen/Kongresse/Seminare/etc.   **gestiegen?**   **gleichgeblieben?**   **zurückgegang**
    an denen Sie/Ihre Mitarbeiter teilnahmen _____ ☐ ☐ ☐
    die sie veranstalteten _____ ☐ ☐ ☐

4 Wie lange dauern diese Veranstaltungen durchschnittlich?   **1 Tag**   **2 Tage**   **3-4 Tage**   **> 5 Tage**
    Selbst veranstaltete _____ ☐ ☐ ☐ ☐
    Extern veranstaltete _____ ☐ ☐ ☐ ☐

5 Beschreiben Sie Ihre Tagungs-Nachfrage näher.   (Welche **Inhalte** haben die Veranstaltungen? Welche **Ziele** verfolgen Sie?
    Welche **Trends** gibt es bei der Tagungs-Nachfrage Ihres Unternehmens? Wie hat sich Ihre Nachfrage in den letzten 5 Jahren entwickel

_____
_____
_____
_____

6 Wieviele Veranstaltungen mit wievielen Teilnehmern führen Sie im Jahr außerhalb Ihres Hauses durch? (Bitte ungefähre Zahlen
    angeben/schätzen)

	Kongreß/Tagung	Schulung/Seminar	Produktpräsentation	Incentives	Sonstige: _____
<20 Teilnehmer	☐	☐	☐	☐	☐
20-50 Teilnehmer	☐	☐	☐	☐	☐
51-100 Teilnehmer	☐	☐	☐	☐	☐
101-200 Teilnehmer	☐	☐	☐	☐	☐
201-500 Teilnehmer	☐	☐	☐	☐	☐
>500 Teilnehmer	☐	☐	☐	☐	☐

7 Wo fanden diese Veranstaltungen statt? (Angabe in Prozent; evtl. Schätzung)
    Bundesrepublik Deutschland _____ [ ] %
    → Top 3 Städte: [_____] [_____] [_____]
    Andere Länder _____ [ ] %
    → und zwar _____

8 Wie wichtig sind Ihnen folgende **Standortfaktoren der Kongreß-/Tagungsorte**.

	Sehr wichtig	Ziemlich	Weniger	Kaum	unwich
Kurze Anreise der Besucher	☐	☐	☐	☐	☐
Gute Verkehrsanbindung	☐	☐	☐	☐	☐
Schöne landschaftliche Umgebung	☐	☐	☐	☐	☐
Prestigewert / Image des Ortes	☐	☐	☐	☐	☐
Universitätsstandort	☐	☐	☐	☐	☐
Breites Hotelangebot unterschiedlicher Preisklassen	☐	☐	☐	☐	☐
Moderne Tagungs- und Kongreßeinrichtungen	☐	☐	☐	☐	☐
Kulturelles Angebot	☐	☐	☐	☐	☐
Gute Einkaufsmöglichkeiten	☐	☐	☐	☐	☐
Andere: _____	☐	☐	☐	☐	☐

9 Wie wichtig sind Ihnen folgende **Faktoren der Hotels/Tagungsstätten**?

	Sehr wichtig	Ziemlich	Weniger	Kaum	unwichtig
Zentrale Lage in der Stadt / im Ort	☐	☐	☐	☐	☐
Direkter Anschluß des Hotels an die Tagungsstätte	☐	☐	☐	☐	☐
Zuverlässigkeit, reibungsloser Ablauf der Veranstaltung	☐	☐	☐	☐	☐
Ein zentraler Ansprechpartner	☐	☐	☐	☐	☐
Preisgünstigkeit	☐	☐	☐	☐	☐
Freundliches Personal	☐	☐	☐	☐	☐
Gut geschultes und professionelles Personal	☐	☐	☐	☐	☐
Verfügbarkeit modernster Tagungstechnik	☐	☐	☐	☐	☐
Angenehme, tagungsgerechte Einrichtung (Möbel, Farben)	☐	☐	☐	☐	☐
Alle Serviceleistungen werden vom Haus gestellt	☐	☐	☐	☐	☐
Bereitstellung von Ausstellungsflächen	☐	☐	☐	☐	☐
Hoher Erlebnischarakter, Exklusivität	☐	☐	☐	☐	☐
Andere:	☐	☐	☐	☐	☐

10 Welche **Informationsquellen** ziehen Sie bei der Auswahl des Tagungsortes / der Tagungsstätte zu Rate? (Mehrfachnennungen möglich)

- Hotelführer, und zwar ☐
- Tagungsstättenführer, und zwar ☐
- Das GCB (Deutsche Kongreßbüro) ☐
- Reisebüro, Kongreßagentur (PCO) ☐
- Internet, Online-Systeme ☐
- CD-Rom-Kataloge, und zwar ☐
- Andere Verbände, und zwar ☐
- Andere ☐

11 Welche **Abteilungen** sind bei Ihnen für die Buchung/Organisation von Veranstaltungen verantwortlich?

12 Beauftragen sie zur Buchung/Organisation der Veranstaltungen

	ja	nein
eine **professionelle Kongreßagentur** (PCO)	☐	☐
ein **Tagungsvermittler / Reisebüro / Andere**	☐	☐

13 Bitte ergänzen Sie die nachfolgenden Sätze bezüglich Ihrer **Erfahrungen mit Hotels/Tagungsstätten**:

	immer	meistens	manchmal	selten	nie	
• Mit der Qualität der Tagungsstätten war ich	☐	☐	☐	☐	☐	zufrieden.
• Die Organisatoren in den Tagungsstätten arbeiten	☐	☐	☐	☐	☐	professionell.
• Das Servicepersonal in den Tagungsstätten war	☐	☐	☐	☐	☐	freundlich.
• Das Servicepersonal in den Tagungsstätten war	☐	☐	☐	☐	☐	kompetent.
• Das Angebot in den Tagungsstätten ist	☐	☐	☐	☐	☐	kundenorientiert
• Bei Sonderwünschen war das Personal	☐	☐	☐	☐	☐	flexibel.
• Die technischen Einrichtungen haben	☐	☐	☐	☐	☐	einwandfrei funktioniert.
• Die Beratung bezüglich Tagungstechnik war	☐	☐	☐	☐	☐	zufriedenstellend.

• Die besten Erfahrungen mit technischem Service-Personal machten wir im Rahmen unserer Veranstaltungen wenn dieses ☐ zur Tagungsstätte selbst - ☐ zu einer externen Servicefirma - gehörte.

• Ich bin der Meinung, das Personal in den Tagungsstätten ist ☐ hervorragend - ☐ gut - ☐ mäßig - ☐ mangelhaft - ☐ ungenügend - ausgebildet, um einen reibungslosen Ablauf der Veranstaltungen zu gewährleisten.

14 In welchen Bereichen des **Hotels** traten häufiger Probleme auf / waren Sie öfters unzufrieden?

Management/Organisation	**Empfangsbereich**	**Zimmerservice**	**Gastronomie**	**Andere:**
☐	☐	☐	☐	

Beschreiben Sie Ihre negativen Erfahrungen näher:

15 In welchen Bereichen des **Tagungsablaufs** traten häufiger Probleme auf / waren Sie öfters unzufrieden?

Management/Organisation	**Tagungstechnik**	**Räumlichkeiten**	**Gastronomie**	**Andere:**
☐	☐	☐	☐	

Beschreiben Sie Ihre negativen Erfahrungen näher:

16 Welche angenehmen Erfahrungen haben Sie mit Tagungsstätten / Hotels gemacht und was haben Sie als besonders positiv in Erinnerun

17 Wie haben sich die **Preise** in den letzten 5 Jahren entwickelt für:

	Gestiegen	Gleich	Gefallen
Tagungspauschale (Raummiete, Verpflegung, technische Ausstattung)	☐	☐	☐
Reisekosten	☐	☐	☐
Hotelkosten	☐	☐	☐
Rahmenprogramme	☐	☐	☐

Andere:

18 Wie haben sich in den letzten 5 Jahren die **finanziellen Aufwendungen** Ihres Unternehmens in den folgenden Bereichen entwickelt?

	Gestiegen	Gleich	Gefallen
Tagungspauschale (Raummiete, Verpflegung, technische Ausstattung)	☐	☐	☐
Reisekosten	☐	☐	☐
Hotelkosten	☐	☐	☐
Rahmenprogramme	☐	☐	☐

Andere:

19 Wie hoch ist das **Budget** Ihrer Veranstaltungen pro Person und Tag

- für die eigentliche **Tagung** (Kongreß, Seminar, Produktpräsentation, etc.)? _____ DM
- für **Hotelübernachtungen**? _____ DM
- Für Rahmenprogramme _____ DM

Bemerkungen:

20 Anmerkungen/Ergänzungen

- Welche Frage bezüglich Tagungen und Kongressen haben Sie in diesem Fragebogen vermißt?
- Was gibt es von Ihrer Seite noch zu ergänzen?
- Welche Fragestellungen waren schwer verständlich?

☐ An den Ergebnissen dieser Studie bin ich Interessiert! Bitte schicken Sie mir eine Zusammenfassung kostenlos zu.

Vielen Dank für Ihre Bemühungen

7. Literaturverzeichnis

ARBEITSGEMEINSCHAFT DEUTSCHER VERKEHRSFLUGHÄFEN ADV 1996: Konferenzräume auf Flughäfen im Überblick. In: TW Tagungs-Wirtschaft, Heft 3, 33

ARTHUR ANDERSEN WIRTSCHAFTSPRÜFUNGS- UND STEUERBERATUNGSGESELLSCHAFT mbh 1998: The Hotel Industry Benchmark Survey 1998. London

ASSOCIATION INTERNATIONALE DES PALAIS DE CONGRÈS 1993: Technical Requirements for Congress Centers. Bologna

BLAUROCK, Tobias 1997: Tagungs- und kongresstouristische Standortfaktoren als Erfolgspotentiale von Tagungs- und Kongressstätten unter besonderer Berücksichtigung der Stadt Dresden.

BUNDESMINISTERIUM FÜR FORSCHUNG UND TECHNOLOGIE (Hrsg.) 1988: Nebenbestimmungen für Zuwendungen auf Kostenbasis des Bundesministers für Forschung und Technologie an Unternehmen der gewerblichen Wirtschaft für Forschungs- und Entwicklungsvorhaben (NKFT 88). Stand 1. Oktober 1988

BUNDESMINISTERIUM FÜR WIRTSCHAFT (Hrsg.) 1997: Unternehmensgrößenstatistik 1997/98 - Daten und Fakten. Bonn

BUNDESMINISTERIUM FÜR WIRTSCHAFT (Hrsg.), o.J.: Leistungsträger Mittelstand. Bonn

BUNDESVERBAND DER DEUTSCHEN INDUSTRIE E.V. (Hrsg.) 1976: Überlegungen zu einer Neuorientierung der BDI-Mittelstandspolitik, Drucksache 106

BUREAU VAN DYKE (Hrsg.) 1998: Markus CD-Rom. Frankfurt

DEGEFEST 1989: allgemeine Definitionen zu den verschiedenen Tagungs- und Veranstaltungsformen. unveröffentlichtes Manuskript, Bonn

DEHOGA (Hrsg.) 1998: Deutscher Hotelführer '98. Hugo Matthaes Druckerei und Verlags GmbH, Stuttgart

DEUTSCHE GESELLSCHAFT ZUR FÖRDERUNG UND ENTWICKLUNG DES SEMINARWESENS 1989: Allgemeine Definitionen zu den verschiedenen Tagungs- und Veranstaltungsarten.

DEUTSCHER BUNDESTAG 1970: Grundsätze einer Strukturpolitik für kleine und mittlere Unternehmen. Drucksache VI/1666, 29. Dezember 1970

Die günstige Lage hat Kundenpriorität. In: Handelsblatt, 19.02.1996, 19

DR. GUGG & DR. HANK-HAASE 1994: Neue Trends und Tendenzen im Tagungs- und Kongressreiseverkehr. Frankfurt am Main

DR. GUGG & DR. HANK-HAASE 1996: Der Hotelmarkt in Deutschland 1996. Frankfurt am Main

DR. GUGG & DR. HANK-HAASE 1998: Die Bedeutung der Bundesverbände für den Deutschen Tagungs- und Kongressmarkt. Frankfurt am Main

Ergebnisbericht der Arbeitssitzung der AG Kongressstatistik vom 2.7.1998, Handout von Frau Dr. Engelbrecht

Euro als Chance für Hotellerie in Deutschland. In: TW TagungsWirtschaft, m+a Verlag, Heft Juli, 69, Frankfurt am Main

FENTZAHN, Anette 1993: Untersuchungskriterien und Erfassungsmethoden für eine Auslastungsstatistik. Diplomarbeit an der FH Worms, Worms

FURTHMEIER-RICCI, Martina 1994: Der Kongress und Tagungsmarkt in der Bundesrepublik Deutschland. Diplomarbeit an der TU München, München

GERMAN CONVENTION BUREAU (HRSG.) 1998: Convention Planners Guide to Germany 1998/99. Frankfurt am Main

GOSCHMANN, Klaus 1997: Bewegung in der Verbandslandschaft? in: TW TagungsWirtschaft, m+a Verlag, Heft Februar, 3

GRUNER + JAHR 1997: Branchenbild Maria - Tagungen und Kongresse. Stand: November 1997, Hamburg

GRUNER + JAHR 1998a: Branchenbild Maria – Geschäftsreisen. Stand: April 1998, Hamburg

GRUNER + JAHR 1998b: Branchenbild Maria – Inlandstourismus. Stand: April.1998, Hamburg

GUGG, Eberhard 1972: Der Kongressreiseverkehr. In: Schriftenreihe des Deutschen Wirtschaftswissenschaftlichen Institutes für Fremdenverkehr, Heft 27

GWA Servicegesellschaft Werbeagenturen mbH (Hrsg.) 1997: Leseranalyse Entscheidungsträger (LAE) 1997. Frankfurt

HAAS, C. 1981: Die Geschichte des Kongresswesens. In: DWIF, Jahrbuch für Fremdenverkehr 1980, 81, München

HANK-HAASE, Gisela 1992: Der Tagungs- und Kongressreiseverkehr als wirtschaftlicher Faktor in Großstätten der Bundesrepublik Deutschland unter besonderer Berücksichtigung von Wiesbaden. Dissertation an der Universität Trier, Trier

HOPPENSTEDT VERLAGS GMBH 1998: Firmendatenbank - Mittelständische Unternehmen. CD-Rom, Darmstadt

HORST, Ilona ter 1998: Das Deutsche Kongressbüro - Ermittlung der Kunden-zufriedenheit im Rahmen einer schriftlichen Umfrage. Diplomarbeit an der FH Worms, Worms

Incentivehotels müssen mehr bieten als lediglich Komfort. In: CIM Conference and Incentive Management, Heft. 3, 1998, 75

INDUSTRIE- UND HANDELSKAMMER ZU MÜNSTER (HRSG.) 1988: Tagungen und Kongresse – Anforderungsprofil und Standortfaktoren. Münster

INFRATEST BURKE SOZIALFORSCHUNG 1995: Der deutsche Tagungsmarkt 1994/1995. München

INFRATEST-WIRTSCHAFTSFORSCHUNG 1981: Tagungsmarkt 1981. in: Congress & Seminar Heft 2, 18, München

INSTITUT FÜR PLANUNGSKYBERNETIK (IPK) 1988: Volumen und Struktur des deutschen Tagungsmarktes. München,

INTERGERMA 1998: Hotels und Tagungsstätten in Deutschland 1999. Hamm

INTERGERMA 1998: Incentive & Events 1999. Hamm

ITB-Euro-Kongress mit wichtigen Schlüssen für die Meetingbranche. In: CIM Conference and Incentive Management, Verlagsgruppe Deutscher Verkehrs-Verlag, Heft 3, 1998, 40

KOMMISSION DER EUROPÄISCHEN GEMEINSCHAFTEN 1996: Empfehlung der Europäischen Kommission betreffend der Definition von kleinen und mittleren Unternehmen vom 3. April 1996, in: Amtsblatt der Europäischen Gemeinschaften, L107 vom 30. April 1996.

KOMMISSION DER EUROPÄISCHEN GEMEINSCHAFTEN (HRSG.) 1990: Enterprises in the European Community, Document, Brüssel und Luxemburg

KRATZ, T. 1996: Abgrenzung der klein- und mittelständischen Unternehmen. In: MAYER, H. (Hrsg.): Problembereiche klein- und mittelständischer Unternehmen. Dresdner Beiträge zur Revision und Steuerlehre, Band 3, Dresden

KÜHL, S. und H. MAUCH 1991: Musik von vorn - eine Studie über das Tagungs- und Konferenzverhalten deutscher Unternehmen. Metaplan GmbH (Hrsg.), Quickborn

LESER, Hartmuth 1980: Geographie. Georg Westermann Verlag, Braunschweig

m+a Verlag für Messen, Ausstellungen und Kongresse GmbH 1996: Fakten zum Eventmarketing. Frankfurt am Main

m+a Verlag für Messen, Ausstellungen und Kongresse GmbH 1996: m+a Report: Leserstrukturanalyse. Frankfurt am Main

MAUGE, Michael 1997: Kongresszentren müssen Geld verdienen. In: TW Tagungs-Wirtschaft, 8

NÖLLE, Marc 1997: Der Raum Bonn als Standort für wissenschaftliche Tagungen und Kongresse. Diplomarbeit an der Universität Bonn, Bonn

OPASCHOWSKI, Horst W. 1989: Wie arbeiten wir nach dem Jahr 2000. B.A.T. Freizeit-Forschungsinstitut, Hamburg

RAT DER EUROPÄISCHEN KOMMISSION 1996: Beschluss des Rates vom 8.12.1996 über ein drittes Mehrjahresprogramm für kleine und mittlere Unternehmen (KMU) in der Europäischen Union (1997-2000), interinstitutionelles Dossier Nr. 96/0087 (NS) vom 6.12.1996

RICCI, Martina M.C. 1994: Der Kongress- und Tagungsmarkt in der Bundesrepublik Deutschland, 3

SCHIRMER, O.E. 1997: Neue Hyatts in Deutschland ohne abgefressene Buffets. In: CIM, Conference and Incentive Management, Heft. 6, 55 f.

Special Messen und Kongresse: Tagungsstätten Milieu gesucht. In: WirtschaftsWoche Heft 51, 14.12.1984, 105 ff.

STATISTISCHES BUNDESAMT 1997: Tourismus in Zahlen 1997. Metzel-Pöschel-Verlag, Stuttgart

SÜDWESTDEUTSCHE VERLAGSANSTALT (HRSG.) 1998: Hoppenstedts Tagungsorte – European Congress Organizers' Guide 1998/1999. Mannheim

Tagungshotelerie-Wie das Geschäft mit dem Wissen für alle Seiten rentabel wird. http://www.messebasel.ch/presstxt/igeho/pm4d.txt, Internet

Top-Erlebnis-Favorit: Aktive Beteiligung. in: m+a report Mai/Juni 1998, 70

TOURISMUS UND CONGRESS GMBH FRANKFURT AM MAIN 1996: Kongress- und Tagungsdokumentation Frankfurt am Main 1996. Frankfurt am Main

Trittbrettfahrer unerwünscht. In: TW Tagungs-Wirtschaft, Oktober 1997, 71

VARTA-FÜHRER GmbH (1998): Der Varta-Führer – Deutschland 1998. Mairs Geographischer Verlag, Ostfildern

VERLAGSGRUPPE HANDELSBLATT GMBH (HRSG) 1998: WirtschaftsWoche - Geschäftsreiseklima 1998. Düsseldorf

VERLAGSGRUPPE HANDELSBLATT GmbH/VDI Nachrichten 1998: Der Markt der Geschäftsreisen 1998. Düsseldorf

VIENNA CONVENTION BUREAU 1997: The Convention Bureau Survey. Wien

VOGEL VERLAG (HRSG.) 1997: MM-Industrie-Panel Leasing, Dienst-/Geschäftswagen, Geschäftsreisen. Würzburg

WECKESSER, MICHAELA 1994: Anforderungen des Marktes an zeitgemäße Kongress- und Veranstaltungsstätten. Diplomarbeit an der FH Heilbronn, Heilbronn

WINKLER, Karl-Albert 1990: Kongresse und Tagungen in multifunktionalen Einrichtungen. In: GORMSEN, Erdmann u.a.: Teil I Kongresstourismus, Freie Universität Berlin, Institut für Tourismus, 6. Sitzung des Arbeitskreises "Freizeit- und Fremdenverkehrsgeographie" in Mainz 1989, Berlin

WOLF, Klaus und Peter JURCZEK 1986: Geographie der Freizeit und des Tourismus. Eugen Ulmer Verlag, Stuttgart

WUTZLER, Renate 1996: Qualitätssteuerung zur Standardisierung des Dienstleistungsangebotes von Kongresszentren. Diplomarbeit an der FH Worms, Worms

Jochen Würges

Städtenetze als Perspektive der interkommunalen Zusammenarbeit. Darstellung eines neuen raumordnungspolitischen Instruments am Beispiel des Städtenetzes Lahn-Sieg-Dill

Aus: **Materialien 29**
Frankfurt am Main 2000

Bei der vorliegenden Arbeit handelt es sich um die gekürzte Fassung einer Diplomarbeit, die 1999 bei Herrn Professor Dr. Klaus Wolf am Institut für Kulturgeographie, Stadt- und Regionalforschung der J. W. Goethe-Universität Frankfurt am Main abgeschlossen wurde.

Anschrift des Verfassers:

Dipl.-Geograph Jochen Würges
Keltenstraße 35
60437 Frankfurt am Main

Inhaltsverzeichnis

		Seite
1.	Einleitung	111
2.	**Die Notwendigkeit der interkommunalen Zusammenarbeit**	114
2.1	Motive für eine verstärkte interkommunale Zusammenarbeit	114
2.2	Der Stand der Planung	118
3.	**Städtenetze als neuer raumordnerischer Ansatz**	120
3.1	Systematisierung von Städtenetzen	122
3.2	Entwicklung der Idee der Städtenetze in Deutschland	124
4.	**Das Konzept der Städtenetze**	132
4.1	Merkmale von Städtenetzen	132
4.2	Förderliche Bedingungen für Städtenetze	136
4.3	Exkurs: Spieltheoretische Überlegungen	139
4.4	Organisation von Städtenetzen	143
4.5	Die Organisation des ExWoSt-Forschungsfeldes	145
5.	**Das Städtenetz Lahn-Sieg-Dill**	148
5.1	Das Gebiet des Städtenetzes Lahn-Sieg-Dill	149
5.2	Die Zusammenarbeit der Städte vor Bildung des Städtenetzes	155
5.3	Die Entstehung des Städtenetzes	159
5.4	Die Ziele des Städtenetzes Lahn-Sieg-Dill	161
5.5	Die Organisationsstruktur des Städtenetzes Lahn-Sieg-Dill	162
6.	**Die Zusammenarbeit im Städtenetz Lahn-Sieg-Dill**	165
6.1	Die Vorgehensweise der einzelnen Arbeitsgruppen	165
6.2	Die Zusammenarbeit aus Sicht der Experten	178
6.3	Die Fortführung der Zusammenarbeit	183
7.	**Städtenetze als Chance für die regionale Entwicklung?**	185
7.1	Die Wirksamkeit des Städtenetzes Lahn-Sieg-Dill	185
7.2	Die Bedeutung des Instruments Städtenetze für die Zukunft	192
7.3	Mögliche Weiterentwicklung der regionalen Kooperation	195
8.	**Literaturverzeichnis**	199

Verzeichnis der Abbildungen

		Seite
Abb. 1	Modellvorhaben Städtenetze	128
Abb. 2	Stufen der Zusammenarbeit	137
Abb. 3	Spieltheoretische Entscheidungssituation im Wettbewerb zweier Kommunen	141
Abb. 4	Organisation des Städtenetzes K.E.R.N. als Beispiel für die Organisationsform eines eingetragenen Vereins	144
Abb. 5	Organisation des ExWoSt-Forschungsfeldes Städtenetze	147
Abb. 6	Netzknoten des Städtenetzes Lahn-Sieg-Dill	150
Abb. 7	Die Organisationsstruktur des Städtenetzes Lahn-Sieg-Dill	164

Verzeichnis der Tabellen

		Seite
Tab. 1	Beschäftigtenstruktur im Städtenetz Lahn-Sieg-Dill	152
Tab. 2	Vorteile und Hemmnisse der Zusammenarbeit aus Sicht der Gesprächspartner aus den Städten	186

Verzeichnis der Abkürzungen

ARL	Akademie für Raumforschung und Landesplanung
BauGB	Baugesetzbuch
BBR	Bundesamt für Bauwesen und Raumordnung (ehemals BfLR)
BfLR	Bundesforschungsanstalt für Landeskunde und Raumordnung
BGB	Bürgerliches Gesetzbuch
BMBau	Bundesministerium für Raumordnung, Bauwesen und Städtebau
BMVBW	Bundesministerium für Verkehr, Bau- und Wohnungswesen
ExWoSt	Experimenteller Wohnungs- und Städtebau
HARA	Raumordnungspolitischer Handlungsrahmen
HLT	HLT Gesellschaft für Forschung Planung und Entwicklung mbH
IHK	Industrie- und Handelskammer
LEP	Landesentwicklungsplan
MKRO	Ministerkonferenz für Raumordnung
MURL	Ministerium für Umwelt, Raumordnung und Landwirtschaft des Landes Nordrhein-Westfalen
ORA	Raumordnungspolitischer Orientierungsrahmen
ROG	Raumordnungsgesetz

1. Einleitung

Derzeit ist eine zunehmende Bedeutung von Kooperationen in allen Bereichen festzustellen. Sowohl im unternehmerischen Sektor als auch im Bereich der Stadt- und Regionalentwicklung werden Kooperationen immer wichtiger. Sie sind ein Ausdruck für das stärkere Bewusstsein der Probleme, die sich aus der Konkurrenzsituation der Städte und Gemeinden ergeben. Andererseits erklärt sich die Zunahme der Zusammenarbeit auch aus der Tatsache, dass Kooperation als eine zeitgemäße Vorgehensweise angesehen wird. „Kooperation ist eines jener Schlagworte unserer Zeit, die Modernisierung signalisieren sollen" (FÜRST 1997, 119). Neben dem verstärkten Dialog zwischen Kommunen ist auch eine häufigere Anwendung sogenannter weicher, informeller Instrumente wie Regionalkonferenzen und Städtenetze festzustellen.

An diese „neuen" Instrumente werden, angesichts der aktuellen Situation der Kommunen, hohe Erwartungen geknüpft. Dies verdeutlicht die Entscheidung, dass Städtenetze, die Form der interkommunalen Zusammenarbeit, die in dieser Arbeit betrachtet wird, für die Präsentation zur Konferenz Habitat II ausgewählt wurden. Städtenetze zählen zu den Themen, die Deutschland 1996 als „Modellbeispiel zur Verbesserung der Lebensumwelt" im Rahmen der Konferenz der Vereinten Nationen in Istanbul vorstellte. Laut dem Nationalbericht haben „vernetzte Städte und ihre gemeinsame Entwicklung (...) weitreichende Konsequenzen: Sie können die dezentrale Siedlungsstruktur in Deutschland stärken und zwar so, dass der Gesamtaufwand an Geld geringer und zugleich die Umwelt stärker geschont wird, als wenn jede Stadt für sich allein arbeitet. Je mehr dieser überörtlichen Kooperationen entstehen und je stärker ihre gegenseitigen Beziehungen werden, desto bedeutender sind sie im positiven Sinn für die Siedlungsstruktur" (BMBau 1996b, 51 f.).

Ob Städtenetze diesem Anspruch gerecht werden können, kann zu diesem Zeitpunkt noch nicht abschließend geklärt werden, da Städtenetze erst seit einigen Jahren existieren. Vielmehr ist es Ziel der vorliegenden Arbeit, die Entstehung und Arbeitsweise eines Städtenetzes so zu untersuchen, dass Aussagen gewonnen werden können, welche Bedingungen für eine erfolgreiche Kooperation notwendig sind und welche Probleme im Verlauf der Zusammenarbeit auftreten können. Zudem soll gezeigt werden, welche Erfolge aus einer Kooperation resultieren können. Die Untersuchung erhebt nicht den Anspruch, abschließend zu beurteilen, ob das Instrument der Städtenetze seinen Erwartungen gerecht wird, ein ergänzendes, flexibles, prozess-, projekt- und umsetzungsorientiertes Element zu sein. Ein derartiges Ziel würde die Möglichkeiten dieser Arbeit überschreiten, da einerseits die Wirkungszeiträume zu kurz sind und andererseits ein Vergleich möglichst aller Städtenetze notwendig wäre. Ein solcher Vergleich der Städtenetze ist jedoch insofern problematisch, da sich die Rahmenbedingungen sehr stark unterscheiden (Anzahl der Teilnehmer, Struktur der Teilnehmer). Deswegen liegt der Schwerpunkt dieser Arbeit auf der detaillierten Untersuchung eines Städtenetzes, um so zu verdeutlichen, wie Städtenetze arbeiten. Neben den Vorteilen, die aus der Kooperation entstehen, soll auch aufgezeigt werden, wo die Probleme bzw. die Grenzen des Instruments zu sehen sind.

Diese Betrachtungen führen zu der Diskussion, welchen Beitrag Städtenetze für die Entwicklung der Städte bzw. für die Region leisten können. Sind durch die Bildung von Städtenetzen Ergebnisse gemeinsamer Arbeit möglich, die ohne eine Vernetzung unwahrscheinlich wären? Darüber hinaus stellt sich die Frage, welche Veränderungen im Rahmen eines Städtenetzes die zukünftige Zusammenarbeit erleichtern könnten. Zugleich sollen Anhaltspunkte gefunden werden, die die Grenzen des Instruments verdeutlichen. Es soll dabei auch die Frage diskutiert werden, ob die Leitvorstellungen und Ziele der Raumordnung und Landesplanung unterstützt werden, oder ob aus der Entwicklung Konflikte resultieren.

In der vorliegenden Arbeit wurde das Städtenetz Lahn-Sieg-Dill als Untersuchungsraum ausgewählt. In Kapitel 5 wird dieser Untersuchungsraum ausführlich vorgestellt, zunächst erfolgt jedoch im nachfolgenden Kapitel eine Betrachtung der Gründe, die als Ursache für den Trend der Kooperation angesehen werden. Es werden Rahmenbedingungen dargestellt, die die Kommunen dazu veranlassen, verstärkt über interkommunale Zusammenarbeit nachzudenken. Die Bildung von Städtenetzen ist eine Möglichkeit, auf diese Notwendigkeit zu reagieren. Dieses Instrument wird ab dem dritten Kapitel ausführlich vorgestellt. Zunächst erfolgt eine Unterteilung der verschiedenen Formen von Städtenetzen, um zu verdeutlichen, welche Formen der aktuellen Vernetzung tatsächlich als raumordnungspolitisches Instrument anzusehen sind. Anschließend folgt eine kurze Darstellung der Entwicklung der Städtenetzidee in Deutschland. Auf diese Weise wird einerseits aufgezeigt, dass es sich um ein neues Instrument handelt, obwohl es historische Vorläufer gibt. Andererseits wird dadurch veranschaulicht, welche Erwartungen mit dem Instrument verbunden werden. Im darauffolgenden Kapitel werden die Merkmale von Städtenetzen betrachtet. Zudem werden Voraussetzungen und Hemmnisse für die Zusammenarbeit der Kommunen angesprochen. Auch die Organisationsformen, die zur Etablierung von Städtenetzen möglich sind, werden vorgestellt, da für eine längerfristige Zusammenarbeit eine gewisse Institutionalisierung notwendig ist. Ein weiteres wichtiges Element, das die Arbeit der Städtenetze in Deutschland und somit auch des Städtenetzes Lahn-Sieg-Dill maßgeblich geprägt hat, ist das ExWoSt-Forschungsfeld des Bundesministeriums für Raumordnung, Bauwesen und Städtebau (BMBau). Im vierten Kapitel wird deshalb auch die Organisation des Forschungsfeldes betrachtet.

Nach dieser Vorstellung des Instruments folgt die Betrachtung des Städtenetzes Lahn-Sieg-Dill. Dazu wird zunächst das Gebiet vorgestellt, in dem das Städtenetz entstanden ist. Um zu verdeutlichen, welche Vorteile durch die Zusammenarbeit für die Kommunen entstehen, wird die gemeinsame Arbeit des Städtenetzes der letzten Jahre dargestellt. Dabei werden auch die Schwierigkeiten bzw. Hemmnisse aufgeführt, die im Laufe der Kooperation auftraten. Anhand dieser Überlegungen wird die Wirksamkeit des Städtenetzes diskutiert und Möglichkeiten der Weiterentwicklung vorgestellt. Das abschließende Kapitel verdeutlicht, auf den Ergebnissen aufbauend, die Bedeutung des Instruments für die zukünftige Entwicklung.

Da Vor- und Nachteile, die durch die Zusammenarbeit entstehen, schwierig bestimmt bzw. beziffert werden können, reicht die Berücksichtigung der entsprechenden Literatur und des Informationsmaterials der Städtenetze für die Untersuchung nicht aus. Aus diesem Grund wurden 18 Expertengespräche durchgeführt, da das qualitative Interview als Methode der Datenerhebung ermöglicht, auch Einschätzungen, Meinungen und Bewertungen von beteiligten Akteuren in Erfahrung zu bringen (vgl. LAMNEK 1993, 35 ff.). Um die Gespräche vorzubereiten, wurden den Gesprächspartnern[1] im Vorfeld die geplanten Themen mitgeteilt. Darüber hinaus wurden Gesprächsleitfäden erarbeitet, die einerseits helfen sollten, die Gespräche thematisch einzugrenzen. Andererseits sollte ihre Verwendung gewährleisten, dass die Informationen aus den verschiedenen Städten verglichen werden können.

Sofern die Gesprächspartner einverstanden waren, wurden die Gespräche auf Tonband aufgezeichnet und transkribiert, um die Aussagen zu vergleichen bzw. in Beziehung zueinander zu setzen. Darüber hinaus wurden zur Auswertung weitere Informationsmaterialien berücksichtigt, soweit sie öffentlich zugänglich waren, wie z. B. Protokolle der Arbeitsgruppentreffen, Informationsbroschüren der Arbeitsgruppen, Pressemitteilungen und Zeitungsartikel.

Auf persönliche Zitate wurde bei der Darstellung der Ergebnisse verzichtet. Um zu vermeiden, dass Mitarbeiter, die sehr offen und ausführlich über ihre Einschätzung berichteten, in die Kritik gerieten, wurden die meisten Informationen so zusammengefasst, dass sie keinem Gesprächspartner direkt zugeordnet werden können.

Bei der Auswahl der Gesprächspartner wurde darauf geachtet, nicht nur Akteure zu berücksichtigen, die selbst im Städtenetz Lahn-Sieg-Dill tätig sind oder in einer anderen Position an der Entwicklung beteiligt waren. Es wurden darüber hinaus weitere Gespräche mit Experten geführt, die die Entwicklung des betrachteten Gebietes aufgrund ihrer beruflichen Tätigkeit intensiv verfolgen. So wurde mit folgenden „Experten" über das Städtenetz Lahn-Sieg-Dill gesprochen:

Frau Dr. Adam (Bonn) – Bundesamt für Bauwesen und Raumordnung (BBR)

Frau Eidmann (Gießen) – Arbeitsgruppe „Kultur" des Städtenetzes

Herr Girsig (Wetzlar) – Freizeitregion Lahn-Dill e. V.

Herr Haider (Wiesbaden) – Hessisches Ministerium für Wirtschaft, Verkehr und Landesentwicklung

---

1 Anmerkung: In der vorliegenden Arbeit wird aus Gründen der besseren Lesbarkeit darauf verzichtet, weibliche und männliche Formen zu unterscheiden. Wenn z.B. von „Experten" die Rede ist, so sind sowohl Expertinnen als auch Experten gemeint.

Herr Jachimsky (Gießen) – Regierungspräsidium Gießen

Herr Kliemt (Wiesbaden) – HLT Gesellschaft für Forschung Planung Entwicklung mbH

Herr Lieber (Betzdorf) – Verbandsgemeinde Betzdorf

Herr Liprecht (Marburg) – Arbeitsgruppe „Stadtentwicklung durch Flächenmanagement" des Städtenetzes

Herr Messerschmidt (Wetzlar) – Stadt Wetzlar

Herr Dr. Michel (Düsseldorf) – Nordrhein-Westfälisches Ministerium für Umwelt, Raumordnung und Landwirtschaft (MURL)

Herr Dr. Röther (Gießen) – Redakteur des Gießener Anzeigers

Herr Schreiber (Wetzlar) – Arbeitsgruppe „Qualifizierung als Strategie für den wirtschaftlichen Strukturwandel" des Städtenetzes

Herr Walter und Herr Scharf (Herborn) – Stadt Herborn

Herr Weidt (Siegen) – Stadt Siegen

Herr Wenge (Gießen) – Industrie- und Handelskammer Gießen

Herr Werner und Herr Müller (Dillenburg) – Stadt Dillenburg

Frau Wiltschek-Bergmann (Gießen) – Städtenetzbüro

Herr Dr. Zoubek (Haiger) – Arbeitsgruppe „ÖPNV, Verkehr allg." des Städtenetzes

2. Die Notwendigkeit der interkommunalen Zusammenarbeit

Die Veränderungen der letzten Jahre haben dazu geführt, dass es für Kommunen immer schwieriger wird, den wachsenden Anforderungen gerecht zu werden. Aus diesem Grund gewinnen Kooperationen mehrerer Kommunen zunehmend an Bedeutung. Um zu verdeutlichen, dass es sich bei der Zunahme von Kooperationen im Rahmen der Stadt- und Regionalplanung um eine notwendige Reaktion auf die aktuelle Situation handelt, werden im nachfolgenden Abschnitt einige wichtige Veränderungen wirtschaftlicher, politischer und gesellschaftlicher Rahmenbedingungen dargestellt.

2.1 Motive für eine verstärkte interkommunale Zusammenarbeit

Wirtschaftliche Veränderungen

Eine der bedeutendsten Veränderungen der letzten Jahre hat sich im wirtschaftlichen Bereich vollzogen. So ist mit der zunehmenden Tertiärisierung ein deutlicher struktureller Wandel festzustellen. Darüber hinaus ist zu beobachten, dass wirtschaftliche Beziehungen immer häufiger im globalen Maßstab erfolgen. Dieser

Prozess der Globalisierung ist u. a. durch den zunehmenden grenzüberschreitenden Austausch von Waren, Kapital und auch Arbeitskräften zu erkennen. Als eine wesentliche Ursache für diese Veränderung wird die vorangegangene Krise der für den Fordismus typischen Produktionsstrukturen gesehen. Diese Krise führte zur Entwicklung einer neuen internationalen Arbeitsteilung. So ist zu beobachten, dass multinationale „Produktionsorganisationen" aufgebaut wurden, in denen eine Reduzierung der Fertigungstiefe durch den Aufbau von globalen Zuliefernetzen ermöglicht wird (vgl. DANIELZYK/OSSENBRÜGGE 1996, 103). Aus dieser Entwicklung der Globalisierung resultiert, dass sich der „Organisationsraum von Produktion und Konsum zu einem tendenziell weltumspannenden räumlichen Beziehungsgefüge [erweitert], in dem geographische Distanzen an Gewicht zu verlieren scheinen" (KRÄTKE 1995, 207). Die Entwicklung der zunehmenden internationalen Arbeitsteilung und die durch die technologische Weiterentwicklung begünstigte abnehmende Bedeutung von Distanzen führt dazu, dass Unternehmen immer weniger an bestehende Standorte gebunden sind. Durch die Verlagerungsbereitschaft der Unternehmen werden die Kommunen somit einem zunehmenden Standortwettbewerb ausgesetzt. Dabei wird nicht nur mit naheliegenden Städten konkurriert, sondern mit allen international bedeutenden Stadtregionen.

Neben der Zunahme des Wettbewerbsdrucks besteht für die Kommunen aber auch das Problem, dass die Entscheidungen der international agierenden Unternehmen schlecht eingeschätzt und kalkuliert werden können. So werden die „Entwicklungschancen und Lebensbedingungen in den Regionen und Städten heute immer stärker von Entscheidungen bestimmt (...), die an anderen, häufig weit entfernten Orten gefällt werden" (KRÄTKE 1995, 211).

Trotz derartiger Beobachtungen ist festzustellen, dass die lokale bzw. regionale Ebene an Bedeutung gewinnt. Für die heutige Zeit ist nicht nur die Globalisierung, sondern auch die Regionalisierung kennzeichnend. So ist im wirtschaftlichen Sektor aufgrund des Wettbewerbsdrucks auch ein „Trend zur territorialen Integration von Produktionsstandorten und zur Bildung regionaler Netzwerke von spezialisierten Firmen und Zulieferern" zu beobachten (KRÄTKE 1995, 213).

Die aktuelle Raumentwicklung erfolgt somit im Spannungsfeld von Globalisierung und Regionalisierung. Für die Kommunen resultiert aus den aktuellen Veränderungen das Problem, dass es immer schwieriger wird, den Anforderungen gerecht zu werden und auf Probleme zu reagieren. So wird es für eine einzelne Kommune bei der zunehmenden Konkurrenz von Stadtregionen immer schwieriger, den Unternehmen die gewünschte Attraktivität zu bieten. Mit den eigenen Handlungsmöglichkeiten wird es zunehmend problematischer, den erforderlichen Standard (Infrastruktureinrichtungen, „weiche" Standortfaktoren) zu gewährleisten. Deswegen wird es für die Kommunen immer wichtiger, mit anderen Kommunen zu kooperieren, um den steigenden Anforderungen gerecht zu werden und im internationalen Wettbewerb zu bestehen.

Politische Veränderungen

Zu den großen politischen Veränderungen der letzten Jahre zählen Entwicklungen wie die zunehmende europäische Integration (z. B. Europäischer Binnenmarkt) und die Öffnung des Ostblocks. Beide Entwicklungen wirken sich insofern auf die kommunale Wirtschaftskraft und somit auch auf die Handlungsfähigkeit aus, da sich durch die Integration bzw. die Öffnung der Märkte der Wettbewerbsdruck erhöht. Dieser führt zu einer verstärkten Konkurrenz der Regionen und zu steigenden Anforderungen an Verkehr und Kommunikation (vgl. ARL 1995, 64).

Neben diesen auf nationalen und internationalen Ereignissen basierenden Entwicklungen, zählen auch weniger wahrnehmbare Veränderungen zu den aktuellen Rahmenbedingungen, auf die die Stadt- und Regionalplanung reagieren muss. So stellt FÜRST (1996, 95 f.) fest, dass die „Diskrepanz zwischen den überkommunalen institutionellen Entscheidungsstrukturen (hochgradig sektoralisiert) und der wachsenden Verflechtung der Sachgebiete" wächst. So müssen immer mehr Entscheidungen durch Abstimmungen zwischen Ressortgrenzen getroffen werden, so dass neben den bestehenden Strukturen zusätzliche informelle Instrumente erforderlich werden. Demzufolge werden Kooperationen nicht nur wichtiger, um auf den wachsenden Wettbewerbsdruck zu reagieren, sondern auch, um die Handlungsmöglichkeiten den aktuellen Erfordernissen besser anzupassen.

Gesellschaftliche Veränderungen

Auch infolge gesellschaftlicher Veränderungen ergibt sich für die Kommunen die Notwendigkeit, in Zukunft verstärkt zusammenzuarbeiten. Den Trends der demographischen Struktur zur Folge ist zu erwarten, dass sich die Bevölkerungszahl aufgrund von Zuwanderung, trotz der anhaltenden Bevölkerungsabnahme durch ein Geburtendefizit bei der deutschen Bevölkerung, stabilisieren wird (vgl. ARL 1995, 67). Zugleich wird damit gerechnet, dass in den westlichen Bundesländern Bevölkerungszuwächse in den Regionen mit großen Verdichtungsräumen oder in Regionen mit Verdichtungsansätzen erfolgen werden. Diese Entwicklung ist insofern problematisch, da in Verdichtungsräumen bereits heute aufgrund der Flächenknappheit, der Verkehrs- und Umweltprobleme Schwierigkeiten bestehen.

Es sind aber nicht nur bestehende Probleme zu lösen, es muss auch auf Folgen reagiert werden, die aufgrund von geänderten Bedürfnissen und Gewohnheiten entstehen. So ist festzustellen, dass sich die individuellen Aktionsräume infolge der gestiegenen Mobilität und der flexibleren Zeiteinteilung ausgeweitet haben, so dass die Aktionsräume immer weniger mit kommunalen Grenzen übereinstimmen. Deshalb wird es für eine einzelne Kommune zunehmend schwieriger, sinnvolle Planungen durchzuführen. Hinzu kommt, dass die Planungen der Kommunen i.d.R. mittel- bis langfristig ausgerichtet sind und es somit schwierig ist, auf kurzfristige Veränderungen zu reagieren.

Angespannte Finanzsituation

Neben den veränderten Rahmenbedingungen gibt es weitere Motive, die eine verstärkte Zusammenarbeit mehrerer Kommunen rechtfertigen bzw. erklären. So ist ein ganz wesentlicher Grund für interkommunale Kooperation in der angespannten Finanzsituation der Gemeinden zu sehen. Auch wenn sich die Situation aufgrund von Steuernachzahlungen von Unternehmen z.T. nicht so gravierend verschlechtert, wie ursprünglich angenommen wurde, sind die Defizite der öffentlicher Haushalte dennoch gestiegen (vgl. FR vom 13.11.1998 und vom 2.2.1999; KARRENBERG/MÜNSTERMANN 1998, 144 f.). Im Gemeindefinanzbericht 1998 des Deutschen Städtetages wird davon ausgegangen, dass sich die Finanzprobleme in den städtischen Verwaltungshaushalten weiter verschärfen werden, da trotz fortgesetzter Konsolidierungsanstrengungen (Maastricht-Kriterien) mit einem stärkeren Anstieg der Ausgaben als der Einnahmen gerechnet wird. Somit ist auch mit einer Verschlechterung der Investitionsmöglichkeiten der Gemeinden zu rechnen.

Eine Verbesserung dieser Situation kann durch interkommunale Kooperationen erreicht werden. Durch die Zusammenarbeit können wirtschaftliche Vorteile in Form von Kosteneinsparungen erzielt werden, indem benötigte Gutachten gemeinsam vergeben werden. Darüber hinaus könnten bei einer regelmäßigen Abstimmung der Gemeinden unrentable Investitionen vermieden werden. Auch für Gemeinden, in denen der beschriebene verstärkte Wettbewerb um die Ansiedlung von Unternehmen nicht so bemerkbar ist, gibt es somit wichtige Gründe, die Zusammenarbeit mit anderen Kommunen zu intensivieren.

Zunehmende Verflechtungen

Kooperation ist eine zwingende Reaktion auf die erfolgte Zunahme der funktionalen Verflechtungen. Die Entwicklung der Stadt kann nicht ohne die Berücksichtigung des Umlandes beurteilt werden. Die Kernstädte sind heute mit ihrem Umland in der Regel so intensiv verbunden, dass Aufgabenbereiche wie Siedlungs-, Infrastruktur- und Verkehrsentwicklung nicht separiert durchgeführt werden können. Erfolgversprechende Lösungsansätze für komplexe Probleme wie Arbeitslosigkeit, Wohnungsmangel, Umweltverschmutzung, Hochwasserschutz, Zunahme des Straßenverkehrs und Flächenknappheit können nur in Kooperation mehrerer Kommunen gefunden werden.

Wie verflochten die Entwicklung der Kernstädte mit ihrem Umland ist, zeigt beispielsweise die zu beobachtende Wanderung von einkommensstarken Familien mit ihren Kindern ins Umland der Großstädte. Daraus resultiert eine Zunahme der Pendlerbeziehungen und damit der Verkehrsprobleme. Die Entwicklung führt aber auch zu einer Polarisierung der Sozialstruktur, da die sozial schwachen und älteren Bevölkerungsgruppen in den Städten relativ betrachtet zunehmen. Zugleich resultiert aus den Wanderungsströmen auch die Notwendigkeit, die Infrastrukturleistungen (z. B. im Freizeitbereich) den geänderten Bedürfnissen anzupassen.

Die Liste der Zusammenhänge und Verflechtungen kann noch um viele weitere Beispiele erweitert werden, aber bereits die aufgeführten Problembereiche verdeutlichen, dass kooperative Vorgehensweisen an Bedeutung gewinnen müssen, um den wachsenden Anforderungen gerecht zu werden. Die Probleme können immer schwieriger innerhalb der bestehenden Verwaltungsgrenzen gelöst werden, so dass, sofern die vorhandenen Verwaltungsstrukturen erhalten bleiben, neue Instrumente notwendig werden, um die interkommunale Zusammenarbeit zu stärken.

2.2 Der Stand der Planung

Sowohl der beschriebene Wandel der Rahmenbedingungen als auch die genannten Motive, die die Notwendigkeit einer interkommunalen Zusammenarbeit verdeutlichen, unterstreichen die derzeit intensiv diskutierte Feststellung, dass es die „traditionelle, europäische Stadt" nicht mehr gibt. Die moderne Stadt besteht nicht mehr nur aus der intensiv genutzten Kernstadt. An den Rändern der Städte und im Umland sind Wohn- und Gewerbegebiete, Schnellstraßen, Einkaufs- und Freizeitzentren und Naherholungsmöglichkeiten geschaffen worden, die trotz der Entfernung mit der „traditionellen Stadt" eng verflochten sind (vgl. SIEVERTS 1998, 29).

Dieser Entwicklung muss auch im Rahmen der Raumplanung Rechnung getragen werden, um der Aufgabe der Raumplanung, der „räumlichen Koordination von fachpolitischen und kommunalen Ansprüchen an den Raum" gerecht zu werden (FÜRST 1993, 552). Dementsprechend muss berücksichtigt werden, dass Abstimmungen über kommunale Grenzen hinweg zunehmend bedeutender werden.

In der Bundesrepublik gibt es jedoch mehr als eine Verwaltungsebene, die für Raumordnung bzw. Raumplanung zuständig ist. Die Planungskompetenz wird auf verschiedene Planungsebenen aufgeteilt. Dem Bund kommt in der Organisation der räumlichen Planung in Deutschland lediglich die Rahmenkompetenz zu. Das bedeutet, dass vom Bund keine Gesamtplanung für das Bundesgebiet erstellt wird. Vom Bund werden allerdings die Rahmenvorschriften erlassen, „die den Zusammenhalt des Bundesstaates und eine zufriedenstellende Entwicklung und vergleichende Ordnung in allen Bundesländern sicherstellen" (SPITZER 1995, 22). Am bedeutendsten ist in diesem Zusammenhang das Raumordnungsgesetz (ROG), in dem Leitvorstellungen und Grundsätze der Raumordnung formuliert werden. Demnach wird der nachhaltigen Raumentwicklung, „die die sozialen und wirtschaftlichen Ansprüche an den Raum mit seinen ökologischen Funktionen in Einklang bringt und zu einer dauerhaften, großräumigen ausgewogenen Ordnung führt", eine besondere Bedeutung beigemessen (ROG § 1 Abs. 2). Somit wird die Raumordnung durch die Vorgabe der Ziele maßgeblich beeinflusst, auch wenn auf der Ebene des Bundes keine räumliche Planung erfolgt.

Im Raumordnungsgesetz werden darüber hinaus Vorgaben für die nachgeordnete Ebene der Länder getroffen. Demnach sind die Länder verpflichtet, „Rechtsgrundlagen für eine Raumordnung in ihrem Gebiet" zu schaffen (ROG § 6). In den entsprechenden Landesplanungsgesetzen werden dann „die Ziele und Grundsätze der Raumordnung im vorgegebenen Rahmen vertieft und für die besonderen Bedingungen des Landes modifiziert" (SPITZER 1995, 24).

Die aufgestellten Landesplanungsgesetze und auch Landesentwicklungsprogramme und -pläne müssen von der nächst tieferen, der regionalen Ebene, berücksichtigt werden. Trotz dieser Vorgaben benötigt die Regionalplanung genügend Gestaltungsspielraum. Die Regionalplanung soll die Grundsätze und Ziele der Landesplanung konkretisieren, sie differenzieren und entsprechend den „spezifischen regionalen Steuerungsbedarfen" anreichern (ARL 1995, 2). Die entsprechenden Entwicklungsziele und Pläne müssen wiederum von der nächst tieferen Ebene, der kommunalen Ebene, berücksichtigt werden. „Die Planungsebenen bilden folglich ein System kaskadenartig von oben nach unten sich konkretisierender und differenzierender räumlicher Nutzungsplanung, wobei allerdings die Festlegung ihrer Inhalte nicht hierarchisch, sondern im Gegenstromprinzip erfolgt" (ARL 1995, 2). Das Gegenstromprinzip besagt, dass für die Planung von Teilräumen die Belange des Gesamtraumes berücksichtigt werden müssen, wie auch die Erfordernisse der Teilräume bei der Entwicklung des Gesamtraumes.

Entsprechend der beschriebenen Organisation räumlicher Planung ist die Regionalplanung für übergemeindliche Abstimmungen besonders wichtig, da sie die Ebene der Landesraumordnung mit der Ebene der kommunalen Bauleitplanung verbindet. Somit kommt der Regionalplanung aufgrund der zunehmenden Bedeutung regionaler Zusammenhänge eine wachsende Bedeutung zu. Für die Regionalplanung besteht jedoch das Problem, dass keine finanziellen Anreizmittel zur Verfügung stehen und „die imperative Steuerung über Gebote und Verbote, die zwar für Planung typisch ist" immer weniger funktioniert (FÜRST 1993, 552). FÜRST (1993, 552) stellt darüber hinaus fest, dass die Regionalplanung den gleichen wachsenden Spannungslagen unterliegt wie staatliches Handeln, da staatliche Steuerung in immer komplizierteren und komplexeren Politikstrukturen abläuft und sie infolgedessen immer weniger mit herkömmlichen Verfahren der staatlichen Interventionen gelingt.

Aus diesen Gründen ist es nötig, die bestehenden Instrumente zu ergänzen, um den aktuellen Erfordernissen gerecht zu werden. Dabei ist grundsätzlich festzustellen, dass innovative Ansätze regionaler Planung „in Anbetracht der begrenzten Problemlösungskapazitäten vielfach projektorientiert" arbeiten (BMBAU 1996c, 103). Demnach wird versucht, durch gezielte Projekte einen Einstieg in neue Entwicklungen zu initiieren und Problemlösungsmöglichkeiten aufzuzeigen. Darüber hinaus werden diese neuen Instrumente mit der Einsicht entwickelt, nicht interventionistisch „von oben" zu steuern, sondern zunehmend die lokalen und regionalen Akteure zur Mitarbeit zu motivieren und so Entwicklungen „von unten" zu begünstigen (vgl. FÜRST 1996, 91 ff.). Auch diese Entwicklung hebt erneut die wachsende Bedeutung von Kooperationen hervor, da die Akteure mit Hilfe von Kooperationen die Handlungsspielräume erweitern können, um so Ziele zu erreichen, die aus eigener Kraft nicht erreichbar wären.

3. Städtenetze als neuer raumordnerischer Ansatz

Angesichts der veränderten Rahmenbedingungen und der aktuellen Probleme wird derzeit in Fachkreisen diskutiert, welche Maßnahmen notwendig sind, um eine stärkere regionale Abstimmung bzw. Kooperation zu ermöglichen. Grundsätzlich sind dabei sogenannte „weiche" Kooperations- und Organisationsformen von „harten" Ansätzen zu unterscheiden. „Weiche" Formen der Zusammenarbeit können vergleichsweise einfach entstehen, da die bestehenden Verwaltungsebenen unverändert bleiben. „Weitgehend abseits der formellen Wege" wird hierbei versucht, mit einer kommunikativen Vorgehensweise eine Zusammenarbeit bzw. einen Konsens zwischen den regionalen Akteuren zu erzielen (PRIEBS 1998a, 212). „Harte" Formen der Kooperation zeichnen sich hingegen durch eine definierte und gesetzlich festgelegte Struktur aus. Der Organisation werden bestimmte Kompetenzen übertragen, damit gemeinsame Aufgaben bearbeitet werden können. Insbesondere der „Verband Region Stuttgart" und die geplante Gebietskörperschaft „Region Hannover" sind derzeit viel beachtete Beispiele für harte Kooperationsformen (vgl. STEINACHER 1999; PRIEBS 1999).

In der Diskussion um die bestehenden Instrumente der Raumordnung wird insbesondere gefordert, neben den längerfristigen Konzeptionen und Leitbildern, planerischen Vorgaben und ordnerischen Maßnahmen auch Möglichkeiten zu entwickeln, mit denen kurzfristig auf die räumliche Entwicklung Einfluss genommen werden kann. Es reicht aufgrund der enormen Veränderungsdynamik nicht aus, sich ausschließlich auf die Gestaltung und Bewahrung der räumlichen Ordnungsmuster zu konzentrieren.

Darüber hinaus fällt der Raumordnung aufgrund „des faktischen Schwundes an gesellschaftlichen Konsens und einer pluralistischen Ausgestaltung gesellschaftlicher Leitbilder (...) eine immer wichtigere Funktion als Mittlerin zwischen kontroversen, teilweise auseinanderdriftenden Interessenlagen regionaler Akteure" zu (PRIEBS 1996, 114). Diese neuen Anforderungen lassen sich jedoch nur schwer mit den herkömmlichen Instrumenten bewältigen. Deswegen gewinnen prozessorientierte, „weiche" Planungsinstrumente neben den klassischen, formalen Instrumenten an Bedeutung. Kooperative Arbeitsweisen werden somit in der Planung immer wichtiger. Zudem wird die stärkere Beteiligung von gesellschaftlichen Akteuren und Gruppen unterstützt.

Nach dem klassischem Verständnis gehörte die Umsetzung von Planvorstellungen in der Bundesrepublik nicht zum Aufgabenbereich der Raumordnung. Die Raumordnung gab mit ihren langfristig wirkenden Programmen und Plänen lediglich den Rahmen für das Handeln von Fachplanungen und privaten Investoren vor. Der Einsatz der neuen, informellen Instrumente führte jedoch zu einer wesentlich aktiveren Rolle der Raumordnung und -planung. Auf diese Weise wird versucht, „gestaltend auf die tatsächliche Raumentwicklung im Sinne ihres Leitbildes Einfluss zu nehmen" (PRIEBS 1998a, 213).

Erfolgreich können derartige Verfahren aber nur sein, wenn geeignete und motivierte Kooperationspartner gefunden werden, da ein intensiver Austausch mit den Fachpolitiken wie z. B. der regionalen Wirtschaftsstrukturpolitik oder auch mit den kommunalen Planungen nötig ist. Ein in diesem Zusammenhang viel beachteter Ansatz ist das Konzept der Städtenetze. PRIEBS stellt heraus, dass es sich hierbei um einen „neuen, flexiblen Ansatz handelt, der durchaus eines Tages das konventionelle, langfristig wirksame raumordnerische Instrumentarium bereichern könnte" (PRIEBS 1996, 116).

Bereits seit einigen Jahren wird das Konzept sowohl auf europäischer Ebene als auch in den einzelnen Ländern intensiv diskutiert. Die Generaldirektion Regionalpolitik der Kommission der Europäischen Gemeinschaft betont beispielsweise, dass Netze auf europaweiter, nationaler, regionaler und grenzüberschreitender Ebene arbeiten können. Darüber hinaus können Netze „sowohl benachbarte als auch voneinander entfernt liegende Städte sowie Städte im Zentrum mit Städten in Randlagen verbinden. Ebenso können sie Städte mit gemeinsamen wirtschaftlichen, sozialen, umweltpolitischen oder geographischen Merkmalen verknüpfen. Sie können auf der gemeinsamen Nutzung von Ressourcen – z. B. Informationstechnologie, Infrastruktur, finanzielle Mittel – basieren, oder sie können darauf hinzielen, Mittel zusammenzufassen, um Größenvorteile im Bereich der Forschung oder eventuell bei gemeinsamen Anschaffungen zu nutzen" (KOMMISSION DER EUROPÄISCHEN GEMEINSCHAFTEN 1991, 149).

Es werden also sehr unterschiedliche Formen der Zusammenarbeit als Städtenetze bezeichnet. Sowohl bezüglich der Maßstabsebene als auch bezüglich der Teilnehmer, der Organisation und der Handlungsfelder der städtischen Vernetzung können erhebliche Unterschiede bestehen. Als erste, wenn auch sehr allgemeine, Gemeinsamkeit kann herausgestellt werden, dass sich ein Städtenetz dadurch auszeichnet, dass „seine Elemente (also die Städte oder Gemeinden) in engeren bzw. in intensiveren Austauschbeziehungen zueinander stehen als zu Elementen außerhalb dieses Netzes" (ADAM 1994, 1).

Um den Begriff des Städtenetzes zu präzisieren und zugleich inhaltliche Schwerpunkte anzusprechen, erfolgt an dieser Stelle eine Systematisierung des Begriffs. Damit soll zugleich betrachtet werden, welche Formen der Vernetzungen für die raumstrukturelle Entwicklung einer Region bedeutend und somit als raumordungspolitische Instrumente zu bezeichnen sind.

3.1 Systematisierung von Städtenetzen

Unter dem Begriff Städtenetze werden sehr unterschiedliche Formen der Zusammenarbeit diskutiert. Als Gemeinsamkeit aller verschiedenen Arten von Städtenetzen ist die Grundidee herauszustellen, dass mehrere Städte in Zusammenarbeit Ziele anstreben, die sie allein nicht erreichen könnten. Bei dieser Zusammenarbeit bleibt die Selbständigkeit der Kommunen fortbestehen. Es wird durch die Zusammenarbeit versucht, mit vorhandenen finanziellen und natürlichen Ressourcen effizienter umzugehen.

In der Literatur werden verschiedene Differenzierungen vorgenommen, die inhaltlich in der Regel mit der Unterscheidung funktionaler und strategischer Netze übereinstimmen. Bei **funktionalen Städtenetzen** steht nach KUNZMANN (1995, 129) die funktionale Zusammenarbeit oder Arbeitsteilung zwischen Städten in einem Raum im Vordergrund. Es geht demnach vor allem „um die Beschreibung einer gegebenen Raumstruktur, die durch faktische intraregionale Vernetzungen bzw. eine räumlich-funktionale Arbeitsteilung gekennzeichnet ist" (DANIELZYK/PRIEBS 1996, 11). Als Beispiele können Pendlerverflechtungen, Naherholungsströme oder auch Austauschbeziehungen zur Versorgung der Bevölkerung aufgeführt werden. RITTER (1995, 396) bezeichnet diese Form als passive Netzverbindung zwischen Städten, da diese Austauschströme erfolgen, ohne dass sie bewusst gesteuert werden, sofern sie mit der raumordnungspolitischen Gesamtstrategie vereinbar sind. Deshalb kann bei dieser Form der Vernetzung nicht von einem raumordnungspolitischen Instrument der Zusammenarbeit gesprochen werden.

Reine Infrastrukturnetze, wie z. B. das System der durch die europäischen Hochgeschwindigkeitszüge vernetzten Städte, sollten nach RITTER (1995, 396) nicht als funktionale Städtenetze bezeichnet werden. Er stellt heraus, dass diese Netze die Zusammenarbeit lediglich unterstützen können und somit als ein brauchbares Mittel zum Zweck anzusehen sind.

Von **strategischen Städtenetzen** wird gesprochen, wenn sich mehrere Städte zusammenfinden, um gemeinsam Vorteile zu erreichen, die ohne diese Zusammenarbeit nicht erzielt werden könnten, und/oder um die gemeinsame Außendarstellung zu verbessern. RITTER (1995, 396) bezeichnet diese strategischen Netze als aktive Netzverbindungen, da es sich hierbei um eine bewusst gewollte Zusammenarbeit von Städten bzw. Gemeinden handelt, die auf die „Erzielung langfristiger und dauerhafter raumwirksamer Effekte angelegt ist". Die Städte entscheiden dabei selbständig, welche Probleme bearbeitet bzw. welche Ziele verfolgt werden. So können kulturelle oder ökonomische Ziele verfolgt und/oder aber eine Stärkung der eigenen Position gegenüber dem Land, dem Bund oder der EU angestrebt werden. Diese kurze Beschreibung strategischer Städtenetze verdeutlicht, dass diese Form der Vernetzung im Mittelpunkt des raumordnungspolitischen Interesses und somit auch dieser Arbeit steht.

DANIELZYK und PRIEBS (1996, 12) führen neben den funktionalen und strategischen, die **normativen Städtenetze** als dritte begriffliche Kategorie ein. Diese Form der Vernetzung ist per Definition als raumordnungspolitisches Instrument zu bezeichnen, weil es sich hierbei um Kooperationen handelt, die nicht wie in den meisten anderen Fällen auf freiwilliger Basis, sondern aufgrund von Vorgaben der Landesplanungsbehörden entstehen. Als Beispiel hierfür ist das Bundesland Sachsen anzuführen, das in seinem Landesentwicklungsplan (LEP) von 1994 Städtenetze in das übergeordnete landesplanerische Gesamtkonzept aufgenommen hat. Neben dem vierstufigen System zentraler Orte werden ein oberzentraler, drei mittelzentrale und zwei unterzentrale Städteverbünde ausgewiesen. Durch die Vorgaben der Landesplanungsbehörde soll eine gemeinsame Planung funktionaler Ergänzungen bzw. der Erhalt höherrangiger zentralörtlicher Einrichtungen angeregt werden, um eine sparsamere und effektivere Verwendung öffentlicher Mittel sicherzustellen.

Neben der hier vorgestellten Einteilung in funktionale, strategische und normative Städtenetze wird in der Literatur zwischen intraregionalen und interregionalen Vernetzungen unterschieden. Bei „*Eurocities*" handelt es sich z.B. um ein interregionales Städtenetz, da dort alle international bedeutenden Städte, in denen mehr als 250.000 Einwohner leben, mitarbeiten können. Durch die Beteiligung an den verschiedenen Arbeitsgruppen haben fast 100 Mitgliedsstädte aus 26 europäischen Ländern die Möglichkeit, auf die gemeinsamen Probleme aufmerksam zu machen und einen verstärkten Informations- und Erfahrungsaustausch anzuregen. Durch die Zusammenarbeit bei den Themen Kultur, wirtschaftliche Entwicklung, West-Ost-Problematik, soziale Wohlfahrt, Umwelt und Transport soll die eigene Situation der Städte verbessert und die Integration der Städte außerhalb der Europäischen Union unterstützt werden (vgl. EUROCITIES 1996). Darüber hinaus unterstützt „Eurocities" zentral- und osteuropäische Städte bei demokratischen und marktwirtschaftlichen Reformen.

DANIELZYK und PRIEBS (1996, 12 f.) weisen darauf hin, dass **interregionale** Netze, die Zusammenarbeit von Städten aus verschiedenen Regionen, sicherlich einen Vorsprung vor den nicht beteiligten Städten mit sich bringen können, aber ihre unmittelbare Auswirkung auf die „raumstrukturellen Verhältnisse in ihrer Region" gering einzuschätzen ist. Deshalb werden in dieser Arbeit nur **intraregionale** Städtenetze berücksichtigt, „d. h. Vernetzungen solcher Städte, die in einem regionalen raumstrukturellen Kontext miteinander stehen und meist eine geringe geographische Entfernung voneinander aufweisen" (DANIELZYK/PRIEBS 1996, 13).

Es kann festgehalten werden, dass es sich bei den raumordnungspolitisch interessanten Vernetzungen um die bewusste und gewollte Zusammenarbeit zwischen relativ nahe beieinander liegenden Städten handelt, die in planungs- und strukturpolitischen Themenbereichen zu gemeinsamen Erfolgen führen soll.

3.2 Entwicklung der Idee der Städtenetze in Deutschland

Obwohl das Konzept der Städtenetze im Rahmen der Raumordnung als neuer, handlungsorientierter Ansatz anzusehen ist, ist die Idee der Vernetzung von Städten keineswegs neu. Eines der bekanntesten historischen Beispiel ist nach KUNZMANN (1995, 129) die mittelalterliche Hanse. Diese Zusammenarbeit vorwiegend norddeutscher Städte von Mitte des 12. bis 16. Jahrhundert diente vornehmlich der Sicherung von Handelsvorteilen.

Auch die heutige intensive Beschäftigung mit Städtenetzen wurde, neben den bereits angesprochenen Gründen, auch durch wirtschaftliche Überlegungen angeregt. Aufgrund von Erfahrungen aus dem unternehmerischen Sektor erfahren die Begriffe Vernetzung und Kooperation derzeit Hochkonjunktur. Netzwerke werden für Unternehmen wegen der wirtschaftsstrukturellen Veränderungen zunehmend wichtiger, da der wachsende Wettbewerbsdruck dazu führte, dass hierarchisch organisierte Großbetriebe nur schwer auf die schnellen Veränderungen reagieren konnten. Deswegen wurde die Zusammenarbeit von rechtlich selbständigen, wirtschaftlich jedoch abhängigen Unternehmen immer bedeutender. Eine Übertragung von ökonomischen Netzwerken auf Städtenetze ist allerdings insofern problematisch, da sich die jeweiligen Motive für die Vernetzung unterscheiden und da insbesondere die Kosten-/Nutzenüberlegungen kaum vergleichbar sind (vgl. BRAKE 1996a, 21). So kann ein Unternehmen in der Regel eigenständig über den Einsatz von Produktionsmitteln und über den Umfang der Produktion entscheiden, um so den Gewinn des Unternehmens zu maximieren. Die Kommunen können jedoch aufgrund der ihnen gesetzlich übertragenen Aufgaben nicht derartig eigenständig entscheiden. Darüber hinaus sind Politiker und Verwaltungsleute einem anderen „Anreizsystem" ausgesetzt als Unternehmer. Während in der Wirtschaft unternehmerische Wagnis erwartet wird, müssen Politiker sehr bemüht sein, Fehler zu vermeiden, um nicht die nächste Wahl zu verlieren (vgl. FÜRST 1997, 130). Die Ansätze unterscheiden sich demnach so stark, dass die Erfahrungen der ökonomischen Netzwerke nicht vertieft werden.

Städtenetze als Leitbild des Raumordnungspolitischen Orientierungsrahmens

Städtenetze wurden in Deutschland erstmals im 1992 veröffentlichten „Raumordnungspolitischer Orientierungsrahmen" (ORA) in einem Dokument der Raumordnung und Landesplanung berücksichtigt. Im Leitbild Siedlungsstruktur des ORA werden zunächst die Ausgangsbedingungen in der Bundesrepublik betrachtet. Es wird dabei festgestellt, dass die Raum- und Siedlungsstruktur durch hohe Verflechtungen gekennzeichnet ist, und dass die räumliche Arbeitsteilung und der Leistungsaustausch zwischen den Regionen zunimmt. Aufgrund der starken Verflechtungen ist die Raumstruktur der Bundesrepublik aus Sicht des ORA „im hohen Maße durch städtische Formen und urbane Lebensstile geprägt" (BMBAU 1993, 3). Darüber hinaus wird herausgestellt, dass der Gegensatz zwischen Stadt und Land geringer geworden ist, weil sich die Lebensverhältnisse und die infrastrukturelle Ausstattung in Verdichtungsräumen und ländlichen Räumen angenähert haben.

Ausgehend von diesen Ausgangsbedingungen wird betont, dass „der Ausbau der städtischen Vernetzungen (...) in der neueren raumordnerischen Diskussion" an Bedeutung gewinnen wird (BMBAU 1993, 4). Infolge des zunehmenden Leistungsaustauschs der Verdichtungsräume und einer Spezialisierung ihrer Funktionen sollen Synergieeffekte, im Sinne einer Verstärkung ökonomischer und infrastruktureller Effekte, möglich werden. Dem Orientierungsrahmen zur Folge ist der Ausbau der städtischen Vernetzung anzustreben, da

- „städtische Kooperationen begünstigt werden,
- Stadtregionen ihre Standortvorteile am besten entfalten können,
- es zu einer besseren Nutzung der großräumigen Infrastruktur kommt,
- zusätzliche Entwicklungsimpulse über die engeren Regionalgrenzen hinaus gegeben werden" (BMBAU 1993, 4 ff.).

Die aufgeführten Vorteile, die durch städtische Vernetzungen entstehen können, verdeutlichen, dass im Orientierungsrahmen mehrere Dimensionen der Vernetzung angesprochen werden, ohne diese explizit zu erläutern. Es handelt sich dabei einerseits um physische Netze, also funktionale Städtenetze. MEHWALD (1997, 474) betont, dass diese Vernetzungselemente im ORA „zugleich einen empirischen wie normativen Gehalt" haben, weil sowohl die vorhandenen Vernetzungen auf einem abstrakten Niveau, wie auch der erforderliche Ausbau erwähnt werden. Andererseits wird Vernetzung im Orientierungsrahmen auch im Sinne strategischer Städtenetze verstanden, indem eine stärkere Zusammenarbeit bzw. eine bessere Abstimmung der Kommunen gefordert wird.

Über die räumliche Ausdehnung von Städtenetzen werden keine konkreten Aussagen getroffen. Allerdings werden sechs Städtenetze als Beispiele aufgeführt, welche belegen, dass zu dieser Zeit großräumige (interregionale) Vernetzungen diskutiert wurden. So wird u. a. angeregt, dass die Städte Hannover, Braunschweig, Magdeburg, Brandenburg, Potsdam, Berlin, Frankfurt/Oder in einem Städtenetz zusammenarbeiten.

Aber nicht nur der Maßstab, sondern auch die inhaltlichen Schwerpunkte und Projekte werden bewusst offen gehalten. Es wird lediglich zwischen Städtenetzen „mit besonderem Entlastungsbedarf" und Städtenetzen „mit besonderem Entwicklungsbedarf" bzw. „mit Ausbaubedarf" unterschieden (BMBAU 1993, S.6 ff).

Städtenetze mit besonderem Entlastungsbedarf sollen in den alten Bundesländern helfen, Belastungen der Verdichtungsräume mit ihren Verflechtungsbereichen zu mildern. Die Funktionsfähigkeit dieser Regionen wird aus Sicht des ORA als zunehmend gefährdet eingeschätzt. Insbesondere wachsender Individualverkehr, die Beeinträchtigungen der Umweltqualität, Ver- und Entsorgungsprobleme, Wohnungsengpässe und Mangel an Bauland werden bei weiterer Zunahme als Problem für die bisher günstige Raum- und Siedlungsstruktur angesehen. Städtenetze mit besonderem Entlastungsbedarf sollen helfen, Überlastungstendenzen abzubauen. Dies sei jedoch nicht durch eine einfache Verlagerung von Aktivitäten aus der Kernstadt ins Umland möglich, sondern nur durch ein „Bündel von abgestimmten regionalen Maßnahmen" (BMBAU 1993, 7). Dazu gehören u.a. die Verbesserung des öffentlichen Personennahverkehrs, die Stärkung der Regionalplanung, um eine bessere interkommunale Abstimmung zu erreichen, aber insbesondere auch eine intensivere Zusammenarbeit zwischen Kernstadt und Umlandgemeinden. Im ORA wird in diesem Zusammenhang betont, dass die regionale Zusammenarbeit zur Standortsicherung und -vorsorge für Arbeitsplätze, Wohnungen und Umweltvorsorge eine dringende raumordnerische Zukunftsaufgabe sei (vgl. BMBAU 1993, 7). Als Beispiele für belastete Stadtregionen werden die Verdichtungsräume Berlin, Hamburg, das Ruhrgebiet und die Großräume Köln/Düsseldorf, Frankfurt, Stuttgart und München aufgeführt.

Aber auch für gering verdichtete, agglomerationsferne Räume wird die Städtevernetzung als Möglichkeit gesehen, auf die aktuellen Probleme zu reagieren. Mit Hilfe **von Städtenetzen mit Ausbaubedarf** bzw. in den neuen Bundesländern mit **Städtenetzen mit besonderem Entwicklungsbedarf** soll die interkommunale Zusammenarbeit zwischen den Städten in nicht-zentralen Raumlagen unterstützt werden.

Die aufgeführten Städtenetze und auch die kartographische Darstellung des Orientierungsrahmens zu diesem Thema stellen kein Programm dar, sondern geben lediglich ein Hinweis, „in welche Richtung die Weiterentwicklung der Raum- und Siedlungsstruktur (...) notwendig erscheint und anzustreben ist" (BMBAU 1993, 26). Deshalb wird im Orientierungsrahmen auch nicht genau festgelegt, ob es sich bei Städtenetzen eher um ein Leitbild oder ein Instrument handelt (vgl. ADAM 1996, 31).

In der Folgezeit wurde deswegen nach Möglichkeiten gesucht, das Konzept der Städtenetze zu konkretisieren. Aus diesem Grund beschloss das Bundesministerium für Raumordnung, Bauwesen und Städtebau, im Rahmen des Experimentellen Wohnungs- und Städtebaus (ExWoSt) Modellprojekte zu fördern.

Das ExWoSt-Forschungsfeld Städtenetze

Das BMBau initiiert und begleitet Modellvorhaben, um „praktische Feldexperimente" durchzuführen. Durch die gezielte Auswahl von Modellprojekten wird versucht, repräsentative und übertragbare Ergebnisse zu erhalten. Mit Hilfe der Untersuchungen soll ermöglicht werden, Informationen „über die Eignung und Praktikabilität von städtebaulichen Konzepten und Instrumenten, deren Wirkung und Akzeptanz sowie über Aufwand und Kosten" zu gewinnen (GATZWEILER/RUNKEL 1997, 147).

Übertragen auf das eigens eingerichtete Forschungsfeld Städtenetze bedeutet dies, dass überprüft werden sollte, ob Leitvorstellungen und Ziele der Raumordnung durch Städtenetze unterstützt werden. Insbesondere sollte untersucht werden, welche Organisationsformen, Zuschnitte und Inhalte dafür geeignet sind.

Die Einrichtung dieses Forschungsfeldes ist insofern bemerkenswert, da zum ersten Mal Mittel für die Erforschung raumordnungspolitischer Instrumente eingesetzt wurden. Zuvor wurden die „Experimentiermittel" lediglich für den Städte- und Wohnungsbau verwendet (PRIEBS 1998a, 217). Darüber hinaus belegen die Städtenetz-Modellprojekte, dass die Raumordnung zunehmend auf die tatsächliche Raumentwicklung Einfluss nimmt und nicht nur rahmensetzend agiert. Das Ex-WoSt-Forschungsfeld Städtenetze ist nicht nur hervorzuheben, weil es die Etablierung informeller Instrumente fördert, sondern auch weil es eine stärker handlungsorientierte Raumordnung belegt. Der Ablauf und die Organisation des Forschungsfeldes verdeutlichen, dass sich für die Raumordnung durch die Modellvorhaben die Chance ergibt, mit den regionalen Akteuren regelmäßig in Kontakt zu treten (vgl. Kap. 4.5).

Die Entstehungsgeschichte des Forschungsfeldes Städtenetze begann im Juli 1993 mit einem Expertengespräch unter der Federführung der BfLR. In diesem ersten Gespräch wurden die Rahmenbedingungen für das Forschungsfeld festgelegt. Im Januar 1994 bat dann das BMBau die Obersten Landesplanungsbehörden, mögliche Projekte für das Forschungsfeld vorzuschlagen. Währenddessen arbeitete das Hamburger Institut für Raum & Energie (Institut für Wirtschafts- Regional- und Energieberatung GmbH), das vom BMBau mit der Begleitforschung beauftragt wurde, einen Anforderungskatalog aus, um aus den Vorschlägen geeignete Modellvorhaben auszuwählen. Im Mai 1994 wurde mit Vertretern der vorausgewählten 21 Projekte und der Landes- und Regionalplanungen ein zweitägiges Auftaktseminar veranstaltet. Dort hatten die kommunalen Vertreter die Möglichkeit, ihr Städtenetz zu präsentieren. Zudem wurde versucht, die Forschungsleitfrage zu präzisieren, die dann nach Abschluss der Projektzeit beantwortet werden sollte.

Nach diesem Seminar wurde entschieden, welche Projekte in die Begleitforschung aufgenommen wurden. Dabei wurde darauf geachtet, dass die Kooperation von allen gleichberechtigten Netzpartnern angestrebt bzw. die Kooperation von den örtlichen Akteuren getragen wurde. Im Interesse des Forschungsfeldes musste es gewährleistet sein, dass „konkrete, raumbedeutsame Handlungsfelder mit umsetzungsorientierten Zielsetzungen in Angriff genommen" wurden (FAHRENKRUG 1994, 9). Außerdem musste die Aufgabenstellung und der Vorbereitungsstand der einzelnen Städtenetze sichtbare Ergebnisse innerhalb der knapp vierjährigen Laufzeit ermöglichen.

Anhand dieser Anforderungen wurden schließlich folgende 11 Projekte ausgewählt (vgl. Abb. 1):

Abb. 1: Modellvorhaben Städtenetze

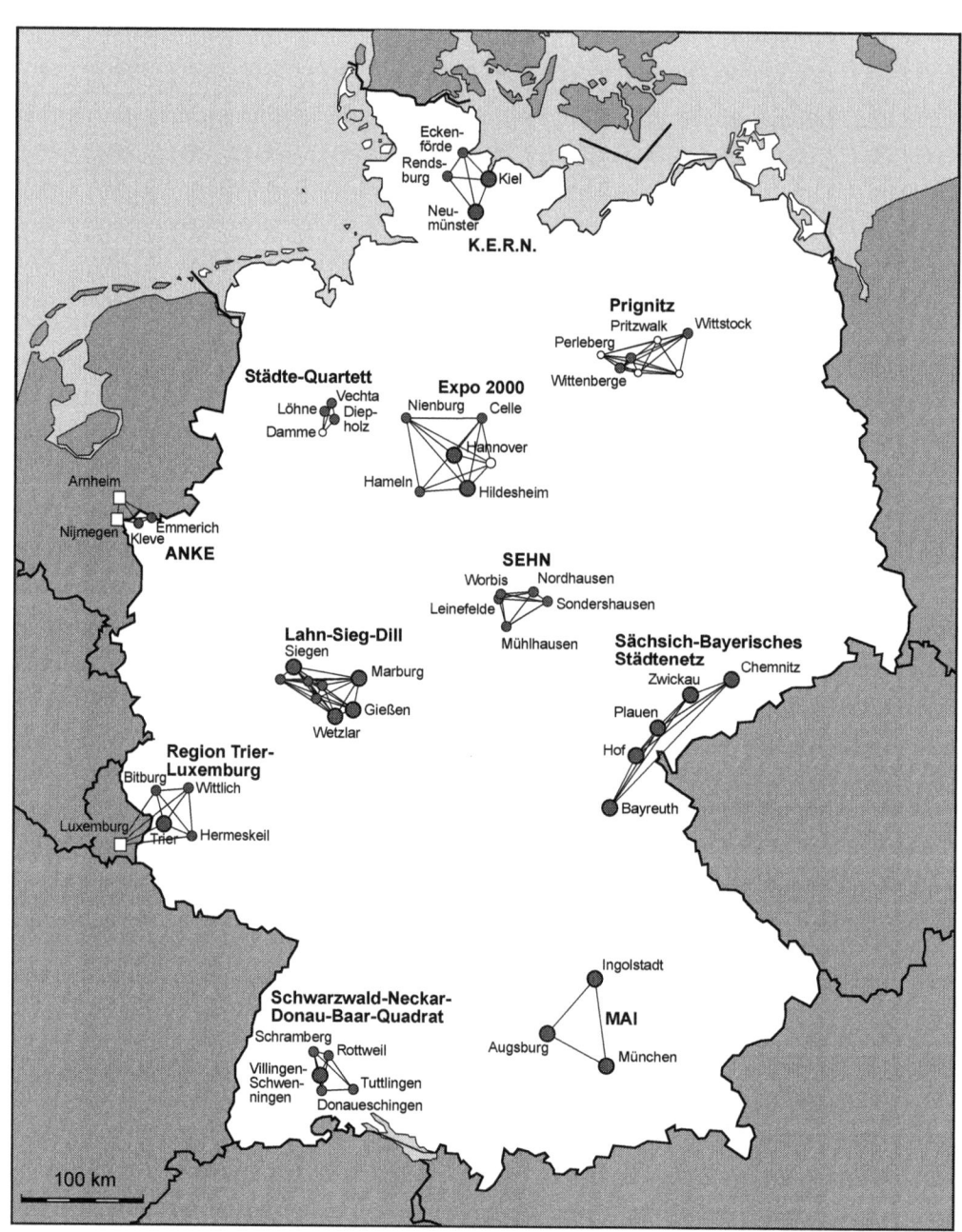

Städtenetze
- Oberzentrum
- Mittelzentrum
- ○ Gemeinde ohne höhere Funktion
- □ Kooperationspartner im benachbarten Ausland

Quelle: BMBAU 1996a, 19

1. Städtenetz Schwarzwald-Neckar-Donau-Baar-Quadrat
2. Sächsisch-Bayerisches Städtenetz
3. Städtenetz MAI (München – Augsburg – Ingolstadt)
4. Städtenetz Prignitz
5. Städtenetz Lahn-Sieg-Dill
6. Städte-Quartett Damme, Diepholz, Lohne, Vechta
7. Städtenetz EXPO 2000
8. Städtenetz ANKE (Arnheim, Nijmegen, Kleve, Emmerich)
9. Städtenetz Trier-Luxemburg
10. Städtenetz K.E.R.N. (Kiel, Eckernförde, Rendsburg, Neumünster)
11. Städtenetz SEHN (Südharz-Eichsfeld-Hainich-Netz)

Die Übersicht zeigt, dass im Vergleich zum Orientierungsrahmen kleinräumigere, intraregionale Vernetzungen angestrebt werden. Die Projekte zeigen allerdings sehr große Unterschiede in bezug auf Anzahl und Größe der kooperierenden Städte und ihre Rahmenbedingungen. Es wurden sowohl staatsgrenzen- und bundesländergrenzenüberschreitende Netze (z. B. ANKE und Lahn-Sieg-Dill) als auch Netze in ländlichen Räumen (z. B. Prignitz) und Netze mit unterschiedlich großen Städten ausgewählt (z. B. MAI).

Anhand dieser 11 Modellprojekte sollte in der Laufzeit von Herbst 1994 bis Herbst 1997 untersucht werden, ob sich das Konzept Städtenetz eignet, die Raumordnung um ein aktiv-dynamisches Instrument zu ergänzen (vgl. MELZER 1994, 3).

Das Thema Städtenetze im Raumordnungspolitischen Handlungsrahmen

Parallel zur Etablierung des ExWoSt-Forschungsfeldes wurde der Raumordnungspolitische Handlungsrahmen (HARA) aufgestellt und im März 1995 beschlossen. Dies wird als weiterer wichtiger Schritt zur Umsetzung des Orientierungsrahmens gesehen. Während der Orientierungsrahmen vornehmlich zur Positionsbestimmung diente, handelte es sich beim Handlungsrahmen um ein mittelfristiges Arbeits- und Aktionsprogramm für die Raumordnung von Bund und Ländern.

Wie bereits im Orientierungsrahmen ausgeführt, so wird auch im Handlungsrahmen den Städtenetzen ein wichtiger Beitrag „zur Sicherung der Konkurrenzfähigkeit des Standorts Deutschland und seiner Regionen sowie zur Stärkung der dezentralen Raum- und Siedlungsstruktur" eingeräumt (BMBAU 1995, 13).

Im Gegensatz zu den großräumigen Vernetzungen, die im Orientierungsrahmen beispielhaft aufgeführt werden, basiert der Handlungsrahmen bereits auf den ersten Erkenntnissen des ExWoSt-Forschungsfeldes. Die Ministerkonferenz für Raumordnung (MKRO) beurteilt das Vorgehen, Städtenetze durch Modellvorhaben des Experimentellen Wohnungs- und Städtebaus zu erproben, als „einen wichtigen Schritt zu einer handlungsorientierten, praxisnahen Umsetzung" (BMBAU 1995, 13). Es wird jedoch ganz deutlich herausgestellt, dass es sich um keine neue Planungsebene handelt, sondern um ein dynamisches Instrument, das auf der Grundlage des Zentrale-Orte-Systems aufbaut. Zudem wird darauf hingewiesen, dass zunächst zu prüfen sei, ob eine „rahmenrechtliche Institutionalisierung bestimmter bislang informeller Instrumente der Raumordnung (z. B. Städtenetze, Raumordnungskonferenzen, Teilraumgutachten, regionale Entwicklungskonzepte, Regionalmanagement) zu einer verbesserten Entwicklung des Raumes durch Stärkung der Raumordnung führen [kann] oder [ob] sie sich aufgrund einer Einschränkung der sie charakterisierenden Flexibilität gegebenenfalls kontraproduktiv auswirken" [würde] (BMBAU 1995, 43).

Als Beispiele werden die oben genannten elf Projekte des Experimentellen Wohnungs- und Städtebaus aufgeführt (vgl. Abb. 1) und deren Ziele kurz vorgestellt. Es wird jedoch auch darauf hingewiesen, dass es sich um keine abgeschlossene Liste handelt, vielmehr sei eine Erweiterung und Ergänzung um weitere Modellregionen beabsichtigt. Die Möglichkeit einer nachträglichen Aufnahme in das Forschungsfeld verdeutlicht die Region und Arbeitsgemeinschaft HOLM, die erst Ende 1996 als „Hanse-Teilnetz" hinzukam (vgl. MELZER 1997b, 495).

Im Handlungsrahmen wird deutlich herausgestellt, dass sich das Instrument der Städtevernetzung in der Entwicklung befindet. Städtische und regionale Vernetzungen werden angestrebt, da durch verbesserte und intensivere interkommunale Abstimmung regionale Entwicklungsprozesse angeregt bzw. unterstützt werden sollen. Es werden aber keine Aussagen über Voraussetzungen, Motive oder Verfahren gemacht. Stattdessen werden Leitfragen und Prüfbereiche aufgeführt, die aus Sicht der MKRO zu untersuchen sind. Dazu gehören, neben der Frage nach sinnvollen Kooperationsstrukturen, auch rechtliche und finanzielle Aspekte, die mit Hilfe der Erfahrungen aus dem ExWoSt-Forschungsfeld überprüft werden sollen.

Die Aufnahme des Schwerpunktes Städtenetze in den Raumordnungspolitischen Handlungsrahmen belegt das Bestreben um eine stärkere Handlungsorientierung der Raumordnung. GATZWEILER und RUNKEL (1997, 146) weisen in diesem Zusammenhang darauf hin, dass die Wurzeln für das neue Planungsverständnis im Scheitern der „integrierten Planung auf Bundesebene in den 70er Jahren und den begrenzten Erfolgen des Bemühens, durch die Fachplanungen hindurch raumordnungspolitische Leitvorstellungen umzusetzen, in den 80er Jahren" zu suchen seien. Deswegen stünden laut GATZWEILER und RUNKEL Prozess- und Umsetzungsorientierung von Planung im Vordergrund, wodurch neue Anstöße gegeben würden.

Neufassung des Raumordnungsgesetzes

Ein weiterer wichtiger Schritt zur Etablierung von Städtenetzen ist in der Novellierung des Raumordnungsgesetzes (ROG) zu sehen. Im Zuge der Änderung des Baugesetzbuches und der Neuregelung des Rechts der Raumordnung wurden Städtenetze in den Gesetzestext des Raumordnungsgesetzes aufgenommen (das Gesetz trat am 1.1.1998 in Kraft). Diese rasche gesetzgeberische Fixierung ist insofern bemerkenswert, da die Modellvorhaben während der Erarbeitung des ROG noch nicht abgeschlossen waren. Im Handlungsrahmen wurde darauf hingewiesen, dass mittelfristig die Frage geklärt werden müsse, „ob die Kooperationsform der Städtenetze als raumordnerisches Instrument im ROG und den Landesplanungsgesetzen verankert werden soll" (BMBAU 1995, 14). Doch vor einem endgültigen Urteil über die Leistungsfähigkeit wurde das Instrument in einer gesetzlichen Soll-Bestimmung aufgenommen. In § 13 (ROG) wird ausgeführt: „Die Träger der Landes- und Regionalplanung wirken auf die Verwirklichung der Raumordnungspläne hin... Die Zusammenarbeit von Gemeinden zur Stärkung kleinräumiger Entwicklungen (Städtenetze) ist zu unterstützen". Somit wurde das Instrument zwar in das neue Raumordnungsgesetz aufgenommen, allerdings zählen Städtenetze nicht zu den im ersten Abschnitt des ROG formulierten allgemeinen Leitvorstellungen und Vorschriften, die bundesweit gelten. Städtenetze werden im zweiten Abschnitt des Raumordnungsgesetzes erwähnt, in dem rahmenrechtliche Vorschriften für die Raumordnung in den Ländern gemacht werden. Es handelt sich demnach bei diesem Abschnitt lediglich um ein „Richtliniengesetz", aus dem keine unmittelbar geltende Regelung resultiert (vgl. BIELENBERG/RUNKEL/ERBGUTH J 630, 14 ff.). Die Landesgesetzgeber werden aber dadurch aufgefordert, jeweils für das eigene Gebiet entsprechende Rechtsgrundlagen zu schaffen.

Im Raumordnungsgesetz werden demnach keine Aussagen getroffen, wie das Instrument eingesetzt werden kann bzw. welche Unterstützung erforderlich ist. Dennoch belegt das neu gefasste Gesetz eine Stärkung der Region als räumliche Handlungsebene. Die Aufnahme des Instruments Städtenetze in das ROG ist als wichtiger Impuls für die weitere Entwicklung zu werten. Ferner verdeutlicht die Formulierung des Gesetzestextes, dass mit Städtenetzen vornehmlich die intraregionale Entwicklung unterstützt werden soll.

Forum Städtenetze

Der nächste wichtige Impuls ging von der Ministerkonferenz für Raumordnung aus. Mit einer Entschließung vom 4. Juni 1998 reagierte die MKRO auf die im Herbst 1997 beendete Durchführungsphase des Forschungsfeldes Städtenetze. Da die bisher geförderten Modellprojekte ihre Zusammenarbeit fortsetzen wollten und die Bereitschaft und der Wunsch bestand, den „kontinuierlichen Erfahrungs- und Beratungsaustausch aufrechtzuerhalten", wurde die Bildung des „Forum Städtenetze" beschlossen (MKRO 1998). Demnach soll gemeinsam mit dem Bundesministerium für Raumordnung, Bauwesen und Städtebau eine entsprechende Plattform geschaffen und unterstützt werden, um weiterhin einen breiten Erfahrungsaustausch zu ermöglichen. Dieses Forum soll aber nicht nur für die bisher geförderten Kooperationen zugänglich sein, sondern für alle interessierten Städte und folglich auch für die nicht in das Forschungsfeld aufgenommenen Städtenetze. Somit soll eine Übertragung der Erfahrungen auf andere Kommunen möglich werden. Die erste große Veranstaltung des Forums soll im Herbst 1999 stattfinden.

Die Ministerkonferenz für Raumordnung will auf diese Weise die aufgebauten Kooperationsstrukturen auf Dauer erhalten und ihre Leistungsfähigkeit kontinuierlich steigern, denn die Städtenetze sollen im Forum Städtenetze „ihre Fähigkeit nachweisen, durch gemeinsame Projekte effektiv mit den regionalen Potentialen und Ressourcen umzugehen" (MKRO 1998).

Der Aufbau eines „Forum Städtenetze" belegt die stärker handlungsorientierte Ausrichtung der Raumordnung in Deutschland, da sich durch diese Plattform für die MKRO und das BMBau, die sich beide an der Organisation beteiligen wollen, die Möglichkeit eröffnet, den Einsatz neuer, flexibler Instrumente zu begleiten und zu unterstützen. Wie das Forum Städtenetze organisiert wird, ist der Entschließung der Ministerkonferenz für Raumordnung nicht zu entnehmen. Allerdings wird aus diesem Dokument deutlich, dass man sich sicher ist, dass Städtenetze „einen Weg" bilden, „um einerseits die allgemein hohe Leistungsfähigkeit der deutschen Standorte zu erhalten und auszubauen und gleichzeitig den Vorteil der dezentralen Raum- und Siedlungsstruktur im Interesse einer nachhaltigen Entwicklung zu sichern" (MKRO 1998).

4. Das Konzept der Städtenetze

Die im vorangegangenen Kapitel dargestellte Unterscheidung verschiedener Vernetzungen hat gezeigt, dass insbesondere die intraregionalen, strategischen Städtenetze im Mittelpunkt des raumordnungspolitischen Interesses stehen. Kommunen, die in dieser Form zusammenarbeiten, versuchen ohne die eigene Selbständigkeit aufzugeben, gemeinsame Vorteile zu erzielen, die sie als einzelne Kommune nicht erreichen könnten. Auf diese Weise soll eine Verbesserung der Standortqualität ermöglicht und/oder eine bessere Außendarstellung erreicht werden. Sind die Kommunen bereit, die Eigeninteressen zugunsten von Kollektivbelangen zurückzustellen, um so in der Summe eine Qualitätsverbesserung für den Gesamtraum und für die Teilräume zu erreichen, so wird auch von einem „kooperativen Gesamtstandort" gesprochen (BRAKE 1996b, 20).

4.1 Merkmale von Städtenetzen

Allgemein betrachtet bestehen Städtenetze aus drei Elementen:
1.) den Knoten (teilnehmende Städte),
2.) den Verbindungen (stattfindende Interaktionen) und
3.) den Maschen bzw. Zwischenräumen zwischen den Knoten.

In einem Städtenetz können sich sowohl Städte als auch Gemeinden beteiligen, da das zugrundeliegende Begriffsverständnis von „Städten" nicht von der Größe einer „Stadt", sondern von ihrer Funktion im politisch-administrativen System geprägt wird und nach ADAM (1994, 1) die gesamte kommunale Ebene einschließt.

In Zeitungsberichten und in Veröffentlichungen über Städtenetze wird in vielen Fällen der Begriff „Region" verwendet, um das Gebiet des Städtenetzes zu beschreiben. Dies ist insofern problematisch, da sich i.d.R. einzelne Kommunen zusammenschließen, die nicht unbedingt einen zusammenhängenden Raum bilden. Dennoch werden teilweise die administrativen Grenzen der Teilnehmer herangezogen, um ein konkretes Areal abzugrenzen und sich somit als Region darzustellen. Diese Abgrenzungen werden insbesondere aus Marketingüberlegungen vorgenommen. So wirbt beispielsweise auch das Städtenetz Lahn-Sieg-Dill unter dem Motto „8 Städte = 3 Länder = 1 Region. Eine Gleichung, die aufgeht!" (DIE WELT vom 29.8.97, WR 2).

Dieses Beispiel unterstreicht die zunehmende Schwierigkeit der Raumordnung, den Begriff „Region" einheitlich zu verwenden. Ein Netz aus Knoten mit Zwischenräumen, die nicht beteiligt sind, widerspricht dem allgemeinen Verständnis, dass die Region ein durch bestimmte Merkmale gekennzeichneter, zusammenhängender Teilraum mittlerer Größenordnung in einem Gesamtraum ist (vgl. SINZ 1994, 805). Es handelt sich bei Städtenetzen streng genommen nicht um eine regionale Zusammenarbeit, sondern um eine horizontale Vernetzung einzelner Kommunen. Wenn es gelingt, im Rahmen von Städtenetzen erfolgreich zu kooperieren, so profitiert die gesamte Region von der überörtlichen Zusammenarbeit. In diesem Fall werden die beteiligten Städte zu „Akteuren" regionaler Entwicklung. Dennoch handelt es sich bei Städtenetzen, ausgehend von der Grundidee, nicht um einen Ansatz, der mit möglichst allen „Akteuren" zur Förderung der regionalen Entwicklung beitragen soll. Es handelt sich vielmehr um den Versuch, durch eine erfolgreiche **Zusammenarbeit einzelner Städte**, die Entwicklung der Städte und somit zugleich der umliegenden Region voranzubringen. Trotzdem ist es bei Städtenetzen nicht ausgeschlossen, nicht teilnehmende Kommunen zeitweise in eine gemeinsame Zusammenarbeit einzubinden. Es liegt im Ermessen der Mitwirkenden aus den teilnehmenden Kommunen, andere gesellschaftliche Akteure zu integrieren.

Der bereits verwendete Begriff der „horizontalen Vernetzung" kennzeichnet ein weiteres, ganz wesentliches Merkmal von Städtenetzen: Die in einem Städtenetz kooperierenden Städte sind unabhängig von ihrer Größe **gleichberechtigte Partner**, die ihre volle Selbständigkeit bewahren (vgl. MELZER 1997b, 499). Die Gleichberechtigung ist eine zwingende Voraussetzung, da es sich bei Städtenetzen um eine **freiwillige Zusammenarbeit** handelt. Wenn keine Gleichberechtigung der teilnehmenden Städte besteht, so hat das zur Folge, dass bestimmte Städte geringere Mitsprachemöglichkeiten erhalten als andere Städte. Dies kann nach absehbarer

Zeit dazu führen, dass Städte von ihrem Recht Gebrauch machen, aus dem Netzwerk auszutreten, da ihre Interessen nicht entsprechend berücksichtigt werden.

Aus diesem Grund müssen Entscheidungen in Städtenetzen nach dem **Konsensprinzip** getroffen werden. Würde ein Mehrheitsprinzip gelten, so bestünde die Gefahr, dass Projekte, die nicht im eigenen Interesse liegen, durchgeführt würden, wenn die Stadt bei der Abstimmung mit der nötigen Mehrheit überstimmt würde. Eine langfristige Kooperation ist nur auf freiwilliger Basis, mit gleichen Rechten für alle Beteiligten, möglich (vgl. BRAKE/MÜLLER/KNIELING 1996, 37).

Diese Überlegung steht im Widerspruch zu dem Prinzip der normativen Städtenetze, bei denen versucht wird, durch Vorgaben der Landesplanungsbehörde die Zusammenarbeit anzuregen. In Sachsen wurden im Landesentwicklungsplan Städteverbünde ausgewiesen (vgl. Kap. 3.1). Ihre Ausweisung rief jedoch am Anfang Skepsis und Ablehnung bei den beteiligten Kommunen hervor. MÜLLER/ BEYER (1996) weisen darauf hin, dass die interkommunalen Kooperationen in Sachsen eher aus Zwängen entstehen und nicht aus der Einsicht heraus, gemeinsam mehr erreichen zu können. Die Städteverbünde werden ähnlich dem ExWoSt-Forschungsprogramm moderierend begleitet, aber es ist noch zu früh zu beurteilen, ob sich aus den Konstrukten gut funktionierende Netzwerke entwickeln werden.

Das Prinzip der „Freiwilligkeit" ist somit ein Beispiel dafür, dass bedeutende Merkmale von Städtenetzen sehr unterschiedlich beurteilt werden können. Dies ist insofern nicht verwunderlich, da es sich bei Städtenetzen um ein neues Instrument der Raumordnung handelt (vgl. Kap. 3.2).

So wird auch die **Gleichheit der Teilnehmer** unterschiedlich beurteilt. Unter weitgehend gleichen Akteuren werden Städte mit ähnlichen Einwohnerzahlen verstanden, die deswegen auch in ihrer Verwaltungskraft vergleichbar sind (vgl. BRAKE/MÜLLER/KNIELING 1996, 19). Zudem sollten auch keine großen Unterschiede im Wirtschaftsbesatz und der Bildungs- und Sozialstruktur bestehen. Das würde aber bedeuten, dass sich Kernstädte und ihre Umlandkommunen nicht für die Bildung von Städtenetzen eignen, da neben den unterschiedlichen Zielen und Handlungsfeldern u.U. auch eine konfliktreiche Geschichte erschwerend hinzu kommen kann. Selbst ohne derartige Probleme ist eine Zusammenarbeit von Kommunen unterschiedlicher Größe in einer gleichartigen räumlichen Lage problematisch, da die Städte über unterschiedliche Personalkapazitäten verfügen. So wird die zusätzliche Arbeit, die zu Beginn einer Vernetzung durch den Dialog entsteht, insbesondere für die kleinen Kommunen schwer zu bewältigen sein.

Auch wenn diese Einwände berechtigt sind, so ist die Gleichheit der Teilnehmer sicherlich keine notwendige Bedingung für die Städtevernetzung. Im Raumordnungspolitischen Orientierungsrahmen wird sogar gefordert, dass sich Städtenetze „mit besonderem Entlastungsbedarf" bilden. Dass tatsächlich eine Zusammenarbeit von Städten unterschiedlicher Größenordnung möglich ist, verdeutlichen die

Städtenetze, die sich im Rahmen des ExWoSt-Forschungsfeldes gebildet haben, wie z. B. das Städtenetz MAI (München-Augsburg-Ingolstadt) oder auch das Lahn-Sieg-Dill-Städtenetz. Die Gleichheit der Teilnehmer ist demnach nicht ein notwendiges Merkmal der Städtevernetzung, sondern lediglich eine Erleichterung für die Zusammenarbeit (vgl. Kap. 4.2).

Die Notwendigkeit, ein **gemeinsames Ziel** zu haben, gehört hingegen zu den unumstrittenen Merkmalen. Eine Zusammenarbeit funktioniert nur sinnvoll, wenn Geschäftsziele angestrebt werden, die für alle beteiligten Städte von Interesse sind, zu denen alle Städte Leistungen beitragen und von denen alle Nutzen erwarten (vgl. MELZER 1997b, 499). Es muss das Bewusstsein vorhanden sein, dass durch die Zusammenführung der Potentiale, die Aufgaben besser zu erfüllen sind. Trotz dieser Interessenidentität wird die Selbständigkeit der Kommunen nicht berührt. Städtenetze zeichnen sich durch eine Gleichzeitigkeit von Konkurrenz und Kooperation aus. Wenn die Städte die gemeinsamen Ziele und Themenbereiche festlegen, so ist es nach wie vor möglich, in anderen Bereichen miteinander zu konkurrieren.

Ein weiteres wesentliches Merkmal von Städtenetzen ist in der **Mehrdimensionalität** zu sehen. In Städtenetzen wird nicht nur in einem Themenbereich zusammengearbeitet. Dies ist der große Unterschied zu den Zweckverbänden, der wohl häufigsten Form der interkommunalen Zusammenarbeit. Zweckverbände werden gebildet, um Aufgaben, die Kommunen wahrnehmen können oder müssen, gemeinsam zu erfüllen. Dabei können sich sowohl Gemeinden als auch Gemeindeverbände zusammenschließen, um eine Aufgabe gemeinsam wahrzunehmen (vgl. KRIEGER 1994, 13 ff.). Diese klassischen eindimensionalen Zweckverbände sind jedoch nicht als Städtenetze zu bezeichnen.

Um effektiv zu mehreren Themenbereichen zusammenzuarbeiten, bedarf es in einem Städtenetz einer **Organisation der Strukturen**. Das bedeutet jedoch nicht, dass durch die Bildung eines Städtenetzes eine neue Ebene geschaffen wird. Städtenetze entstehen nicht durch die Übertragung von Aufgaben auf eine neue Organisation (vgl. MELZER 1997b, 500). Die politischen Akteure der einzelnen Städte, die die Zusammenarbeit beschließen, behalten auch nach der Bildung des Städtenetzes ihre Befugnisse und Aufgaben. Es reicht jedoch nicht aus, dass sich nur die politischen Akteure (Bürgermeister, Stadtdirektoren etc.) zusammenfinden. Wenn auf verschiedenen Arbeitsfeldern konkrete Leistungszuwächse erzielt werden sollen, so müssen die Fachverwaltungen der Städte unmittelbar in die Arbeit eingebunden werden. Dazu muss zunächst festgelegt werden, bei welchen konkreten Aufgabenbereichen eine Zusammenarbeit beabsichtigt wird.

Häufig wird im Zusammenhang mit Städtenetzen auf das Merkmal der **Nachhaltigkeit** hingewiesen. Die Erwartungen, Städtenetze könnten zu einer nachhaltigen Regionalentwicklung beitragen, sind sehr hoch, da durch die Verminderung der kommunalen Konkurrenz dem Aufbau von Überkapazitäten vorgebeugt werden soll. Sowohl die Vermeidung von Überkapazitäten als auch die Gemeinschaftsnutzung bzw. höhere Auslastung von Einrichtungen soll eine unmittelbare Einsparung von Ressourcen ermöglichen. Somit begünstigen Städtenetze sicherlich eher eine nachhaltige Regionalentwicklung als isoliertes lokales Handeln. Städtenetze werden deswegen als wichtiger Bestandteil für eine nachhaltige Regionalentwicklung im Sinne des neu gefassten Raumordnungsgesetzes bewertet (vgl. ROG § 1 Abs. 2 Satz 1). Dennoch können Städtenetze nur zu einer nachhaltigen Entwicklung beitragen, wenn sich die Akteure, im Rahmen der bearbeiteten Themenschwerpunkte, für entsprechende Ziele einsetzen (MELZER 1997a, 2 f.). Nachhaltigkeit ist somit vielmehr ein Ziel als ein Merkmal, das nicht vorbestimmt ist, sondern vom Willen und Engagement der Beteiligten abhängt.

Neben den aufgeführten Merkmalen werden in der Literatur z. T. weitere Aspekte genannt, die Städtenetze charakterisieren sollen. Diese Merkmale wurden jedoch in der Regel im Zusammenhang mit den bereits genannten Aspekten erwähnt. So wird beispielsweise der Grundsatz, dass Vernetzungs-Aufwendungen bzw. -Effekte bei allen Kooperanden gleichermaßen anfallen müssen (vgl. BRAKE/MÜLLER/KNIELING 1996, 14), gewährleistet, wenn die Städte gleichberechtigte Partner sind. Andere Merkmale der Städtevernetzung sind nicht unbedingt als notwendige, sondern als förderliche Bedingungen zu sehen.

4.2 Förderliche Bedingungen für Städtenetze

Förderlich für die Entwicklung von Städtenetzen ist es, wenn sich die Akteure zu Beginn der Zusammenarbeit darauf einigen, sich zunächst mit relativ **konfliktfreien Themen** zu beschäftigen. Die Teilnehmer müssen sich an die Kooperation gewöhnen, lernen zu kooperieren, deswegen sollte bei den ersten Themen für alle Beteiligten der gleiche Nutzen möglich sein. Dafür kann sich beispielsweise die Erarbeitung von Marketingkonzepten (gemeinsame Außendarstellung, Konzept für Tourismus) für die Anfangszeit eines Städtenetzes eignen. Wenn die Teilnehmer aus der Zusammenarbeit bei relativ konfliktfreien Themen die Erfahrung machen, dass die Kooperation nützlich ist, vergrößert sich das Vertrauen und zugleich die Bereitschaft, auch konfliktreichere Themen zu bearbeiten (vgl. BRAKE/ MÜLLER/KNIELING 1996, 38). Kooperation ist als eine Art Lernprozess zu verstehen. MELZER und WITTEKIND (1999, 86) weisen darauf hin, dass es mehrere Stufen der Zusammenarbeit gibt, die nacheinander durchlaufen werden müssen, bis die tatsächliche Stufe der Kooperation erreicht werden kann (vgl. Abb. 2).

Neben der Auswahl möglichst konfliktarmer Themen sollte darauf geachtet werden, dass die Wahrscheinlichkeit besteht, nach kurzer Zeit **Erfolge** erzielen zu können (vgl. HATZFELD/KAHNERT 1993, 260). Wenn dies gelingt, so wird die Akzeptanz für die Kooperation steigen. Erfolge schaffen Anreize, um langfristig zu kooperieren. Eine **langfristige Zusammenarbeit** ist wiederum nötig, um auch umstrittene Themen bearbeiten zu können.

Abb. 2: Stufen der Zusammenarbeit

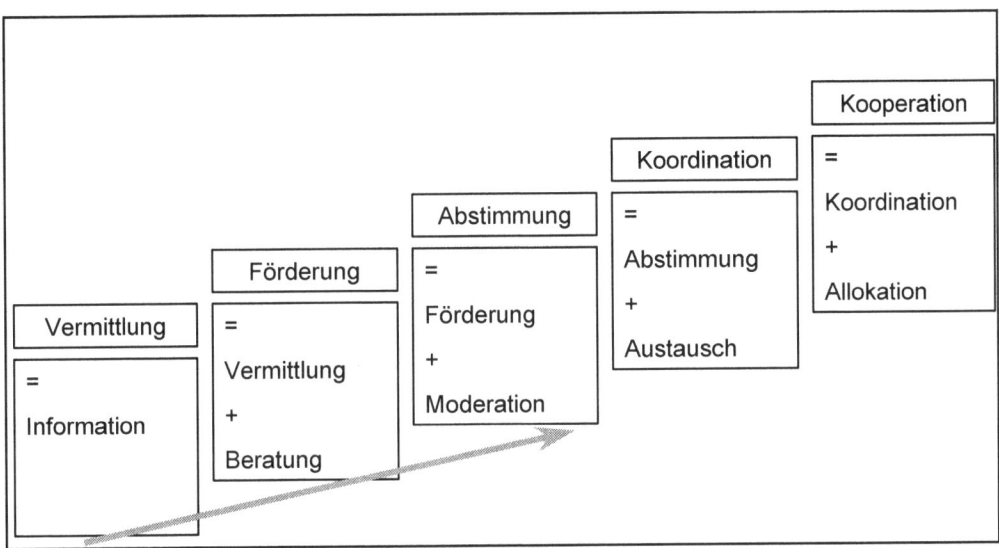

Quelle: MELZER/WITTEKIND 1999, 77

Obwohl es bei vielen Themen sinnvoll ist, lange Zeit zusammenzuarbeiten, ist eine langfristige Kooperation keine notwendige Voraussetzung für Städtenetze. Städtenetze sollen gerade ein flexibles Instrument darstellen, weshalb auch eine temporäre Zusammenarbeit denkbar ist. Finden Kooperationen aber nur in einem kurzem Zeitraum statt, so werden nur Themen bearbeitet, bei denen jeder Teilnehmer in gleicher Weise und zur gleichen Zeit einen Vorteil erzielen kann. Somit müssen Themen gefunden werden, die keinem Teilnehmer schaden und die für alle einen relativ gleichmäßigen Gewinn versprechen. In solchen Fällen könnte die gemeinsame Errichtung und Unterhaltung der Infrastruktur (Verkehrs-, Ver- und Entsorgungseinrichtungen) oder die gemeinsame Außendarstellung (Standortmarketing) angestrebt werden (vgl. BRAKE/MÜLLER/KNIELING 1996, 34).

Wenn jedoch der Wille und insbesondere auch das **Vertrauen** für eine langfristige Kooperation vorhanden ist, so sind theoretisch auch Projekte denkbar, bei denen nur einige der Teilnehmer einen unmittelbarem Nutzen erzielen. Die anderen Teilnehmer müssten ihren relativen Nachteil akzeptieren und darauf vertrauen, dass sie in der Zukunft in einem anderen Bereich Nutznießer sein können, bei dem die bisher begünstigten Teilnehmer relativ benachteiligt würden. Wenn diese Form der Zusammenarbeit in einem Städtenetz möglich ist, so kann eine größere Vielfalt von Kooperationsthemen bearbeitet werden. BRAKE, MÜLLER und KNIELING (1996, 35) bezeichnen diese Form der Zusammenarbeit als „reifere Städtenetze", da zusätzliche Vernetzungspotentiale geschaffen werden. Die Anforderungen an diese Vernetzungen sind jedoch wesentlich höher. Die Teilnehmer werden nur auf die beschriebene Weise handeln, wenn die Dauerhaftigkeit des Städtenetzes gewährleistet ist und wenn ein hohes Maß an Vertrauen vorhanden ist. Nur dann werden die Partner dauerhaft kooperationswillig sein und sich so verhalten, wie die anderen Städte zuvor. Dieses Vertrauen aufzubringen ist sehr schwer, da für die Teilnehmer, die schon zu Beginn der Zusammenarbeit profitiert haben, ein Anreiz besteht, aus der Kooperation auszutreten bzw. sich nicht an Absprachen zu halten, da in der Folgezeit keine weiteren Gewinne zu erwarten sind. Es liegt daher ein begründetes Misstrauen vor, das die Zusammenarbeit erschwert. Deshalb ist es wichtig, organisatorische Strukturen zu entwickeln (vgl. Kap. 4.4), um das Vertrauen in eine langfristige Kooperation zu stärken.

Diese Überlegung zeigt, wie anfällig Netze gegenüber „Vertrauensstörungen" sind (RITTER 1995, 400). Die Funktionsfähigkeit von Städtenetzen hängt von der Qualität und Quantität direkter personaler Interaktions- und Lernprozesse ab. Die Leistungsfähigkeit von Städtenetzen ist somit stark personenabhängig. Nur wenn die politischen Akteure, die für die regionale Entwicklung verantwortlich sind, von der Notwendigkeit überzeugt sind und nicht einen Verlust ihrer politischen Kompetenzen befürchten, kann ein gemeinsamer Erfolg erzielt werden. Neben den politischen Akteuren müssen auch die in der Verwaltung tätigen Akteure die Zusammenarbeit unterstützen. Ferner ist das Bewusstsein der Bevölkerung für den Erfolg der Kooperation entscheidend. „Solange sich ein Regionalbewußtsein der Bürger nicht ausprägt und lokalpolitisch wirksam ist, wird ein Bürgermeister von seinen Wählern nicht dafür belohnt, dass er durch eine kluge Politik der Kooperation im Netzwerk dafür gesorgt hat, dass in der Nachbarstadt das geboten wird, was die Bürger in ausgeprägtem Anspruchsdenken auch vor Ort finden möchten" (RAUTENSTRAUCH 1993, 42). **Regionalbewußtsein** wird demnach nicht nur als Zugehörigkeit zu einer Region verstanden. Regionalbewußtsein ist vielmehr „das auf der alltagsweltlichen Ebene angesiedelte Vorstellungsbild von einem Raum, das den alltagsweltlichen Erfahrungen in diesem Raum erwächst: kognitiv, d.h. wahrnehmend, affektiv, d.h. in affektiver Verbundenheit und konativ, d.h. mit Bereitschaft zur Mitwirkung in und für die Region" (WOLF 1996, 54 f.). Nur wenn tatsächlich ein Bewusstsein für die Entwicklung der Region vorhanden ist, kann nachvollzogen werden, dass eine Ansiedlung von Arbeitsplätzen aufgrund der besseren Verkehrserschließung in einer Nachbargemeinde evtl. sinnvoller ist. Somit ist das Vorhandensein von Regionalbewußtsein und der damit zusammenhängenden Bereitschaft, sich für die Entwicklung der Region einzusetzen, eine ganz wesentliche Voraussetzung für eine effektive Zusammenarbeit. Am erfolgreichsten wird ein Städtenetz sein, wenn dieses Bewusstsein auf allen Ebenen, d. h. bei den politischen Akteuren, in der Verwaltung und auch in der Bevölkerung, vorhanden ist.

Bisher sind Kooperationen in der Praxis jedoch eher aufgrund von Zwangssituationen entstanden und nicht aufgrund der Überzeugung, dass eine Zusammenarbeit sinnvoll ist (vgl. HATZFELD/KAHNERT 1993, 257). So hat beispielsweise die Knappheit von baulich nutzbaren Flächen oder die Bedrohung durch eine „ungeliebte" Infrastruktureinrichtung zur Bildung von interkommunalen Kooperationen geführt. HATZFELD und KAHNERT (1993, 258) stellen fest, dass die Kooperationen, die aufgrund einer Zwangssituation entstehen, sich relativ langsam entwickeln. Ein Grund hierfür ist in der fehlenden Kooperationserfahrung zu sehen. In vielen Fällen gibt es keinen Kontakt zu den Verantwortlichen bzw. den Akteuren der benachbarten Städte, insbesondere auf der Arbeitsebene ist der Bekanntheitsgrad untereinander recht gering (MELZER 1997b, 502). Aus diesem Grund ist es für den Erfolg von Städtenetzen förderlich, wenn es einen **„Spielmacher"** bzw. **„Promotor"** gibt, der die Zusammenarbeit anregt und, in der Funktion eines Stabilisators, unterstützt (RITTER 1995, 401; FÜRST 1997, 131). Im ExWoSt-Forschungsfeld wurde diese Aufgabe durch sogenannte neutrale „Projektforscher" übernommen (vgl. Kap.4.5). Das ist für die Aufbauphase sehr günstig, da anfangs evtl. lokale Egoismen zu überwinden sind.

4.3 Exkurs: Spieltheoretische Überlegungen

Dieser Exkurs soll verdeutlichen, dass es aufgrund der bestehenden Rahmenbedingungen verständliche Gründe und Anreize dafür gibt, dass Teilnehmer sich nicht kooperativ verhalten und nicht zusammenarbeiten. Um die Hemmnisse zu verdeutlichen, wird das in der Spieltheorie bekannte „Gefangenendilemma" (DIXIT/ NALEBUFF 1997, 15 ff.) auf die Situation der interkommunalen Kooperation übertragen.

Das Gefangenendilemma beschreibt eine Situation, in der das rationale Verhalten der Beteiligten dazu führt, dass ein Ergebnis erzielt wird, das für die Beteiligten nicht optimal ist. Der Name für diese Situation wurde gewählt, weil bei den ursprünglichen Überlegungen zwei Verbrecher betrachtet wurden, die eines Bankraubs verdächtigt werden. Sie werden festgenommen und getrennt voneinander verhört. Das Problem für die Verdächtigten resultiert daraus, dass die Haftstrafen nicht nur von der eigenen Aussage (Leugnen oder Gestehen), sondern auch von der Aussage des Komplizen abhängt.

Übertragen auf eine Wettbewerbssituation zwischen Kommunen lässt sich das Problem folgendermaßen darstellen:

Zwei Kommunen überlegen, ein neues Gewerbegebiet auszuweisen und zu erschließen (das Ergebnis ist unabhängig von der Anzahl der Kommunen - die Betrachtung von zwei Kommunen dient lediglich der Vereinfachung). Entweder planen die beiden Kommunen jeweils unabhängig von den Überlegungen der anderen Kommune, oder es findet eine Kooperation statt. Die bisherigen Überlegungen haben gezeigt, dass eine Zusammenarbeit von Kommunen zu sinnvolleren Ergebnissen führt. Nicht abgestimmte Planungen führen u. U. zu Fehlallokationen, da die eingesetzten Mittel nicht richtig ausgelastet werden (z.B. nicht ausgenutzte Flächen). Interkommunale Gewerbegebiete bieten Vorteile, wie beispielsweise einen geringeren Flächenverbrauch im Vergleich zur parallelen Ausweisung einzelgemeindlicher Gebiete. Zudem ist die Erschließung auch finanziell reizvoller (vgl. KRIEGER 1994, 10 f.). Trotz dieser Vorteile für interkommunale Gewerbegebiete, bestehen weiterhin Anreize, nicht miteinander zu kooperieren, sondern zu versuchen, Unternehmen für ein eigenes Gewerbegiet zu gewinnen, um die Steuereinnahmen nicht teilen zu müssen.

Zur Verdeutlichung des Modells werden folgende Annahmen getroffen: Um die Entscheidungssituation der Kommunen zu charakterisieren, reicht es bei der Betrachtung der Wettbewerbssituation aus, lediglich die möglichen Gewinne der isolierten und der kooperativen Vorgehensweise gegenüberzustellen. Eine Unterscheidung von Kosten bzw. Lasten (Plan-, Erschließungs-, Verwaltungskosten etc.) und Nutzen bzw. Einnahmen aus Grundstücksverkäufen und aus Grund- und Gewerbesteuer wird nicht vorgenommen, weil angenommen wird, dass aus der Verwirklichung des Gewerbegebietes Gewinne resultieren.

Angenommen, die zwei Kommunen des Modells erzielen jeweils einen Gewinn in Höhe von 2 Mio. DM bei der Entwicklung eines gemeinsamen Gewerbegebietes (vgl. Abb. 3 – Situation *II*), so ist es realistisch, dass der Gewinn bei einer isolierten Vorgehensweise geringer ausfällt. Deswegen kann im Modell angenommen werden, dass die Kommunen jeweils nur einen Gewinn von jeweils 1,5 Mio. DM erzielen, wenn beide ihr eigenes Gewerbegebiet planen (vgl. Abb. 3 – Situation *I*). Der geringere Gewinn ist damit zu erklären, dass es für die Kommunen schwieriger ist, eine vollständige Auslastung der Gebiete zu erzielen. Aber selbst bei vollständiger Ausnutzung beider Gebiete, sind die Gewinne dennoch kleiner, da die Kosten höher sind als bei einem interkommunalen Gewerbegebiet. Synergieeffekte (z. B. geringere Erschließungs-, Planungs- oder auch Verwaltungskosten) können nicht erzielt werden. Die dritte bzw. vierte Möglichkeit dieses Wettbewerbs ist die Situation, in der die Kommunen davon ausgehen, dass es ihnen gelingt, die Mehrheit der interessierten Unternehmen für sich zu gewinnen (vgl. Abb. 3 – Situation *III* und *IV*). In diesem Fall erhofft sich die Kommune einen größeren Gewinn zu erzielen, als in der ersten Situation und als im Vergleich zur kooperativen Situation. Im „günstigsten" Fall gelingt es der Kommune, so viele Interessenten für sich zu gewinnen, so dass die andere Kommune ihre Planung aufgibt. Deswegen wird in dieser Situation angenommen, dass eine Kommune einen Gewinn von 3 Mio. DM erreicht, während die andere Kommune keinen Gewinn machen kann.

In Abbildung 3, in der die möglichen Ausgänge des Wettbewerbs zusammengestellt sind, weist der erste (obere) Betrag den Gewinn der Kommune A, der zweite (untere) Betrag den Gewinn der Kommune B aus. Entscheidend für dieses „Spiel" ist die wechselseitige Abhängigkeit voneinander. Die Gewinne hängen jeweils vom Verhalten der anderen Kommune ab.

Der Ausgang des „Spiels", das voraussichtliche Verhalten der Kommunen, kann ermittelt werden, indem die jeweilige Entscheidungssituation der Kommunen betrachtet wird. Aus der Sicht der Kommune A ergeben sich folgende Überlegungen: Die Kommune A weiß nicht, ob sich die andere Kommune tatsächlich für eine Zusammenarbeit entscheidet, oder ob sie versucht, alle Interessenten für das eigene

Projekt zu gewinnen. Somit muss sich die Kommune für beide Situationen die Strategie überlegen, die für sie selbst am besten ist (gewinnmaximierend). Wenn

Abb. 3: Spieltheoretische Entscheidungssituation im Wettbewerb zweier Kommunen

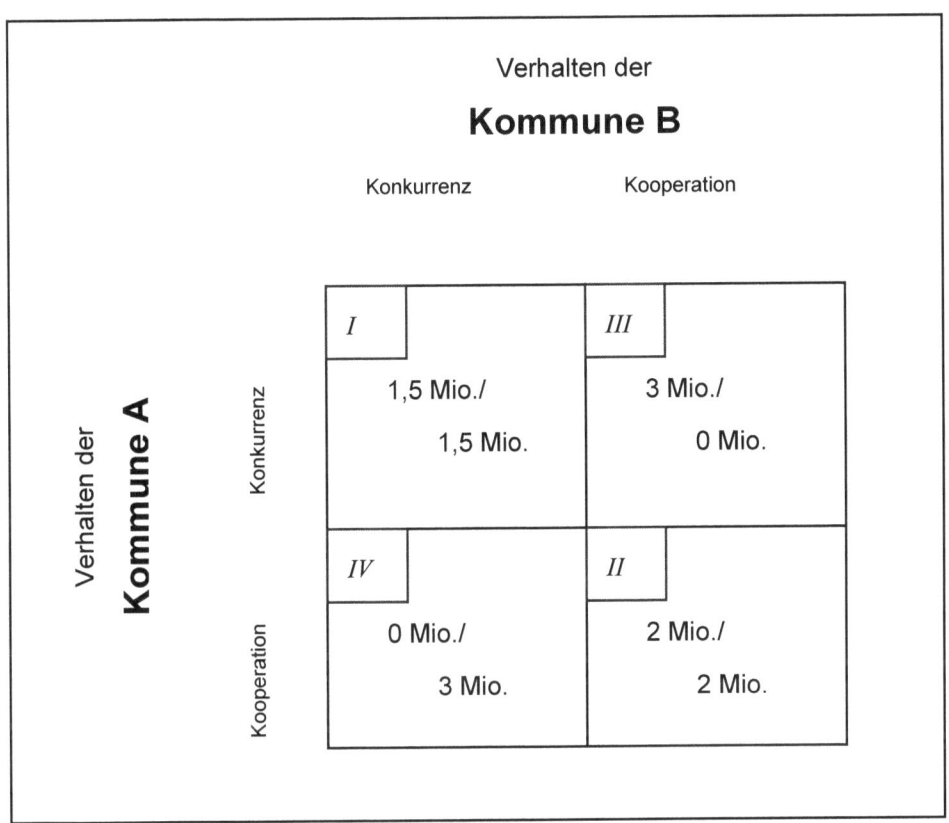

Quelle: Eigene Darstellung

die Kommune B sich für eine Zusammenarbeit entscheidet, so wird Kommune A einen Gewinn in Höhe von 2 Mio. DM erzielen, wenn sie sich ebenfalls für eine Zusammenarbeit entscheidet. Wenn sie jedoch statt dessen versucht, alle Unternehmen an sich zu binden, so macht sie einen Gewinn von 3 Mio. DM. Kommune A kann einen höheren Gewinn machen, wenn sie weiterhin um die Ansiedlung der Firmen konkurriert, sofern sich Kommune B für eine Zusammenarbeit entschließt und sich nicht aktiv am Wettbewerb um Interessenten beteiligt. Allerdings weiß Kommune A nicht, ob sich Kommune B für eine Kooperation entscheidet. So muss sie überlegen, welche Strategien gewinnmaximal sind, wenn Kommune B den Versuch unternimmt, die Unternehmen für sich zu gewinnen. Sobald Kommune A sich ebenfalls konkurrierend verhält, wird jeder einen Gewinn in Höhe von 1,5 Mio. DM machen. Beiden Kommunen wird es gelingen, einen Teil der Unternehmen im eigenen Gewerbegebiet anzusiedeln. Beteiligt sich jedoch Kommune A nicht am Wettbewerb, weil sie eine Zusammenarbeit bevorzugt, so wird sie annahmegemäß gar keinen Gewinn machen, wenn es der anderen Kommune gelingt, die Unternehmen für sich zu gewinnen.

Diese Überlegungen zeigen, dass es für Kommune A in jedem Fall besser ist, sich konkurrierend zu verhalten. Gleichgültig wie sich Kommune B verhält, Kommune A macht immer einen höheren Gewinn, wenn sie nicht kooperiert. Somit muss Kommune A nicht wissen, wie sich die andere Kommune verhalten wird, weil konkurrierendes Verhalten in jedem Fall besser ist. In der Spieltheorie wird dafür der Begriff der „dominanten Strategie" verwendet (DIXIT/NALEBUFF 1997, 84 f.). Unter einer dominanten Strategie ist eine Entscheidungsalternative zu verstehen, die unter allen Umständen zu einem besseren oder zumindest gleich guten Ergebnis führt als jede andere Strategie.

Sofern sich die Beteiligten rational verhalten, werden sich beide Kommunen für die dominante Strategie entscheiden, denn auch für Kommune B gilt, dass es für sie besser ist, zu konkurrieren als zu kooperieren. Der Gewinn ist immer höher, wenn versucht wird, die Unternehmen für das eigene Projekt zu gewinnen. Somit werden beide Kommunen um die Ansiedlung von Unternehmen konkurrieren, beide Kommunen werden ihre Gewerbegebiete erschließen und werden jeweils einen Gewinn von 1,5 Mio. DM erzielen. Im Falle der Kooperation könnten sie jeweils einen Gewinn von 2 Mio. DM erreichen. Das Rationalverhalten beider Kommunen führt somit zu einem Ergebnis, das für beide und auch insgesamt betrachtet nicht zufriedenstellend ist.

Erkenntnisgewinn für die Realität

Bei der Übertragung der im Modell gewonnenen Erkenntnisse ist zu beachten, dass Entscheidungen in der Realität von wesentlich mehr Faktoren beeinflusst werden. Die beiden Kommunen konkurrieren nicht nur miteinander, sondern gleichzeitig mit vielen anderen Kommunen. Zudem ist es aufgrund der Flächenknappheit nicht unbedingt realistisch, dass sich die Kommunen problemlos zwischen einem eigenen oder gemeinsamen Gewerbegebiet entscheiden können. Darüber hinaus ist es möglich, vertragliche Vereinbarungen zu treffen, wenn sich beide Kommunen für eine Zusammenarbeit entschließen. Abweichendes Verhalten könnte dann, je nach vertraglichen Vereinbarungen, bestraft werden, so dass kein Anreiz bestünde, nicht zu kooperieren. Dies ist beispielsweise der Fall, wenn die vereinbarte Strafe den Gewinn so schmälert, dass es sinnvoller ist zu kooperieren.

Trotz der vereinfachten Annahmen veranschaulicht dieses einfache Modell sehr deutlich, dass eine wesentliche Ursache der Konkurrenz der Kommunen aus dem deutschen Steuersystem resultiert. Dass Kommunen in der Realität um die Ansiedlung steuerträchtiger Unternehmen konkurrieren, um auf diese Weise möglichst hohe Einnahmen zu erzielen, ist immer wieder zu beobachten (vgl. FR vom 26.8.98). Dies ist insofern nachvollziehbar, da Kommunen einen Anteil der Einkommensteuer und der Gewerbesteuer erhalten. So stammten beispielsweise 1995 in den alten Bundesländern 35 % aller Einnahmen der Kommunen aus Steuereinnahmen (BERGMANN/ELTGES 1995, 534). Da der Zuwachs an Einkommensteuer, den die Kommunen durch einen neuen Bürger erhalten, im Vergleich zu den Kosten, die dieser Bürger in der Kommune verursacht, recht gering sind, ist die Gewerbesteuer das wesentliche Instrument, „mit dessen Hilfe die Kommune ihren Wohlstand mehren" kann (RAUTENSTRAUCH 1993, 43). Wie sich die seit dem 1. Januar 1998 abgeschaffte Gewerbekapitalsteuer in diesem Zusammenhang auswirkt, lässt sich nicht genau abschätzen.

Trotz dieser Einschränkungen sind die spieltheoretischen Überlegungen dennoch geeignet, um zu zeigen, dass konkurrierendes Verhalten nicht unbedingt auf fehlendes Wissen über gemeinschaftliche Vorteile oder auf Misstrauen aufgrund vorangegangener Unstimmigkeiten zurückzuführen ist, sondern aus rational erklärbaren Überlegungen resultiert. Die regionalen Akteure sind in erster Linie ihrer Kommune und ihren lokalen Parteigruppierungen verpflichtet. Gewählt werden sie von den Wählern der Kommune und nicht von regionalen Wählerschaften (vgl. FÜRST 1994, 188). Somit müssen sie, wenn sie rational handeln, sich in erster Linie für die Interessen und das Wohl ihrer eigenen Kommune einsetzen. So erklärt sich, dass kurzfristige Verteilungsinteressen die langfristigen Kooperationsbelange dominieren (vgl. FÜRST 1994, 188).

Die Übertragung des Gefangenendilemmas auf die Wettbewerbssituation zwischen Kommunen zeigt, dass für interkommunale Kooperationen zwei bedeutende Hemmnisse bestehen:

- aus dem bestehenden Steuersystem resultiert ein großer Anreiz zu konkurrieren,
- durch die Verpflichtung der politischen Akteure vor dem Wähler können die finanziellen Vorteile nicht übergangen werden.

Eine Änderung des Steuersystems bzw. ein regionaler Finanzausgleich könnte dazu beitragen, das Problem zu verringern.

4.4 Organisation von Städtenetzen

Städtenetze werden als flexibles Instrument angesehen, dennoch können Städtenetze, die auf Dauer angelegt sind, nicht ohne formale Elemente auskommen (vgl. RITTER 1995, 396). Während zu Beginn einer Zusammenarbeit regelmäßige Gesprächs- und Arbeitskreise zum Informations- und Meinungsaustausch ausreichen, müssen bei einer dauerhaften Kooperation vertraglich geregelte Organisationsformen festgelegt werden, um die Funktionsweise der Zusammenarbeit zu regeln. Wie bereits angesprochen, sind diese vertraglichen Regelungen eine wichtige Voraussetzung, um das Vertrauen zu stärken, so dass sich die Vertragspartner dauerhaft im Sinne der Kooperation verhalten werden.

Wenn sich die Akteure eines Städtenetzes zur Bildung einer vertraglich geregelten Organisationsform entschließen, müssen sie sich zwischen einer öffentlich-rechtlichen oder einer privatrechtlichen Form entscheiden.

Privatrechtliche Organisationsformen

Für Städtenetze eignet sich lediglich die **Organisationsform des eingetragenen Vereins**, da andere privatrechtliche organisatorische Vereinbarungen aufgrund ihrer Institutionalisierung zu unflexibel sind (vgl. SPANGENBERGER 1996, 316).

Von den Städtenetzen des ExWoSt-Forschungsfeldes haben sich lediglich die Städtenetze MAI und K.E.R.N. für die rechtliche Form eines Vereins entschieden.

Abb. 4: Organisation des Städtenetzes K.E.R.N. als Beispiel für die Organisationsform eines eingetragenen Vereins

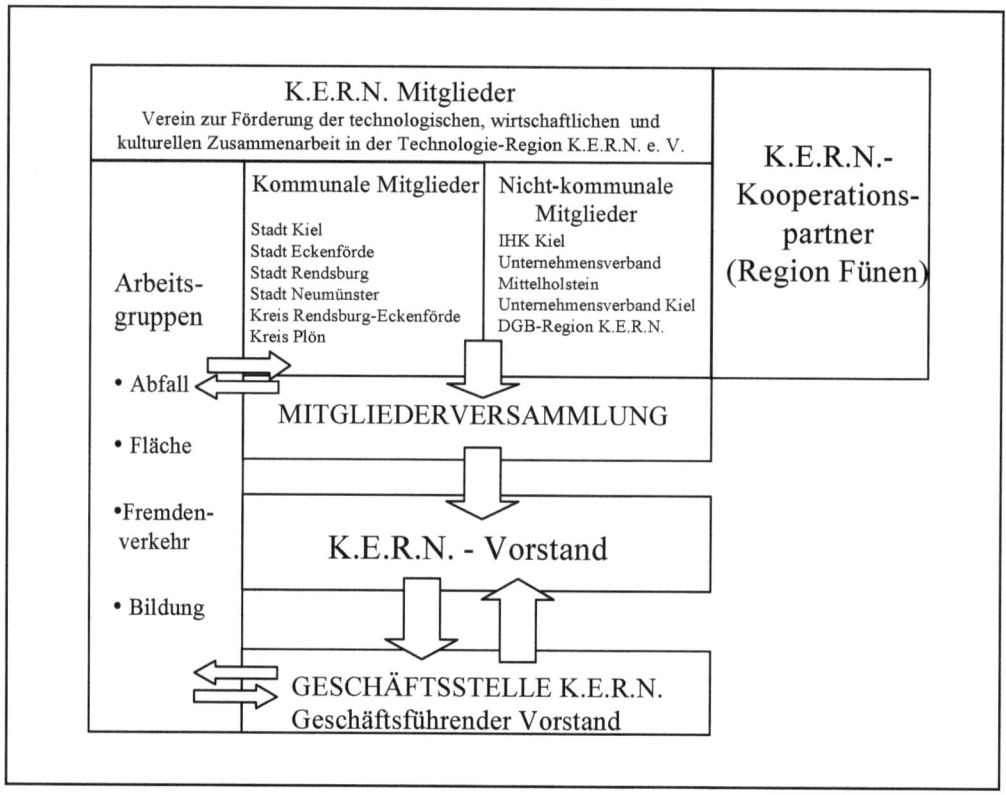

Quelle: MELZER 1997a, 8

Nach dem Bürgerlichen Gesetzbuch (BGB § 56) müssen sich mindestens sieben Mitglieder für die Eintragung in das Vereinsregister beim Amtsgericht als „eingetragener Verein" beteiligen. Nach dem Gesetz muss ein Verein einen Vorstand haben, der den Verein vertritt (BGB § 26). Gewählt wird der Vorstand von der Mitgliederversammlung. Somit wird bei einem Verein ein großer Teil der Organisation durch gesetzliche Bestimmungen vorgegeben. Das Städtenetz K.E.R.N. wurde beispielsweise mit 6 kommunalen und 4 nicht-kommunalen Mitgliedern gebildet. (vgl. Abb. 4). In den Vorstand wurde jeweils ein Vertreter für jedes Mitglied gewählt, so dass jedes Mitglied über eine Stimme verfügt. Zudem gehört dem Vorstand das geschäftsführende Vorstandsmitglied an, das die Geschäftsstelle von K.E.R.N. leitet. Finanziert wird der Verein aus Mitgliedsbeiträgen und Spenden.

Öffentlich-rechtliche Organisationsformen

Die meisten Städtenetze des ExWoSt-Forschungsfeldes entschieden sich für eine öffentlich-rechtliche Organisationsform. Aber auch bei den öffentlich-rechtlichen Organisationsformen sind nicht alle Möglichkeiten für die Organisation von Städtenetzen geeignet. Die wichtigste öffentlich-rechtliche Organisationsform für Städtenetze ist die kommunale Arbeitsgemeinschaft bzw. die öffentlich-rechtliche Vereinbarung (MELZER 1997a, 6 f.). Diese Formen der interkommunalen Zusammenarbeit werden jeweils durch Landesgesetze geregelt. Der Gründungsaufwand für eine **kommunale Arbeitsgemeinschaft** ist relativ gering, da keine neue Rechtspersönlichkeit geschaffen wird, und die Aufsichtsbehörde lediglich zu informieren ist. Aus diesem Grund wird bei dieser Organisationsform keine rechtsverbindliche Außenwirkung erzielt, die interkommunale Aufgabenerledigung erfolgt durch bestehende organisatorische Strukturen (vgl. KRIEGER 1994, 13). Die Aufgabe von Arbeitsgemeinschaften ist somit im koordinierenden Bereich zu sehen. Erarbeitete Projekte müssen von den Mitgliedern rechtsverbindlich umgesetzt werden, deswegen benötigen die Entscheidungsabläufe (im Vergleich zu den privatrechtlichen Form) mehr Zeit. Dadurch ist es beispielsweise nicht möglich, in diesem Rahmen eine gemeinsame Einrichtung zu verwalten. In einer kommunalen Arbeitsgemeinschaft ist lediglich die Projektvorbereitung durchführbar. Dennoch ist der Entschluss, sich solcher Organisationsformen zu bedienen, sehr wichtig, um allen beteiligten Akteuren zu vermitteln, dass ein Interesse für eine langfristige Zusammenarbeit besteht. Eine Beteiligung privater Akteure ist nicht möglich.

Im Gegensatz zu den eingetragenen Vereinen werden bei dieser Organisationsform durch die Gesetze keine Vorgaben über Organe und Organisationsweisen gemacht. Die Akteure müssen selbst entscheiden, wie sie sich innerhalb der Arbeitsgemeinschaft organisieren. Es hat sich aber aufgrund der Erfahrungen der Städtenetze des ExWoSt-Forschungsfeldes gezeigt, dass es sinnvoll ist, eine Geschäftsstelle einzurichten, um die Arbeit zu koordinieren (vgl. MELZER 1997a, 3). Ein beispielhaftes Organisationsschema wird an dieser Stelle nicht vorgestellt, da in Kapitel 5.5 die Organisation des Städtenetzes Lahn-Sieg-Dill ausführlich dargestellt wird, und dieses Städtenetz die Rechtsform einer kommunalen Arbeitsgemeinschaft gewählt hat.

4.5 Die Organisation des ExWoSt-Forschungsfeldes

Die Bildung des ExWoSt-Forschungsfeldes hat einen wesentlichen Impuls für die Entstehung von Städtenetzen in Deutschland gegeben. Es gab zwar Städtekooperationen, die bereits zusammengearbeitet haben, wie z. B. K.E.R.N. und MAI, aber durch die Möglichkeit, an diesem Forschungsfeld teilzunehmen, entstanden neue Städtenetze. Auch das Städtenetz Lahn-Sieg-Dill ist erst durch das ExWoSt-Forschungsfeld entstanden (vgl. Kap. 5).

Das Forschungsprogramm hat aber nicht nur auf die Entstehung Einfluss genommen, sondern auch auf die Arbeitsweise der Kooperationen. Den Städten wurden zwar vollkommene Freiheiten bezüglich der Organisationsform und der Themenfelder gelassen, aber durch die Organisation des Forschungsfeldes wurde ein Rahmen für die Arbeit in den einzelnen Städtenetze vorgegeben. Somit hat die Organisation des Forschungsfeldes die entstandenen Städtenetze mit geprägt.

Um von der Durchführung der Modellvorhaben übertragbare Ergebnisse zu erzielen, wurden die Städtenetze nicht nur in ihrer Arbeit angeregt, sondern auch begleitend beobachtet. Das BMBau beauftragte deshalb das Institut Raum & Energie mit der **Begleitforschung** (vgl. Abb. 5). Dieses Institut begleitete gemeinsam mit der BBR die Arbeit der Städtenetze und wertete die Ergebnisse aus.

Neben der Begleitforschung wurden sogenannte Projektforscher beauftragt, jeweils ein Städtenetz zu begleiten. Die **Projektforschung** hatte die Aufgabe, die kontinuierliche Rückkopplung der Städtenetz-Partner zu unterstützen, Hinweise über Probleme und mögliche Lösungswege zu liefern, Expertisen zu netzrelevanten Einzelfragen zu erstellen und Konfliktmoderation im Städtenetz zu leisten. Darüber hinaus ermöglichte die Projektforschung den Erfahrungsaustausch zu den anderen Modellvorhaben und gewährleistete den Ergebnistransfer zur Begleitforschung (vgl. MELZER 1994, 6).

Ablauf des Forschungsfeldes

Die Auswahl der Modellvorhaben wurde im Herbst 1994 abgeschlossen. Während der Durchführungsphase von Herbst 1994 bis Herbst 1997 wurden halbjährlich sogenannte **Projektwerkstätten** veranstaltet. An diesen eineinhalbtägigen Veranstaltungen, die jeweils in einem anderen Städtenetz stattfanden, nahmen Begleitforschung, BBR, Städtenetzrepräsentanten, die Vertreter der Projektforschung und auch Akteure aus Wissenschaft und Praxis teil, um sich an den Fachgesprächen und dem Erfahrungsaustausch zu beteiligen. In erster Linie dienten die Projektwerkstätten dem Erfahrungsaustausch zwischen den Modellvorhaben. Die Projekte der anderen Kooperationen boten somit zugleich eine Anregungen für das eigene Netze. Zudem ermöglichten sie der Begleitforschung, sich über den Arbeitsstand der einzelnen Modellvorhaben zu informieren und gegebenenfalls zu beraten.

Die Begleitforschung gewann aber nicht nur bei den Projektwerkstätten einen Einblick in die Arbeit der Städtenetze, sondern auch durch die halbjährigen **Zwischenberichte** und den **Endbericht** der Projektforschung. Mit Hilfe der Endberichte erarbeitet das Institut Raum&Energie einen Abschlußbericht für das gesamte Forschungsfeld. Dieser Abschlußbericht wurde im Sommer 1999 veröffentlicht.

Abb. 5: Organisation des ExWoSt-Forschungsfeldes Städtenetze

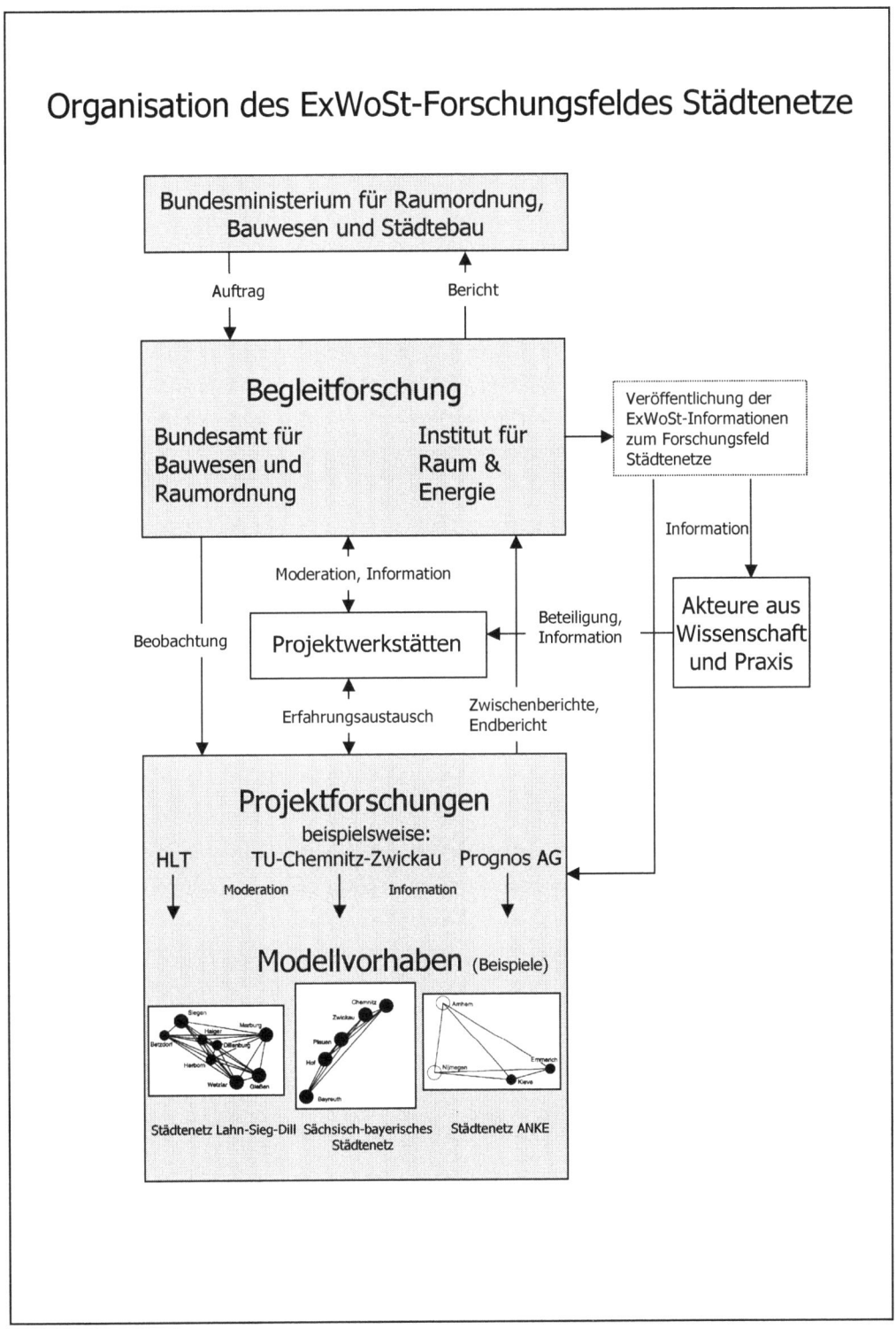

Quelle: FAHRENKRUG 1996, 49 – Graphik verändert; Städtenetzembleme aus Informationen zur Raumentwicklung 7/1997, 449, 457, 464

Um während der Durchführungsphase eine Informationsvermittlung über Zwischenergebnisse zu ermöglichen, wurden sogenannte **ExWoSt-Informationen** erstellt. Diese Informationsbroschüren sollten nicht nur einen Erfahrungsaustausch unter den Modellvorhaben ermöglichen, sondern auch zur Information der Fachöffentlichkeit beitragen.

Die Projektforschung ist somit ein ganz wesentliches, durch das Forschungsfeld vorgegebenes Element, das die Arbeit in den einzelnen Städtenetzen wesentlich beeinflusst hat. Die Projektforscher hatten einerseits die Aufgabe, die Begleitforschung über die Arbeit der Städtenetze zu informieren, andererseits sollten sie auch den Kooperationsprozess in den Netzen moderierend begleiten und mit Beratung und Information unterstützen. Darüber hinaus sollte über die Projektforschung der Erfahrungs- und Informationsaustausch mit anderen Städtenetzen ermöglicht werden. Kosten sind den Städten für die Projektforschung zwar nicht entstanden, weil sie vom BMBau finanziert wurde, aber zusätzliche, direkte finanzielle Unterstützung haben die Städte nicht erhalten.

5. Das Städtenetz Lahn-Sieg-Dill

Das Städtenetz Lahn-Sieg-Dill ist, gemessen an der Anzahl der teilnehmenden Städte, das größte Städtenetz, das im Rahmen des ExWoSt-Forschungsfeldes entstanden ist. In diesem Netz arbeiten 8 Städte unterschiedlicher Größenordnung zusammen. Darüber hinaus ist für das Städtenetz Lahn-Sieg-Dill die Beteiligung von Städten aus drei Bundesländern kennzeichnend. Das Städtenetz besteht, wie in Abbildung 6 dargestellt, aus den sechs hessischen Städten Dillenburg, Gießen, Haiger, Herborn, Marburg und Wetzlar. Aus Nordrhein-Westfalen ist die Stadt Siegen und aus Rheinland-Pfalz die Stadt Betzdorf beteiligt.

Im nachfolgenden Abschnitt werden die Städte bzw. die „Region" des Städtenetzes genauer vorgestellt. Grundsätzlich ist anzumerken, dass Begriffe wie „Städtenetzregion" oder „Region Lahn-Sieg-Dill" Beispiele dafür sind, dass der Begriff „Region" in den letzten Jahren immer häufiger verwendet wird. Es verdeutlicht, dass es immer schwieriger wird, eine allgemein akzeptierte Abgrenzung des Begriffs Region zu finden.

So handelt es sich bei der „Region Lahn-Sieg-Dill" weder um eine homogene Region, die aufgrund eines ausgewählten Attributs gebildet wurde, noch um eine Region, die aufgrund funktionaler Verflechtungen abgegrenzt wurde. Nach Aussagen der Gesprächspartner aus den zwei kleineren Städten Haiger und Dillenburg orientierte man sich zwar auch vor der Bildung des Städtenetzes sowohl nach Siegen als auch nach Gießen, aber insbesondere bei den großen, weit auseinander liegenden Städten gab es wenige Verflechtungen. Bei der „Region Lahn-Sieg-Dill" handelt es sich auch nicht um eine Planungsregion. Planungen für das gesamte Gebiet sind nicht möglich, da in dem Gebiet, das durch die Netzknoten vorgegeben wird, nicht alle Kommunen beteiligt sind.

Ferner handelt es sich bei der „Region Lahn-Sieg-Dill" nicht um eine „Wahrnehmungsregion", die WEICHHART (1996, 37) als „kognitiv-emotionale Repräsentation von Raumausschnitten auf der regionalen Maßstabsebene im Bewusstsein eines Individuums beziehungsweise im kollektiven Urteil von Gruppen" bezeichnet. Nach Ansicht einiger Gesprächspartner gibt es in der Bevölkerung zwar eine Vorstellung von einer „Lahn-Dill-Region", aber der Begriff „Region Lahn-Sieg-Dill" ist erst mit der Städtenetzbildung entstanden.

Streng genommen ist der Begriff „Region Lahn-Sieg-Dill" nur eine Beschreibung bzw. der Name für das Gebiet, das von den Netzknoten eingegrenzt wird.

Obwohl es sich bei dem Städtenetz nicht um eine flächendeckende Zusammenarbeit handelt, wird dennoch das Ziel angestrebt, die gesamte „Region" zu fördern. So heißt es z. B. in einem Bericht der Projektforschung: „Die acht Städte Gießen, Marburg, Wetzlar, Herborn, Dillenburg, Haiger, Betzdorf, Siegen sind deshalb übereingekommen, als kommunale Arbeitsgemeinschaft die freiwillige Zusammenarbeit zu entwickeln, um die regionale Wettbewerbsfähigkeit gegenüber den großen Ballungsräumen Rhein-Main und Rhein-Ruhr durch Profilierung der Region zu fördern" (KLIEMT 1995, 4). Die Städte werden als „Motoren der Region" angesehen, die mit ihrer Zusammenarbeit die Entwicklung des gesamten Gebietes unterstützen.

5.1 Das Gebiet des Städtenetzes Lahn-Sieg-Dill

Bereits der Name des Städtenetzes verdeutlicht, in welcher geographischen Lage sich die acht Städte befinden. Die Städte Marburg, Gießen und Wetzlar liegen im Lahntal. Die Entfernung zwischen Marburg und Gießen beträgt ungefähr 28 km und zwischen Gießen und Wetzlar liegen ca. 14 km. Rund 25 km nordwestlich von Wetzlar befindet sich im Dilltal die Stadt Herborn. Aufwärts der Dill in 9 km und in weiteren 4 km Entfernung folgen die Städte Dillenburg und Haiger. Auch die Städte Siegen und Betzdorf liegen in einem Flusstal (der Sieg), jedoch sind diese beiden Städte durch einen knapp 600m hohen Bergrücken von den übrigen Städten getrennt. Aufgrund der zahlreichen Flusstäler ist das Gebiet des Städtenetzes teilweise stark reliefiert. Für die meisten Städte resultiert daraus auch eine entscheidende Determinante der Siedlungsentwicklung.

Eine weitere prägende Eigenschaft aller Städte ist in der großräumigen Lage des Netzes zu sehen. Keine der Städte gehört zu den angrenzenden Ballungsräumen. Sowohl bei Betzdorf und Siegen ist die Entfernung zu dem im Nordwesten anschließenden Ballungsraum Rhein-Ruhr zu groß, wie auch Gießen und Wetzlar nicht zu dem im Süden anschließenden Verdichtungsraum Rhein-Main gehören.

Diese Lage zwischen den Ballungsräumen Rhein-Main und Rhein-Ruhr prägt die Verkehrsanbindung des Gebietes ganz entscheidend. So sind die Städte Gießen, Wetzlar, Herborn, Dillenburg, Haiger und Siegen durch die Bundesautobahn von Frankfurt nach Dortmund (A45) und die InterRegio-Bahnverbindung Frankfurt-

Abb. 6: Netzknoten des Städtenetzes Lahn-Sieg-Dill

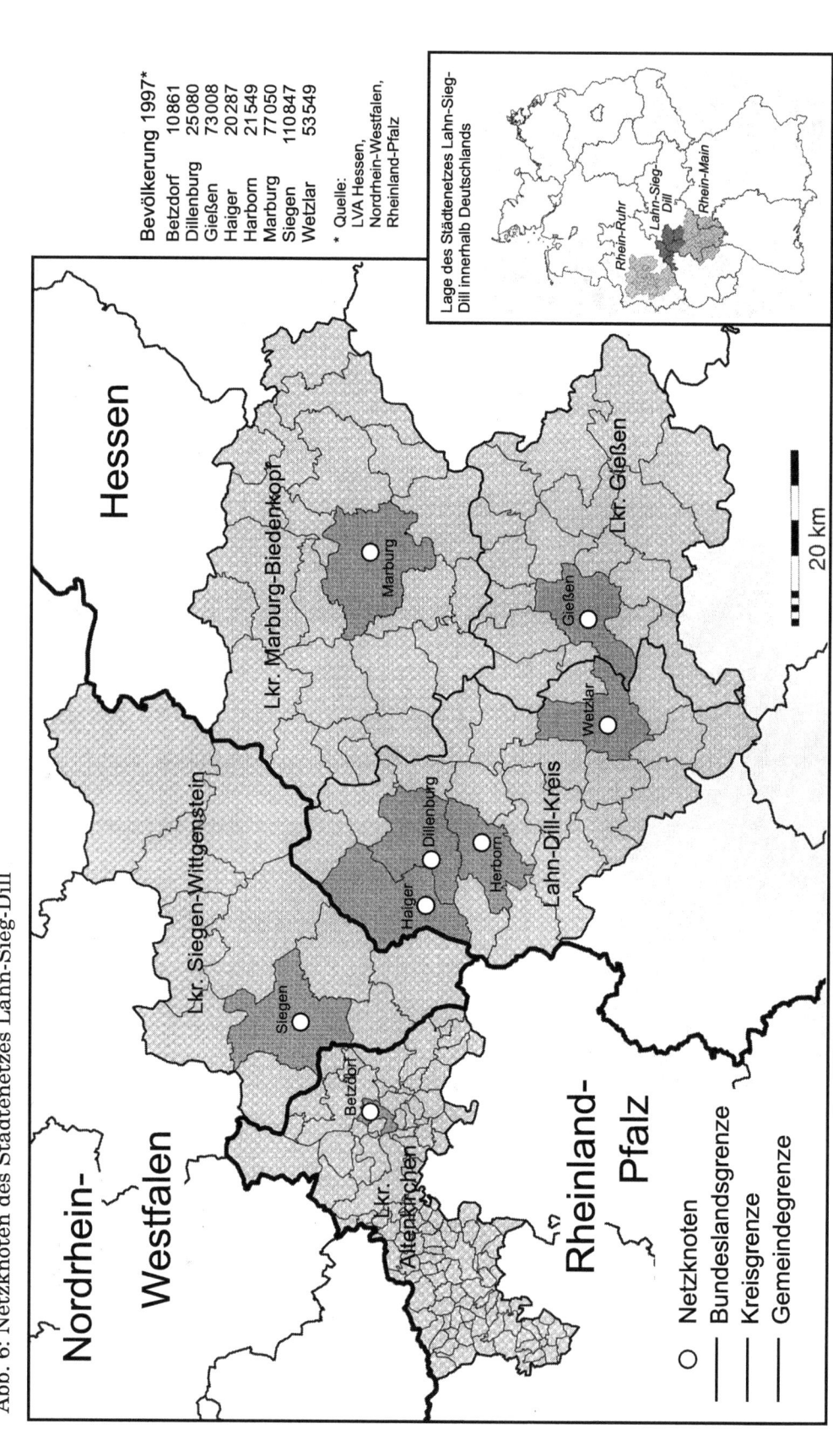

Dortmund verbunden. Zwischen Marburg und Siegen gibt es keine direkte, überregionale Straßenverbindung, aber Marburg und Gießen sind sowohl durch die autobahnähnliche Bundesstraße B 3 als auch durch die InterRegio-Bahnverbindung Frankfurt - Kassel gut verbunden. Darüber hinaus ist Marburg über die Bundesstraße B 255 mit den im Dilltal liegenden Städten Herborn, Dillenburg und Haiger verbunden. Betzdorf hat keine direkte Anbindung an das Bundesautobahnnetz, der nächste Autobahnanschluss Siegen ist 19 km entfernt, aber Betzdorf ist Haltepunkt auf der Bahnlinie Gießen – Siegen – Köln.

Während die hessischen Städte alle dem Rhein-Main-Verkehrsverbund angehören, gibt es in Siegen und Betzdorf keinen größeren Verbund, der für die Organisation des Öffentlichen Personennahverkehrs zuständig ist. Es ist jedoch geplant, jeweils ein eigenes Verbundsystem zu schaffen. Diese werden nach derzeitigem Stand nicht dem Verkehrsverbund Rhein-Sieg angehören, der für den öffentlichen Nahverkehr im Rhein-Ruhr-Raum zuständig ist.

Bevölkerung

Das Städtenetz setzt sich aus Städten unterschiedlicher Größe zusammen. Siegen ist mit fast 111.000 Einwohnern die größte Stadt (vgl. Übersicht in Abb. 6). Die Städte Marburg mit etwa 77.000 Einwohnern, Gießen mit 73.000 Einwohnern und Wetzlar mit etwa 53.500 Einwohnern zählen ebenfalls zu den größeren Städten des Netzes. In den kleinen Städten Betzdorf, Haiger, Herborn und Dillenburg sind zwischen 11.000 und 25.000 Einwohnern gemeldet.

Betrachtet man die Bevölkerungsentwicklung der letzten Jahre, so fallen keine gravierende Unterschiede auf. In allen Städten ist eine Zunahme der Bevölkerung zu beobachten.

Beschäftigtenstruktur

Vergleicht man die Anzahl der sozialversicherungspflichtig beschäftigten Arbeitnehmer der am Städtenetz teilnehmenden Städte, so zeigt sich erneut, dass es zwei Gruppen von Städten gibt. Die meisten Arbeitnehmer lebten 1997[2] in der Stadt Gießen (45.513). Aber auch die Städte Siegen (44.473), Marburg (32.957) und Wetzlar (24.898) gehören zu den großen Städten des Netzes. In den „kleineren" Städten Betzdorf, Haiger, Herborn und Dillenburg waren laut Statistik zwischen 5.000 und 10.000 Beschäftigte registriert (vgl. Tab. 1).

Die Erwerbsstruktur des Gebietes zeigt eine weitere Besonderheit: Die drei im Dilltal liegenden Städte Dillenburg, Haiger und Herborn fallen durch einen überdurchschnittlich hohen Beschäftigtenanteil des sekundären Sektors auf. In Haiger waren 1997 60,6 % und in Herborn und Dillenburg jeder zweite sozialversiche-

---

[2] Das Jahr 1997 wurde als Bezugsjahr gewählt, da für dieses Jahr für alle Städte die entsprechenden Daten vorlagen. Neuere Daten waren aufgrund der Zuständigkeit verschiedener Statistischer Landesämter nicht für alle Städte erhältlich.

rungspflichtig beschäftigte Arbeitnehmer in einem Betrieb des Produzierenden Gewerbes angestellt. Diese Zahlen unterstreichen, dass es sich bei dem Gebiet aufgrund der Vergangenheit um ein stark industriell geprägtes Gebiet handelt. Durch die Eisenerzgewinnung und -verarbeitung war das Lahn-Dill-Gebiet im 19. Jahrhundert eines der wichtigsten Rohstofflieferanten des Ruhrgebietes (vgl. PLETSCH 1991, 288). Jedoch mussten sich die Unternehmen wegen der Qualität der Erze schon sehr früh umorientieren, so dass die wirtschaftliche Situation dieser Gegend trotz des allgemeinen strukturellen Wandels schwierig ist, aber nicht so problematisch, wie es im beispielsweise Ruhrgebiet zu beobachten ist. Im Dilltal sind insbesondere Unternehmen der Eisen, Blech- und Metallwarenindustrie, aber auch aus den Bereichen Elektrotechnik und Maschinenbau angesiedelt.

Tab. 1: Beschäftigtenstruktur im Städtenetz Lahn-Sieg-Dill

Sozialversicherungspflichtig beschäftigte Arbeitnehmer 1997	Land- und Forstwirtschaft	Produzierendes Gewerbe	Handel	Verkehr, Kredit- und Versicherungswesen, Dienstleistungen	Übrige Bereiche	Beschäftigte Arbeitnehmer insgesamt
Betzdorf	0 [1]	1.830	1.514	0 [1]	0 [1]	4.922
Dillenburg	53	5.061	1.130	2732	1.047	10.023
Gießen	109	9.820	6.817	22.735	6.032	45.513
Haiger	41	4.431	878	1.776	187	7.313
Herborn	43	4.490	1164	2.595	409	8.701
Marburg	68	8.493	3.521	15.807	5.068	32.957
Siegen	83	14.160	7.534	16.976	5.720	44.473
Wetzlar	30	10.141	4.475	6.759	3.493	24.898

[1] wird in der Beschäftigtenstatistik nicht gesondert ausgewiesen
Quellen: Statistische Landesämter Hessen, Nordrhein-Westfalen und Rheinland-Pfalz.

Auch in Wetzlar und Betzdorf ist, mit 40,7 % bzw. 37,2 % der im sekundären Sektor beschäftigten Arbeitnehmer, eine große Bedeutung des Produzierenden Gewerbes festzustellen. Im Gegensatz dazu sind in den Städten Gießen und Marburg fast zwei Drittel der Beschäftigten im Bereich Verkehr, Kredit- und Versicherungswesen, Dienstleistungen oder bei Organisationen ohne Erwerbscharakter, bei Gebietskörperschaften oder bei der Sozialversicherung tätig. Auch Siegen hebt sich mit einem Anteil von 51,0 % in diesen Bereichen deutlich von den anderen Städten des Netzes ab. Ein wesentlicher Grund für diese vergleichsweise hohen Werte sind die Universitäten in den Städten Gießen, Marburg und Siegen. In Gießen ist zudem ein Teil der Fachhochschule Gießen - Friedberg angesiedelt. Auch das Regierungspräsidium für die Planungsregion Mittelhessen, das in Gießen ansässig ist, ist ein Grund für die vergleichsweise große Anzahl der Beschäftigten des Tertiären Sektors.

Arbeitslosigkeit

Ein Vergleich der Arbeitslosenstatistik im gleichen Jahr (Juni 1997) verdeutlicht, dass die Stadt Gießen mit einer Quote von 18,4 % am stärksten von diesem Problem betroffen ist. Auch die Städte Siegen und Wetzlar heben sich mit Arbeitslosenquoten von 15,3 % bzw. 15,4 % ein wenig von den anderen Städten ab. Aber selbst in den anderen Städten bestand mit Arbeitslosenquoten zwischen 11,6 % (Verbandsgemeinde Betzdorf) und 13,7 % (Dillenburg) eine deutlich höhere Arbeitslosigkeit als im Durchschnitt in Hessen. Zum gleichen Zeitpunkt betrug die Arbeitslosenquote nach Auskunft des Hessischen Landesarbeitsamtes in Hessen im Durchschnitt 8,9 %. Die vergleichsweise hohen Werte sind mit der Aufgabe von militärischen Standorten in den Städten und auch mit den Folgen des industriellen Strukturwandels zu erklären, da insbesondere die Städte des Lahn-Dill-Kreises durch Arbeitsplätze im Produzierenden Sektor geprägt sind.

Verwaltungsgliederung

Die sechs hessischen Städte liegen, wie in Abbildung 6 zu sehen, in drei verschiedenen **Landkreisen**. In Marburg befindet sich der Sitz der Kreisverwaltung des Landkreises Marburg-Biedenkopf. Auch die Städte Gießen und Wetzlar sind jeweils Kreisstädte der Landkreise Gießen bzw. des Lahn-Dill-Kreises. Diese Landkreise bestehen in der heutigen Form erst seit 1979, nachdem eine erst zwei Jahre zuvor durchgeführte kommunale Neuordnung wieder verändert wurde. Diese bundesweit beachtete Kommunalreform liegt mehr als 20 Jahre zurück (vgl. DIE ZEIT vom 16.9.77), ist aber immer noch nicht vergessen. Auch in der örtlichen Presse erinnern nach Aussage eines Redakteurs des Gießener Anzeigers an den Jahrestagen Berichte an die damalige Diskussion.

Die am 1.1.1977 in Kraft getretene Neugliederung erregte weniger wegen der Zusammenfassung der Kreise Wetzlar, Gießen und Dillenburg zu einem neuen Lahn-Dill-Kreis Aufsehen, als vielmehr wegen der **Gründung der kreisfreien Stadt Lahn** aus den vorher eigenständigen Städten Gießen und Wetzlar und weiteren 14 Gemeinden. Die Stadt Lahn sollte eine engere Zusammenarbeit der Städte und Gemeinden des mittleren Lahntals ermöglichen, um so auf die „überlegene Konkurrenz des Rhein-Main-Raumes" besser reagieren zu können (HAHN 1991, 139).

Dass die Stadt Lahn am 10. Juli 1979 wieder aufgelöst und damit auch der Lahn-Dill-Kreis neu gegliedert wurde, ist im wesentlichen auf die heftigen Unmutsäußerungen der Einwohner zurückzuführen. Die Bevölkerung lehnte in nicht erwarteter Deutlichkeit die Aufgabe des alten traditionellen Stadtnamens ab. So wurde die Lahnstadt bzw. die Auflösung der Stadt Lahn 1977 ein zentrales Thema der Kommunalwahlen. Sowohl die SPD als auch die FDP, die für das Gesetz zur Neugliederung des Dillkreises, der Landkreise Gießen und Wetzlar und der Stadt Gießen vom 13.5.1974 verantwortlich waren, mussten große Stimmverluste hinnehmen. Die CDU, die sich seit 1974 als „Lahnstadt-Gegner" bekannte, wurde stärkste politische Kraft. Angesichts der deutlichen Proteste entschloss sich der

Hessische Landtag, die Stadt Lahn und auch den Lahn-Dill-Kreis wieder aufzulösen. Gießen und Wetzlar wurden wieder eigenständige Städte, wenngleich die Stadt Gießen im Vergleich zum Stand vor der kommunalen Neugliederung den Status der kreisfreien Stadt verlor. Im Zuge der Auflösung der Lahnstadt wurden sowohl bei Gießen als auch bei Wetzlar umliegende Gemeinden angegliedert, so dass sich die Städte im Vergleich zu den alten Grenzen vergrößerten. Der Landkreis Lahn-Dill wurde durch den Landkreis Gießen und einen vergleichsweise kleinen Lahn-Dill-Kreis ersetzt, der aus dem alten Kreis Wetzlar und dem früheren Dillkreis gebildet wurde (vgl. HAHN 1991, 140). Diese Entwicklung ist heute noch nicht vergessen und so erklärt sich auch, dass „Menschen in der Mitte Hessens mit Skepsis" auf kommunale Neuordnungen reagieren (TRUNK 1998a).

Auch in Nordrhein-Westfalen ist in den 70er Jahren der Zuschnitt der Landkreise geändert worden. Der Sitz der Kreisverwaltung des Landkreises Siegen-Wittgenstein ist in der am Städtenetz beteiligten Stadt Siegen angesiedelt. Betzdorf ist hingegen nicht Kreisstadt des entsprechenden Landkreises. Die Kreisverwaltung ist in der Stadt Altenkirchen angesiedelt.

Nicht nur die Grenzen der Städte und Landkreise sind in Hessen verändert worden, sondern auch der Zuschnitt der **Regierungspräsidien**. So wurde beispielsweise 1968 der Regierungsbezirk Wiesbaden aufgelöst bzw. mit dem Regierungsbezirk Darmstadt zusammengelegt. Bis 1981 gab es in Hessen nur die zwei Regierungspräsidien Kassel und Darmstadt.

Nach Auflösung der Stadt Lahn wurde nach anderen Möglichkeiten gesucht, um das mittelhessische Gebiet gegenüber den Ballungsräumen Frankfurt und Kassel zu stärken; es entstand 1981 der neue Regierungsbezirk Gießen. Dieser Regierungsbezirk besteht aus den Landkreisen Lahn-Dill, Marburg-Biedenkopf, Vogelsberg, Gießen und Limburg-Weilburg. Diese Planungsregion Mittelhessen ist somit keine aus einer geschichtlichen Tradition gewachsene Region, sondern ein aus politischen Überlegungen gebildeter Zusammenschluss. HEINEMEYER (1991, 63) weist in diesem Zusammenhang darauf hin, dass einige Städte noch auf ältere, außerhalb des Regierungsbezirks liegende Zentren ausgerichtet sind, wie z. B. Marburg in Richtung Kassel und Dillenburg teilweise auf das Siegerland. Auch wenn das Bewusstsein für die Planungsregion Mittelhessen seit dem Erscheinen des Beitrags von Heinemeyer weiter gestiegen ist, so zeigt die historische Betrachtung dennoch, dass es sich beim Regierungsbezirk Gießen mit „hessen-kasselischen, hessen-darmstädtischen und nassauischen Landesteilen" nicht um einen historisch gewachsenen Regierungsbezirk handelt, wie es bei den Regierungsbezirken Kassel und Darmstadt eher der Fall ist (HEINEMEYER 1991, 63).

Derzeit wird die bestehende Verwaltungsgliederung erneut diskutiert. Es wird darüber nachgedacht, die Regierungspräsidien im Rahmen einer Reform abzuschaffen. Den Koalitionsgesprächen der hessischen CDU/FDP-Regierung zur Folge sollen die drei Regierungsbezirke jedoch weiter bestehen bleiben, so dass für die hessischen Städte des Städtenetzes nach wie vor das Regierungspräsidium als Mittelbehörde zuständig ist.

Raumordnerische Situation

Entsprechend der Beteiligung von Städten aus drei verschiedenen Bundesländern gehören die Städtenetzknoten drei unterschiedlichen Planungsregionen an. Die Stadt Siegen gehört zum nordrhein-westfälischen Planungsgebiet Siegen/Olpe der Bezirksregierung Arnsberg. Im Gebietsentwicklungsplan ist Siegen als Oberzentrum eingestuft. Die rheinland-pfälzische Stadt Betzdorf gehört zur Planungsgemeinschaft Mittelrhein-Westerwald. Im Regionalen Raumordnungsplan von 1988 ist Betzdorf gemeinsam mit dem 2 km entfernten Kirchen als Mittelzentrum ausgewiesen (PLANUNGSGEMEINSCHAFT MITTELHESSEN 1988, 92).

Die hessischen Städte gehören zu dem bereits erwähnten Regierungsbezirk Gießen. Im derzeit gültigen Regionalen Raumordnungsplan Mittelhessen aus dem Jahr 1995 sind die Städte Gießen und Marburg als Oberzentren ausgewiesen. Im bundesweiten Vergleich zählen sie mit einer Einwohnerzahl von unter 100.000 zu den kleinen Oberzentren (vgl. HESSISCHES MINISTERIUM FÜR WIRTSCHAFT VERKEHR UND LANDESENTWICKLUNG 1995, 22). Als Mittelzentrum wird die Stadt Herborn aufgeführt, die Städte Dillenburg und Haiger werden als Mittelzentren in gegenseitiger Funktionsergänzung genannt. Wetzlar ist hingegen als Mittelzentrum mit Teilfunktion eines Oberzentrums ausgewiesen. Diese Einstufung Wetzlars wird derzeit intensiv diskutiert, da Wetzlar bemüht ist, als Oberzentrum anerkannt zu werden. Nach dem ersten Teilentwurf des Landesentwicklungsplans „Hessen 2000" wird die Stadt Wetzlar jedoch nur Oberzentrum, wenn „sich Wetzlar mit dem benachbarten Gießen über die gemeinsame Finanzierung öffentlicher Einrichtungen einigt" (FR vom 16.10.98). Somit wird die Einstufung Wetzlars ein Thema, das sowohl von Wetzlarer als auch von Gießener Seite intensiv und teilweise sehr kontrovers diskutiert wird (vgl. Wetzlarer Neue Zeitung vom 16.7.98).

Ein ländergrenzenübergreifender Austausch zu raumordnerischen Themen hat auch bereits vor Bildung des Städtenetzes stattgefunden, indem Vertreter der Städte aus dem „Dreiländereck" zusammentrafen. Auch im Landesentwicklungsplan Nordrhein-Westfalen wird diese grenzüberschreitende Landesplanung im Raum Siegen – Betzdorf – Dillenburg aufgeführt (MURL o.J., 21).

5.2 Die Zusammenarbeit der Städte vor Bildung des Städtenetzes

Die Vorstellung des Gebietes, das die am Städtenetz teilnehmenden Städte umgibt, verdeutlicht, dass es eine zusammenhängende „Region" vor Bildung des Städtenetzes nicht gab. Das Gebiet Lahn-Sieg-Dill stimmt weder mit Verwaltungsgrenzen noch mit einer naturräumlichen Einheit überein. Auch historisch gibt es keinen gemeinsamen Ursprung, so dass die Zusammenarbeit in dieser Abgrenzung erst mit der Bildung des Städtenetzes entstanden ist. Daher stellt sich die Frage, warum sich das Städtenetz genau in der vorliegenden Konstellation gebildet hat.

Aus diesem Grund wird an dieser Stelle erläutert, welche Formen der Zusammenarbeit es vor dem Städtenetz gab bzw. neben dem Netz immer noch gibt.

Kooperation von Nachbarkommunen

Die häufigste Form der interkommunalen Zusammenarbeit in diesem Gebiet dürften die **Zweckverbände** sein, so wie es vielerorts zu beobachten ist. Insbesondere in den Bereichen Wasser/Abwasser und Abfall haben sich Kommunen zur gemeinsamen Erledigung von Aufgaben zusammengeschlossen. In vielen Fällen haben die am Städtenetz beteiligten Kommunen derartige Vereinbarungen mit direkten Nachbarkommunen abgeschlossen. Da die Städte Haiger und Dillenburg direkt aneinandergrenzen (vgl. Abb. 6), haben sie sich beispielsweise in Form einer öffentlich-rechtlichen Vereinbarung auf eine gemeinsame Abwasserbeseitigung geeinigt. Bei Zweckverbänden ist die Zusammenarbeit auf ein Aufgabengebiet beschränkt.

Kooperation mehrerer Städte

Berücksichtigt man die Lage der einzelnen Städte, so fällt auf, dass insbesondere die Kommunen an den Grenzen, an einer Zusammenarbeit mit anderen Kommunen interessiert sind. Im Dreiländereck gab es z. B. neben den bereits erwähnten Treffen, die dem Meinungsaustausch grenzüberschreitender Probleme im Raum Siegen – Betzdorf – Dillenburg dienen, auch im Bereich Kultur eine Zusammenarbeit. So gibt es den „**Kulturkreis um die Wasserscheide e.V.**", in dem Haiger und seine nordrhein-westfälischen Nachbargemeinden Mitglieder sind, aber auch Siegen und Betzdorf mitwirken, um das „kulturelle Leben aller Bevölkerungskreise – ländergrenzenübergreifend – (...) in den Bereichen Kunst, Bildung und Wissenschaft" zu fördern (ZOUBEK 1997, 290). Diese Zusammenarbeit verdeutlicht, dass Haiger und Betzdorf sich aufgrund der Nähe zur Stadt Siegen eher in diese Richtung orientieren als zu ihren verwaltungstechnischen Zentren.

Aber auch die Städte Gießen, Wetzlar und Marburg beteiligten sich vor Bildung des Städtenetzes an gemeinsamen Projekten. So arbeiteten diese drei Städte beispielsweise im Bereich des Standortmarketings zusammen. In **gemeinsamen Anzeigenkampagnen** in überregionalen Zeitungen stellten sie die „Region" als Wirtschaftsstandort vor. Auch die Universitäten Gießen, Marburg und die Fachhochschule Gießen-Friedberg kooperierten, indem sie gemeinsam das Transferzentrum Mittelhessen einrichteten, um so einen Wissens- und Technologietransfer zu fördern.

Es gibt noch weitere Beispiele für Kooperationen in diesem Gebiet, aber bereits die dargestellten Formen der Zusammenarbeit verdeutlichen, dass neben der Zusammenarbeit mit den direkten Nachbarkommunen insbesondere drei „Teilgebiete" zu erkennen sind, in denen verstärkter Austausch stattgefunden hat. Es handelt sich hierbei um das Dreiländereck (Hessen, Nordrhein-Westfalen, Rheinland-Pfalz), die Städte des Dilltals und um die Städte Gießen, Marburg und Wetzlar. Neben dieser eher kleinräumigen Zusammenarbeit fand und findet auch im größeren Maßstab ein Austausch statt. Diese Initiativen werden größtenteils nicht von den Städten, sondern von anderen Institutionen/Einrichtungen organisiert und sind z.T. auch nur in einem Bereich tätig.

Touristische Kooperationen

Im Tourismusbereich gibt es eine Zusammenarbeit fast aller Städte und Gemeinden des Lahn-Dill-Kreises, der Stadt Gießen und der westlichen Gemeinden des Landkreises Gießen. Dieser Tourismusverband **„Freizeitregion Lahn-Dill e.V."**, in dem neben den Städten und Gemeinden auch Industrie- und Handelskammern und privatwirtschaftliche Betriebe Mitglied sind, sorgt für ein gemeinsames Tourismus-Marketing für das Verbandsgebiet. Darüber hinaus gibt es im touristischen Bereich eine noch großräumigere Zusammenarbeit in Form der **Lahntalkooperation**. Diesem Zusammenschluss gehören u.a. der Touristikverband Siegerland-Wittgenstein, der Fremdenverkehrsverband Marburg-Biedenkopf, die Freizeitregion Lahn-Dill, der Fremdenverkehrsverband Ferienland Westerwald-Lahn-Taunus (Landkreis Limburg-Weilburg) und die Lahn-Taunus-Touristik (Rhein-Lahn-Kreis) an. Somit haben sich die fünf Fremdenverkehrsverbände, die es im Bereich der Lahn gibt, auf eine Zusammenarbeit verständigt, um diese „landschaftlich reizvolle Region" besser zu vermarkten (TRUNK 1998b).

Kooperationen der Industrie- und Handelskammern

Die Industrie- und Handelskammern haben 1994 mit der Initiative **„Region Mitte-West"** eine noch großräumigere Kooperation ins Leben gerufen, an der die Industrie- und Handelskammern Arnsberg, Dillenburg, Gießen, Hagen, Kassel, Koblenz, Limburg, Siegen und Wetzlar beteiligt sind. Ziel dieser IHK-Initiative ist es, „eigenständige Interessen dieses Wirtschaftsraumes deutlich zu machen (...), weil die Politik dazu neigt, das Thema „Industriestandort Deutschland" aus der Perspektive der Ballungsräume und der Großbetriebe zu betrachten" (ZOUBEK 1997, 295). Diese Zusammenarbeit soll helfen, die Interessen dieser „Region" besser gegenüber den Ländern, dem Bund und der Europäischen Union darzustellen.

Aber auch im mittelhessischen Raum gibt es eine Zusammenarbeit der Industrie- und Handelskammern. In der **Kammervereinigung Mittelhessen** arbeiten die Industrie- und Handelskammern des Regierungsbezirks Gießen (Marburg gehört zum Kammerbezirk Kassel, deswegen ist die IHK Kassel als Gast anwesend) und die Industrie- und Handelskammer Friedberg zusammen, um sich für die wirtschaftliche Situation Mittelhessens einzusetzen. So wird beispielsweise zu Plänen der Deutschen Bundesbahn gemeinsam Stellung bezogen, um so der Forderung, die Standortbedingungen nicht zu verschlechtern, Nachdruck zu verleihen.

Mittelhessenrunde

Auch das Regierungspräsidium hat einen „Runden Tisch" ins Leben gerufen, um Maßnahmen und Projekte zur strukturellen Entwicklung Mittelhessens voran zu bringen und die Interessen in der Öffentlichkeit und gegenüber der Landesregierung darzustellen. Diese sogenannte **„Mittelhessenrunde"** wurde 1986 gegründet. Seit dieser Zeit treffen sich aus dem Regierungsbezirk Gießen, unter der Moderation des Regierungspräsidiums, die Landräte und Oberbürgermeister, der Städte- und Gemeindebund, das Präsidium der regionalen Planungsversammlung und Vertreter der folgenden Einrichtungen: Hochschulen, Arbeitsverwaltung, Wirtschaftsförderung Hessen, Wirtschaftsministerium, der Industrie- und Handelskammern, Arbeitgeberverband, Gewerkschaften, Naturschutzverbände, Bauernverband, Fremdenverkehrsverband und der Kirchen. Im Rahmen dieser seit über 10 Jahren bestehenden Zusammenarbeit wurden Arbeitsgruppen zu den Themen Kommunalfinanzen, Wirtschaft und klassische Infrastruktur, Wissensvermittlung und Qualifikation sowie ländlicher Raum und neue Infrastruktur gebildet. Das bereits angesprochene Technologietransferzentrum Mittelhessen wurde z. B. im Rahmen dieser Arbeit mit vorbereitet.

Bei allen beschriebenen Formen der Zusammenarbeit handelt es sich um freiwillige Initiativen. Die Zweckverbände nehmen gewissermaßen eine Sonderstellung ein, da sie prinzipiell freiwillig sind, aber eine konkrete Notwendigkeit zur Zusammenarbeit in einem Themenbereich vorliegt. Mit Ausnahme der touristisch orientierten Lahntalkooperation gab es alle beschriebenen Initiativen bereits vor Bildung des Städtenetzes.

Die Vorstellung der beschriebenen Initiativen verdeutlicht, dass es in dem Raum, in dem das Städtenetz gebildet wurde, zahlreiche unterschiedlich abgegrenzte Formen der Zusammenarbeit gibt, teilweise mit unterschiedlichen Schwerpunkten, teilweise aber auch mit ähnlichen Zielsetzungen. Die Vorstellung hat darüber hinaus gezeigt, dass es neben der Zusammenarbeit benachbarter Städte auch großräumige Initiativen gab und gibt. Teilweise orientieren diese sich an Ländergrenzen (Kammervereinigung Mittelhessen, Mittelhessenrunde), es gibt aber auch ländergrenzenübergreifende Initiativen wie die Region Mitte-West oder auch die Lahntalkooperation.

Obwohl einerseits jede Form der Zusammenarbeit bzw. der Abstimmung zu begrüßen ist, muss andererseits bedacht werden, dass die regionale Zusammenarbeit mit vielen, unterschiedlich abgegrenzte Initiativen schwieriger wird. Mit verschiedenen Kooperationen wird beispielsweise die Außendarstellung erschwert, da in der Öffentlichkeit keine einheitliche Vorstellung der räumlichen Abgrenzung entstehen kann. Außerdem ist zu bedenken, dass die mitarbeitenden Akteure Arbeitszeit für die Zusammenarbeit benötigen. Wenn mehrere, ähnliche Initiativen entstehen, ist zu prüfen, ob dies sinnvoll ist, oder ob somit Arbeitszeit „verloren" geht.

5.3   Die Entstehung des Städtenetzes

Die Vorstellung der verschiedenen Initiativen, die sich in dem Gebiet des Städtenetzes gebildet haben, hat auch verdeutlicht, dass es die „Region Lahn-Sieg-Dill" vor der Bildung des Netzes nicht gab. Es gab keine Zusammenarbeit, auf die das Netz seine Arbeit hätte aufbauen können. Deswegen stellt sich die Frage, wieso das Städtenetz sich in dieser Form gebildet hat und welche Motive die Städte dazu bewogen haben zusammen zu arbeiten. Die Auswertung der Expertengespräche und der Materialien des ExWoSt-Forschungsfeld haben gezeigt, dass es in dem beschriebenen Gebiet keine konkreten Projekte gab, von denen man annehmen konnte, dass sie gemeinsam besser zu bewältigen seien. Es gab auch keine konkrete „Bedrohung", die eine gemeinsame Initiative notwendig machte. Allerdings gab es in den meisten Städten ein Bewusstsein darüber, dass in Zukunft Kooperationen zunehmend an Bedeutung gewinnen werden, da man sich alleine immer schwieriger darstellen und handeln kann.

Betrachtet man die Probleme, die von den am Städtenetz beteiligten Städten zu bewältigen waren bzw. sind, so sind ähnliche Schwierigkeiten festzustellen. Zu den wesentlichen Problemen der Städte zählt z. B. die durch den strukturellen Wandel bedingte Notwendigkeit, neue Arbeitsplätze zu fördern. Aber nicht nur infolge der sinkenden Bedeutung des Produzierenden Gewerbes sind in den Städten Arbeitsplätze verloren gegangen. In zahlreichen Städten des Netzes haben militärische Streitkräfte (amerikanische Armee sowie die Bundeswehr) den Standort aufgegeben, so dass auch im zivilen Bereich Arbeitsplätze verloren gingen. Ferner musste über die Nutzung der ehemals militärisch genutzten Gebäude und Flächen diskutiert werden. Die Konversionsflächen stellten zugleich aber auch ein Potential für die Städte dar, da es aufgrund der Tallagen für viele Städte schwierig war, geeignete Flächen für die weitere Entwicklung zu finden. Die Städte mussten sich jedoch zunächst über die Vorgehensweise informieren, wie diese Flächen entwickelt werden können.

Für die Städte Haiger, Dillenburg, Herborn, Betzdorf und Siegen ergaben sich durch die Nähe zur Landesgrenze Probleme. Durch die trennende Wirkung der Landesgrenzen und die Entfernung zu den Entscheidungszentren gab es die Notwendigkeit, die Planungen entsprechend den bestehenden Verflechtungen stärker zu koordinieren. Insbesondere im Verkehrsbereich waren und sind bessere Abstimmungen erforderlich. Ein weiteres wesentliches „Problem" wurde von den Experten in der großräumigen Lage der Städte gesehen. Nicht nur, dass die Städte Siegen und Betzdorf sich in einer Randlage innerhalb des jeweiligen Bundeslandes befinden, alle Städte sind davon betroffen, dass sie zwischen den Ballungsräumen Rhein-Main und Rhein-Ruhr liegen.

Somit gab es mehrere Gründe für eine verstärkte Zusammenarbeit der Städte: Es gab ähnliche Probleme, so dass ein Austausch über Vorgehensweisen Vorteile versprach. Außerdem gab es Themenbereiche, die besser aufeinander abgestimmt werden mussten. Die gemeinsame Imagekampagne der Städte Gießen, Wetzlar und Marburg verdeutlicht, dass die Notwendigkeit einer gemeinsamen Darstellung bereits erkannt wurde. Der ausschlaggebende Impuls für die Zusammenarbeit der acht Städte wurde jedoch erst durch das ExWoSt- Forschungsfeld gegeben.

Das Bundesministerium für Raumordnung, Bauwesen und Städtebau stellte das Forschungsfeld in einer Sitzung der Ministerkonferenz für Raumordnung vor und bat die Obersten Landesplanungsbehörden, geeignete Projekte vorzuschlagen. Die Vertreter der Obersten Landesplanungsbehörden von Hessen, Nordrhein-Westfalen und Rheinland-Pfalz einigten sich sehr schnell darauf, die Zusammenarbeit der mittelhessischen Städte mit Siegen und Betzdorf vorzuschlagen, da es bereits im Dreiländereck grenzüberschreitende Gespräche gegeben hatte und da die Möglichkeit, mit einem grenzüberschreitenden Zuschnitt in das Forschungsprogramm aufgenommen zu werden, besser eingeschätzt wurde. So war diese Zusammenarbeit zunächst einer von 43 Vorschlägen, die bis Ende April 1994 eingereicht wurden. Aus diesen Vorschlägen wurde eine Vorauswahl von 20 Projekten während eines Auftaktseminars ausgewählt (vgl. Kap. 4.5). Das Hessische Ministerium für Wirtschaft, Verkehr und Landesentwicklung, das aufgrund des Zuschnitts die Federführung für diesen Vorschlag übernahm, bat den Oberbürgermeister der Stadt Gießen, das mögliche Modellvorhaben auf dem ExWoSt-Auftaktseminar im Mai 1994 in Berlin vorzustellen. Einen guten Monat später lud der Oberbürgermeister der Stadt Gießen, Manfred Mutz, die Verwaltungsspitzen der Städte Betzdorf, Dillenburg, Haiger, Herborn, Marburg, Siegen und Wetzlar nach Gießen ein, um mögliche Kooperationsformen und -felder abzustimmen. Im August 1994 fand das zweite Treffen der Verwaltungsspitzen in Herborn statt, bei dem auch Vertreter der Begleitforschung (Institut Raum & Energie) anwesend waren. Auch Vertreter der HLT Gesellschaft für Forschung, Planung, Entwicklung GmbH waren bei diesen ersten Treffen beteiligt, da sie bei einer Aufnahme in das Forschungsfeld die Projektforschung übernehmen sollten.

Das Projekt stieß bei allen acht Städten auf großes Interesse und Zustimmung, so dass die Städte bis zum 30.9.1994 einen konkreten Antrag stellten, um am Forschungsfeld Städtenetz teilzunehmen. Somit ist festzuhalten, dass die Einrichtung des ExWoSt-Forschungsfeldes der entscheidende Impuls für die Gründung des Städtenetzes war. Die meisten interviewten Experten waren sich einig, dass eine Zusammenarbeit in dieser Konstellation ohne Aufnahme in das Forschungsprogramm nicht zustande gekommen wäre. Die Entstehungsgeschichte ist insofern von Bedeutung, weil sie die Rahmenbedingungen für die Zusammenarbeit charakterisiert (insbesondere für die Anfangsphase). Da es vorher keine konkreten Projekte und keine konkrete „Bedrohung" gab, der Impuls in diesem Fall von „außen" kam, ist es verständlich, dass in der Anfangszeit zunächst einmal die Struktur und die Kooperationsfelder gefunden werden mussten. Unabhängig von tatsächlichen Projekten verdeutlicht die Entstehungsgeschichte des Städtenetzes Lahn-Sieg-Dill, dass das Vorhaben des Bundes, mit Modellprojekten die Kooperation von Städten zu fördern, insofern gelungen ist, dass in diesem Fall acht Städte zu engerer Zusammenarbeit animiert wurden. Ob durch die Modellprojekte eine Städtevernetzung tatsächlich angeregt werden konnte, wird sich erst in den nächsten Jahren zeigen.

5.4 Die Ziele des Städtenetzes Lahn-Sieg-Dill

Die allgemeinen Ziele und die Vorteile, die durch eine Städtevernetzung erreicht werden sollen, wurden bereits vorgestellt (vgl. Kapitel 3.2). Neben diesen erhofften Vorteilen sind jedoch insbesondere die Ziele von Interesse, die sich das Städtenetz Lahn-Sieg-Dill für die Zusammenarbeit gesetzt hat. So wurde in der Presseinformation, die wenige Tage nach dem ersten Treffen der Verwaltungsspitzen die zukünftige Zusammenarbeit der Städte ankündigte, erklärt, dass man durch die regionale Zusammenarbeit „einen **Gegenpol zu den prosperierenden Regionen** Rhein-Main und Rhein-Ruhr (...) bilden" wolle (GIESSEN 1994a). Das Städtenetz wurde als Beleg dafür bewertet, dass die Städte die zunehmende Bedeutung von regionalen Zusammenhängen erkannt haben. Darüber hinaus wurden in dieser Presseerklärung die Themenfelder der zukünftigen Kooperationen vorgestellt. Demnach sollte eine regionale Zusammenarbeit in den Bereichen ÖPNV, Qualifizierung angesichts des Strukturwandels, Kultur, Fremdenverkehr, Verwaltungsmodernisierung, Konversion und Gewerbepolitik stattfinden. Im ersten Zwischenbericht, den die HLT im Rahmen ihrer Tätigkeit als Projektforscher erstellt hat, wurde das übergeordnete Ziel des Städtenetzes folgendermaßen definiert:

„Die acht Städte Gießen, Marburg, Wetzlar, Herborn, Dillenburg, Haiger, Betzdorf, Siegen sind deshalb übereingekommen, als kommunale Arbeitsgemeinschaft die freiwillige Zusammenarbeit zu entwickeln, um die regionale Wettbewerbsfähigkeit gegenüber den großen Ballungsräumen Rhein-Main und Rhein-Ruhr durch Profilierung der Region zu fördern. Dabei bilden kommunale Profile die Grundlage für das Zusammenwirken im Städtenetz, um Synergiewirkung bei knappen Ressourcen kommunal und regional zu erzielen" (KLIEMT 1995, 4). Konkretisiert wird diese Beschreibung des übergeordneten Ziels durch die Vorstellung der geplanten Felder der Zusammenarbeit, auf die man sich verständigt hat. Die Arbeitsgruppen des Städtenetzes werden zu Beginn der Zusammenarbeit mit den Titeln:

- Stadtentwicklung durch Flächenmanagement,
- Entwicklung der verkehrlichen Infrastruktur in der Region,
- Modernisierung der Verwaltung,
- Qualifizierung als Strategie der Anpassung an den wirtschaftlichen Strukturwandel und
- Kultur, Fremdenverkehr und Sport (weiche Standortfaktoren) als regionales Standortpotential des Städtenetzes beschrieben.

Innerhalb dieser thematischen Arbeitsgruppen sollten einerseits die vorhandenen kommunalen Profile und auch die Probleme ermittelt werden. Darüber hinaus sollten Erfahrungen ausgetauscht werden und im Dialog Strategien entwickelt werden, wie beispielsweise ehemals militärisch genutzte Flächen heute genutzt werden oder wie Verwaltungsabläufe effektiver gestaltet werden können. Der Vorteil ist in der gemeinsamen Entwicklung von Strategien zu sehen, wobei die Maßnahme von jeder Stadt selbst durchgeführt werden soll. Zudem sollte bei manchen Themenbereichen eine Abstimmung von Maßnahmen oder sogar eine Planung gemeinsamer Maßnahmen erfolgen, so z. B. in der Arbeitsgruppe „Qualifizierung als Strategie der Anpassung an den wirtschaftlichen Strukturwandel". Dort plante man, die Möglichkeiten eines breiten Wissenstransfers „zur Unterstützung und Begleitung des Strukturwandels und notwendigen Qualifizierungsmaßnahmen" zu verbessern (KLIEMT 1995, 7). Neben dem Austausch von Erfahrungen, der Erarbeitung von bestehenden Profilen, der Zusammenarbeit bei der Entwicklung neuer Strategien und der Abstimmung von Maßnahmen wurde bereits am Anfang der Kooperation im Verkehrsbereich ein konkretes gemeinsames Projekt vorgestellt: Die Fahrradwege sollten zu einem städteverbindenden Radwegenetz zusammengeführt werden.

Ein weiteres Ziel der Städtevernetzung wurde in der Presseinformation der Stadt Gießen genannt, die nach dem dritten Treffen der Verwaltungsspitzen im November 1994 veröffentlicht wurde: Durch die Zusammenarbeit der Städte sollte die Position gegenüber der Landesregierung und der Bundesregierung verbessert werden (vgl. GIESSEN 1994b). Demnach sollte durch das gemeinsame Auftreten den Interessen mehr Nachdruck verliehen werden bzw. die Städte in eine bessere „Verhandlungsposition" gebracht werden. Die Gespräche mit den Vertretern der Städte bestätigten die bereits vorgestellten Ziele. Auf die Frage, welche Vorteile sich die jeweiligen Städte durch die Bildung des Städtenetzes versprachen, wurde einerseits auf die Möglichkeit des Erfahrungs- und Informationsaustauschs hingewiesen. Andererseits wurde die Chance, die eigene Position gegenüber den umliegenden Verdichtungsräumen zu stärken, betont. Unterschiedliche Einschätzungen der Städte über Ziele und Vorteile der Vernetzung konnten in den Gesprächen nicht ermittelt werden. Alle Städte heben die beschriebenen „allgemeinen" Ziele hervor, obwohl sie teilweise an der Arbeit einzelner Arbeitsgruppen festgemacht wurden. Konkrete Projekte wurden in diesem Zusammenhang nicht erwähnt, was erneut unterstreicht, dass es kein aktuelles Problem oder keine aktuelle Bedrohung gab, die zur Bildung des Städtenetzes führte.

5.5 Die Organisationsstruktur des Städtenetzes Lahn-Sieg-Dill

Die Verwaltungsspitzen der beteiligten Städte einigten sich bereits bei den ersten Treffen darauf, das Städtenetz in Form einer **kommunalen Arbeitsgemeinschaft** zu konstituieren. In Kapitel 4.4 wurde bei der Darstellung möglicher Organisationsformen bereits darauf hingewiesen, dass der Aufwand, einen derartigen Zusammenschluss zu gründen, vergleichsweise gering ist, dass jedoch in dieser Form keine rechtsverbindliche Außenwirkung erzielt werden kann. Das bedeutet, dass Projekte, die gemeinsam erarbeitet werden, von den einzelnen Mitgliedern rechtsverbindlich umgesetzt werden müssen. Somit können Entscheidungen nur verwirklicht werden, wenn alle Städte mit einem Vorschlag einverstanden sind (Konsensprinzip). Eine gemeinsame Einrichtung könnte bei dieser Organisationsform nicht verwaltet werden.

Aus verwaltungstechnischen Gründen war es erforderlich, eine Stadt als „**Projektträger**" zu bestimmen. Diese Funktion wird im Städtenetz Lahn-Sieg-Dill von der Stadt Gießen wahrgenommen. Trotz der Benennung eines Projektträgers wird jedoch nicht der Grundsatz der Gleichberechtigung der Akteure verletzt. Darüber hinaus einigten sich die Verwaltungsspitzen der teilnehmenden Städte, drei Ebenen bzw. Gremien im Städtenetz zu etablieren (vgl. Abb. 7).

Die Oberbürgermeister und Bürgermeister bzw. der Stadtdirektor bilden die sogenannte **Lenkungsgruppe**. Im Rahmen dieser Gruppe werden alle grundsätzlichen Entscheidungen, die das Städtenetz betreffen, gefällt. Veränderungen der Organisationsstruktur und der thematischen Schwerpunkte können nur von diesem Gremium beschlossen werden. Auch über Kosten und deren Verteilung wird in der Lenkungsgruppe verhandelt. Somit wird durch diese Treffen nicht nur der Rahmen für die Arbeit vorgegeben, sondern zugleich auch die Ergebnisse der Arbeitsgruppen überprüft. Außerdem vertritt die Lenkungsgruppe das Städtenetz in der Öffentlichkeit, so wird nach jedem Treffen eine Presseinformation herausgegeben. Darüber hinaus ist die Lenkungsgruppe die einzige „Verbindung" im Städtenetz zur politischen Ebene, da jener Ebene politisch gewählte Vertreter angehören. Es gehört zu den Aufgaben der Teilnehmer der Lenkungsgruppe, die politischen Gremien ihrer Stadt über den Arbeitsstand des Städtenetzes zu informieren. Abgesehen vom Jahr 1998 hat sich dieses Gremium mindestens zwei Mal pro Jahr getroffen. Zu den Treffen werden jeweils die Vertreter der Obersten Landesplanungsbehörden von Hessen, Rheinland-Pfalz und Nordrhein-Westfalen, der Regierungsbezirke und der Industrie- und Handelskammern eingeladen.

Die zweite wichtige Ebene besteht aus den „**zentralen Ansprechpartnern**" in den Städten. Dazu wurde in jeder Stadt ein für die Aktivitäten im Städtenetz zuständiger Amtsleiter als „zentraler Ansprechpartner" benannt, der insbesondere für die Koordination in der Stadt verantwortlich ist (Weitergabe von Informationen, Koordination von Terminen etc.). Um die thematische Arbeit zu entwickeln, wurden **fünf Arbeitsgruppen** gebildet, wobei je Arbeitsgruppe die Federführung von einer anderen Stadt übernommen wurde. Die Projektforschung begleitete alle Arbeitsgruppen in der Zeit von Herbst 1994 bis Herbst 1997. Bereits während der dreijährigen Modellphase wurde die Organisationsstruktur insofern verändert, als dass aus den zentralen Ansprechpartnern ein Gremium gebildet wurde. Dieses Gremium ist zwischen den Arbeitsgruppen und der Lenkungsgruppe angesiedelt und soll der Koordination dienen, in dem z. B. die Gesprächsrunden der Lenkungsgruppe vorbereitet und Beschlussvorlagen formuliert werden. Zugleich sollen aber auch Probleme der Arbeitsgruppen besprochen und behoben werden. Außerdem wurde festgestellt, dass die Funktion des zentralen Ansprechpartners nicht mehr von den

Bürgermeistern übernommen werden soll, da sie an den Treffen der Lenkungsgruppe teilnehmen (in den kleineren Städten Betzdorf, Dillenburg und Haiger waren die Bürgermeister am Anfang auch die zentralen Ansprechpartner in den jeweiligen Städten).

Abb. 7:

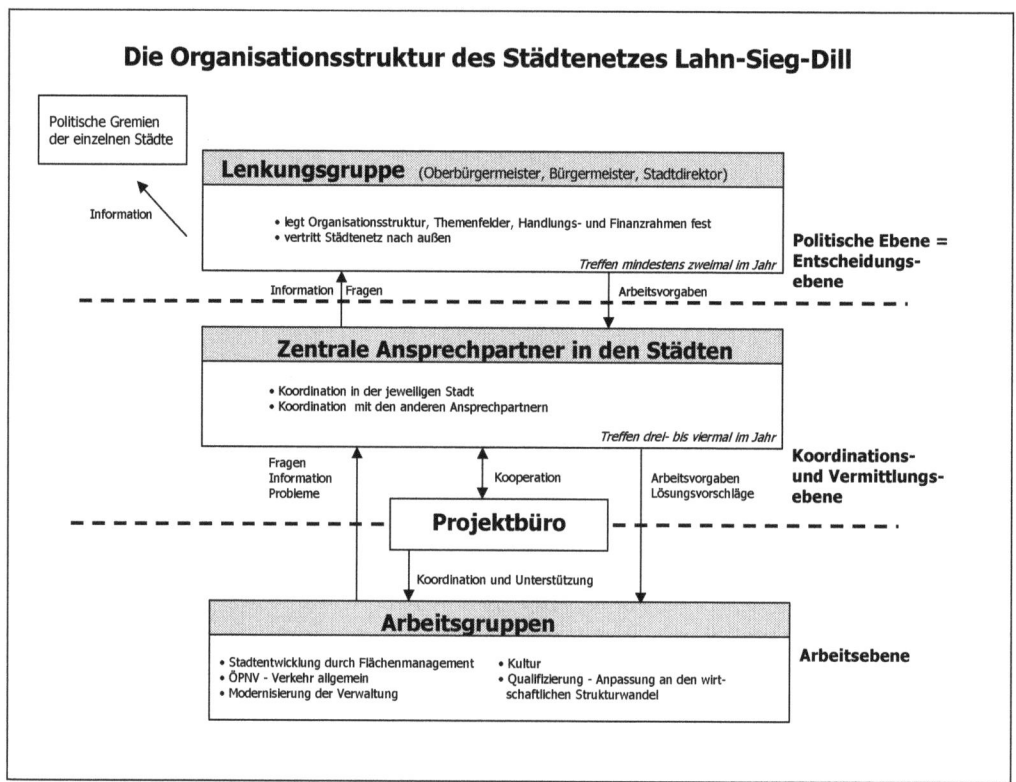

Quelle: Eigene Darstellung

Die wesentlichste Veränderung der Organisationsstruktur war aber die Einführung eines **Projektbüros**. Als die Stadt Gießen, die durch das Städtenetz anfallenden Aufgaben nicht mehr im Rahmen der eigenen Verwaltung bewältigen konnte, wurde die Schaffung eines zentralen Städtenetzbüros vorgeschlagen, das als Anlauf-, Auskunft- und Vermittlungsstelle fungieren sollte. Die Finanzierung dieses Büros bzw. der Personalkosten stellte sich als eines der größten Probleme der Zusammenarbeit heraus. Es bestand zwar weitgehend Einigkeit darüber, dass eine derartige Koordinierungsstelle benötigt wird, aber Marburg und Wetzlar waren dennoch lange Zeit nicht bereit, sich an den Kosten zu beteiligen (vgl. KLIEMT 1997a, 3). So haben die Vertreter der Städte in den Expertengesprächen darauf hingewiesen (auch Vertreter anderer Städte als den beiden genannten), dass die HLT derartige Aufgaben übernehmen könne (Anmerkung: Diese Aufgaben gehörten jedoch nicht zu den Aufgaben, die die HLT als Projektforscher im Rahmen des ExWoSt-Forschungsfeldes zu erfüllen hatte). Darüber hinaus wurde an die Anfangsphase erinnert, in der gesagt worden sein soll, dass den Städten keine zusätzlichen Kosten entstehen werden. Welche genauen Gründe es für die intensive Diskussion gab, ist für Außenstehende kaum zu erkennen – Tatsache ist, dass sich alle Städte nach einer langen Diskussion entsprechend der Einwohnerzahl anteilig an den Kosten des zentralen Städtenetzbüros beteiligen. Das Büro ist innerhalb der Abteilung Wirtschaftsförderung der Stadt Gießen angesiedelt. Frau Wiltschek-Bergmann, die das Städtenetzbüro führt, erledigt neben Koordination- und Kooperationsaufgaben im Städtenetz auch die Öffentlichkeitsarbeit.

6. Die Zusammenarbeit im Städtenetz Lahn-Sieg-Dill

Im Städtenetz Lahn-Sieg-Dill wurden fünf Arbeitsgruppen gebildet. Prinzipiell hat man sich im Städtenetz darauf verständigt, dass sich nicht jede Stadt an jeder Arbeitsgruppe beteiligen muss. Ist das Interesse jedoch so gering, dass weniger als fünf Städte mitarbeiten, muss die Lenkungsgruppe beraten, ob die Fortführung der Arbeitsgruppe sinnvoll ist. Darüber hinaus wurde festgelegt, dass es mindestens eine Arbeitsgruppe geben muss, an der sich jede Stadt beteiligt (vgl. KLIEMT 1997a, Anlage 1).

Im folgenden Abschnitt wird nun die Vorgehensweise dieser Gruppen einzeln vorgestellt. Somit wird zugleich herausgearbeitet, wer sich an der Arbeit beteiligt und welche Probleme bislang aufgetreten sind. Darüber hinaus wird in diesem Kapitel vorgestellt, welche Vorteile und Probleme die Experten im Verlauf der Zusammenarbeit beobachtet und welche Erfolge sie erkannt haben. Abgeschlossen wird die Präsentation des Städtenetzes Lahn-Sieg-Dill mit der Darstellung der geplanten Fortführung der Zusammenarbeit.

6.1 Die Vorgehensweise der einzelnen Arbeitsgruppen

Zu Beginn einer Zusammenarbeit ist es besonders wichtig, das Vertrauen für die Kooperation zu fördern. So werden häufig zunächst relativ konfliktfreie Themen ausgewählt, bei denen für alle Teilnehmer der gleiche Nutzen zu erwarten ist (vgl. Kap. 4.2).

Modernisierung der Verwaltung

Dies ist sicherlich ein wesentlicher Grund dafür, dass sich das Städtenetz Lahn-Sieg-Dill sehr schnell auf eine gemeinsame Vorgehensweise zum Thema „Modernisierung der Verwaltung" einigte.

Die zügige Entwicklung der Arbeitsgruppe wurde maßgeblich durch den Kontakt eines Mitarbeiters der Stadt Siegen zur Bertelsmann Stiftung gefördert. Diese Stiftung ermittelt bereits seit einigen Jahren mit Hilfe von interkommunalen Leistungsvergleichen Defizite im Verwaltungshandeln, um Verbesserungen bzw. eine Modernisierung der Verwaltung einzuleiten. **Interkommunale Leistungsvergleiche** basieren auf dem Grundgedanken, dass durch die Schaffung einer Wettbewerbssituation Informationen über die Leistungsfähigkeit der Ämter gewonnen werden können. Durch den Vergleich der Ämter verschiedener Kommunen wird die Erfüllung des jeweiligen Auftrages, die Kundenzufriedenheit, die Mitarbeiterzufriedenheit und die Wirtschaftlichkeit ermittelt, um Stärken und Schwächen zu erkennen und somit geeignete Maßnahmen vorzubereiten. In Anlehnung an dieses Projekt der Bertelsmann Stiftung strebte das Städtenetz Lahn-Sieg-Dill die Durchführung eines Leistungsvergleiches der Städte an. In der Arbeitsgruppe, bestehend aus den Hauptamtsleitern der einzelnen Städte, verständigte man sich auf ein schrittweises Vorgehen. Begonnen wurde der interkommunale Leistungsvergleich im Herbst 1995 mit der **Untersuchung der Einwohnermeldeämter und der Standesämter**. Entsprechend der vorher ausgearbeiteten Vorgehensweise wurde die Zufriedenheit der Kunden und der Mitarbeiter mit Hilfe von Fragebögen erhoben. Für diese Befragung wurden Musterfragebögen der Bertelsmann Stiftung übernommen. Für die Effizienzmessung der einzelnen Verwaltungsvorgänge der Ämter entwickelte der Hauptamtsleiter der Stadt Siegen, der die Federführung für diese Gruppe übernommen hatte, eine eigene Systematik. Diese Vorgehensweise orientierte sich insoweit an der Methodik der Bertelsmann Stiftung, als dass die Tätigkeiten der Verwaltung als „Produkte" definiert wurden und so Daten über die Häufigkeit und den Zeitaufwand ermittelt werden konnten. So wurden neben der Kunden- und Mitarbeiterbefragung auch Informationen über Aufgaben, Leistungen, eingesetzte Personalkapazitäten, Kosten je Mitarbeiter usw. erhoben. Nachdem die entsprechenden Informationen vorlagen, wertete der Mitarbeiter der Stadt Siegen die Daten mit der Unterstützung einer Gruppe von der Gesamthochschule Siegen aus und fasste sie in einem Entwurf zum 1. **Managementbericht** zusammen.

Bevor dieser Bericht endgültig abgeschlossen werden konnte, vollzog sich eine entscheidende Veränderung. Aufgrund eines Wechsels in der Verwaltungsspitze änderten sich in der Stadt Siegen die Zielvorstellungen in diesem Themenbereich. Die Stadt Siegen schloss sich daraufhin einem Verwaltungsvergleich mit nordrhein-westfälischen Städten an. Siegen stand zwar danach weiterhin als Gesprächs- und Diskussionspartner zur Verfügung, brachte sich aber nicht weiter in die Zusammenarbeit ein und legte auch die Federführung der Arbeitsgruppe nieder. Der Hauptamtsleiter, der diese Arbeitsgruppe bis zu diesem Zeitpunkt organisiert hatte, nahm aufgrund einer Umstrukturierung der Verwaltung in Siegen an den Treffen der Arbeitsgruppe nicht mehr teil.

Obwohl die Teilnehmer die Erfahrungen, die bis zu diesem Zeitpunkt gemacht wurden, positiv bewerteten und an einer weiteren Zusammenarbeit interessiert waren, erklärte sich keine Stadt bereit, die Federführung für die Arbeitsgruppe zu übernehmen. Um eine Fortführung der Arbeit zu ermöglichen, wurden die Treffen daraufhin von der Projektforschung organisiert und betreut, die während der Modellphase an den Sitzungen aller Arbeitsgruppen teilnahm. In dieser Phase musste einerseits der Managementbericht diskutiert und abgeschlossen werden, und andererseits musste die weitere Vorgehensweise abgestimmt und entsprechende Maßnahmen eingeleitet werden. Kurze Zeit später wurde deshalb eine Tagung organisiert, bei der der Entwurf des Managementberichts erörtert wurde. Die Städte hatten somit die Möglichkeit, die erhobenen Daten über die Häufigkeit von Vorgängen und deren Bearbeitungszeiten etc. zu kommentieren. Darüber hinaus befassten sich die Teilnehmer mit den Ergebnissen der Mitarbeiter- und der Kundenbefragung, die ebenfalls in dem Bericht dargestellt sind.

Ursprünglich war es geplant, nach der Untersuchung der Einwohnermeldeämter und der Standesämter die Arbeit weiterer Verwaltungsstellen zu analysieren. Die Teilnehmer der Arbeitsgruppe konnten sich jedoch auf keine gemeinsame Vorgehensweise einigen. Es bestand lediglich Einigkeit darüber, den Leistungsvergleich für die bisherigen Bereiche (Einwohnermeldeamt, Standesamt) auch ohne die Stadt Siegen fortzusetzen. Darüber hinaus einigte man sich, neben den gemeinsamen Arbeitsgruppensitzungen, die insbesondere dem Informationsaustausch und der Diskussion der Ziele und der Vorgehensweise dienen sollten, kleinere Projekte durchzuführen, an denen jeweils nicht alle Teilnehmerstädte mitarbeiten sollten. So wollten sich die kleineren Städte mit den kommunalen Bauhöfen beschäftigen, während die größeren Städte Gießen, Marburg und Wetzlar sich mit der Sozialverwaltung befassen wollten. Diese Vorhaben konnten jedoch nicht realisiert werden. Ein **Vergleich der Sozialämter** ist aufgrund „unterschiedlicher Auffassungen der betroffenen Kommunen über die Sinnhaftigkeit einer solchen Untersuchung bisher nicht zustande gekommen" (KLIEMT 1997a, 14). Auch der **Vergleich der Bauhöfe** wurde nicht durchgeführt, da deren Organisation und die Aufgabenerfüllung sich so sehr unterscheiden, dass eine gesamte Untersuchung als nicht sinnvoll eingeschätzt wurde. Es haben jedoch Gespräche stattgefunden, in denen Teilbereiche besprochen wurden. Trotz dieser Schwierigkeiten wird die Zusammenarbeit der Arbeitsgruppe „Modernisierung der Verwaltung" von den Gesprächspartnern, die die Arbeit mit verfolgt haben, positiv bewertet. So wurde in den Gesprächen, die mit den Vertretern des Städtenetzes geführt wurden, darauf hingewiesen, dass derartige Untersuchungen in einer einzelnen Stadt kaum durchführbar seien. Obwohl keine umfassenden Veränderungen nach dieser Untersuchung eingeleitet wurden, so waren die Experten insoweit zufrieden, dass wichtige Informationen gewonnen werden konnten, z. B. über die Möglichkeiten, die Kundenzufriedenheit zu erhöhen. Nach Ansicht einiger Gesprächspartner konnten durchaus wichtige Maßnahmen eingeleitet werden, wenngleich die Veränderungen nur sehr schwer zu messen sind bzw. die Bedeutung in der Öffentlichkeit nur schwer vermittelt werden kann (beispielsweise wenn ein Formular vereinheitlicht wird).

Trotz dieser positiven Einschätzung werden keine Treffen dieser Arbeitsgruppe organisiert. Zur Zeit der Untersuchung gab es keinen Beschluss, wie bzw. ob die Arbeit fortgesetzt werden soll.

Stadtentwicklung durch Flächenmanagement

In der Arbeitsgruppe „Stadtentwicklung durch Flächenmanagement" befassten sich die Teilnehmer sehr intensiv mit dem Thema der **Mobilisierung vorgenutzter Flächen**. Im Vordergrund standen die in den meisten Städten **freigewordenen militärischen Areale**. Für die Städte stellte sich die Frage, welche Möglichkeiten und Chancen diese Areale für die Städteentwicklung bieten. Zugleich waren die Städte aufgrund dieser Entwicklung mit neuen bzw. anderen Verfahrensweisen konfrontiert.

Die Arbeitsgruppe bot den Mitarbeitern der relevanten städtischen Ämter und Einrichtungen die Möglichkeit, Erfahrungen auszutauschen und Probleme zu diskutieren, die im Verlauf der Entwicklung auftauchten. So wurde über die Bewertung von verlassenen Bundeswehr-Liegenschaften, über Verhandlungen mit dem Bundesvermögensamt sowie über Vermarktungsprobleme, Planungsfragen und Altlastenprobleme gesprochen (vgl. GIEßENER ALLGEMEINE ZEITUNG vom 13.2.95). Im Mittelpunkt der Zusammenarbeit stand der Erfahrungsaustausch in bezug auf verfahrensrechtliche und finanzielle Fragen. Durch die Vorstellung des Planungsstandes und der Vorgehensweise bekamen die Mitarbeiter für ihre eigene Arbeit wertvolle Anregungen. Insbesondere die Stadt Marburg, die die Federführung für diese Arbeitsgruppe übernommen hatte, verfügte über umfangreiche Erfahrungen zu Fragen der Konversion.

Die Zusammenarbeit im Rahmen der Arbeitsgruppe beschränkte sich aber nicht nur auf den Erfahrungsaustausch untereinander, sondern bot den Teilnehmern auch die Möglichkeit, mit Vertretern der Planungsbehörden zu diskutieren, die zu den Treffen ebenfalls eingeladen wurden. Darüber hinaus wurden die Treffen auch genutzt, um Forderungen zu formulieren und sie an die zuständigen Stellen weiterzuleiten. In einer Arbeitsgruppensitzung, in der die Teilnehmer über die Verkehrsanbindung von Konversionsflächen diskutierten, stellten sie fest, dass wegen unzureichender Anbindung Vorhaben nicht realisiert werden können. Dieses Diskussionsergebnis wurde daraufhin auch beim Hessischen Ministerium für Wirtschaft, Verkehr und Landesentwicklung vorgetragen.

Neben den Problemen, die im Rahmen des Flächenrecyclings von ehemals militärischen Arealen entstehen, wurde in der Arbeitsgruppe auch über Möglichkeiten gesprochen, die sich für die Städte aus **brachfallenden Bahnflächen** ergeben. Auch zu diesem Thema haben die Vertreter der Städte ihre jeweiligen Erfahrungen ausgetauscht, mögliche Vorgehensweisen diskutiert und die Problematik am Beispiel Dillenburgs nachvollzogen. Für Dillenburg stellte sich die Chance und zugleich auch das Problem, dass eine 11 ha große Fläche von der Bahn nicht mehr benötigt wurde. Dieses Areal befindet sich in der Nähe der Innenstadt und ist deswegen für die Stadtentwicklung außerordentlich interessant. Allerdings ist eine derartige Planung so umfangreich, dass sie von einer Stadt der Größe Dillenburgs allein nur schwierig bewältigt werden kann. Deswegen bemühte sich die Projektforschung, die an den Arbeitsgruppentreffen ebenso teilnahm wie ein Vertreter des Regierungspräsidiums, der Industrie- und Handelskammern und des Landes Hessen, einen Dialog mit der Hessischen Landesregierung und der Deutschen Bahn AG zu initiieren. In den Sitzungen der Arbeitsgruppe wurden die Vertreter der anderen Städte über die Ergebnisse dieser Gespräche unterrichtet, so dass auch sie von den Erfahrungen profitieren konnten.

In diesem Fall zeigte sich auch, dass die Städte trotz der Zusammenarbeit im Städtenetz zugleich auch Konkurrenten sind. Als eine Möglichkeit, das Areal in Dillenburg zu nutzen, wurde die Errichtung eines regionalen Güterverteilzentrums diskutiert. Ein Teilnehmer dieser Arbeitsgruppe schilderte in einem der Expertengespräche, dass in diesem Zusammenhang in einer Arbeitsgruppensitzung eine sehr intensive und kontroverse Diskussion geführt wurde, da auch die Stadt Wetzlar an der Entwicklung eines derartigen Konzeptes arbeitete. Zum Zeitpunkt der Expertengespräche war noch nicht geklärt, ob bzw. wo ein derartiges Projekt verwirklicht werden soll.

Um weitere interessierte Fachleute in den Erfahrungs- und Informationsaustausch einzubeziehen, organisierte die Arbeitsgruppe gemeinsam mit der HLT einen **Workshop** mit dem Titel „Mobilisierung vorgenutzter Flächen". So hatten im April 1998 neben den Arbeitsgruppenmitgliedern auch Interessierte aus anderen Kommunen die Möglichkeit, sich zu informieren und zu diskutieren.

Trotz des Schwerpunktes Flächenrecycling wurden in der Arbeitsgruppe auch andere **aktuelle Themen** besprochen. So befasste man sich bei den Treffen auch mit dem Umgang mit großflächigen Einzelhandelseinrichtungen und der kommunalen Konkurrenz um Gewerbebetriebe bzw. der Ausweisung interkommunaler Gewerbegebiete. Darüber hinaus verglichen die Vertreter der Städte, welche Instrumente zur Bodenmobilisierung bevorzugt werden, um so eine Diskussion über den Einsatz der Instrumente anzuregen. Konkrete Vorhaben oder Projekte zu diesen Themen wurden jedoch nicht vereinbart.

Alle Kommunen nahmen aufgrund ihres großen Interesses an den Arbeitsgruppensitzungen teil.

ÖPNV – Verkehr allgemein

Obwohl sich die Beteiligten der Arbeitsgruppe „ÖPNV – Verkehr allgemein" im Vergleich zu anderen Gruppen relativ selten getroffen haben (lediglich zweimal im Jahr), wurden dennoch vier Themen im Bereich Verkehr bearbeitet. So befassten sich die Teilnehmer der Arbeitsgruppensitzungen sehr intensiv mit dem Thema **Öffentlicher Personennahverkehr**. Gemeinsam mit Vertretern der Landkreise, angrenzender Gemeinden, der Industrie- und Handelskammern, der Verkehrsgesellschaften und des Regierungspräsidiums Gießen, die je nach Tagesordnung zu den Treffen eingeladen wurden, überlegte man, wie die Erreichbarkeit innerhalb des Gebietes des Städtenetzes und die Verbindung zu den benachbarten Ballungsräumen mit Hilfe des ÖPNV gesichert bzw. verbessert werden könnte. Dieses

Thema ist für das Gebiet besonders wichtig, da aufgrund der Zugehörigkeit zu verschiedenen Bundesländern unterschiedliche Nahverkehrsgesetze gelten und die Städte verschiedenen Verkehrsverbünden bzw. Zweckverbänden angehören. Besonders wichtig ist diese Arbeit für die Städte in unmittelbarer Nähe zu den Landesgrenzen – im Städtenetz Lahn-Sieg-Dill sind das die Städte Betzdorf, Haiger und Siegen. Aus diesem Grund wurde die Leitung dieser Arbeitsgruppe vom Bürgermeister der Stadt Haiger, Herrn Dr. Zoubek, übernommen.

Die Beteiligung von Städten aus drei angrenzenden Bundesländern ermöglichte einen sehr intensiven Austausch über die Abstimmungsschwierigkeiten im grenzüberschreitenden ÖPNV. Die Analyse ergab, dass es für die Kunden besonders wichtig ist, die Tarifsysteme anzugleichen bzw. zu vereinheitlichen, die Fahrpläne aufeinander abzustimmen und Lücken im Netz der Verkehrsverbünde zu schließen. Obwohl nicht alle Probleme gelöst werden konnten, leistete das Städtenetz nach Auskunft des Leiters der Arbeitsgruppe dennoch einen Beitrag zur Verbesserung der Situation. Besonders wichtig schätzt Herr Dr. Zoubek die Möglichkeit ein, gemeinsam zu Vorhaben und Plänen der Länder, der Deutschen Bahn AG und der Verkehrsverbünde Stellung zu beziehen. So konnte sich z. B. bisher erfolgreich gegen die geplante Stilllegung der sogenannten Hellertalbahn (Dillenburg – Betzdorf) gewehrt werden. Um die Arbeit in diesem Themenbereich weiter voranzubringen, hatten das Hessische Ministerium für Wirtschaft, Verkehr und Landesentwicklung und das Nordrhein-Westfälische Ministerium für Umwelt, Raumordnung und Landwirtschaft zugesichert, ein Gutachten über Abstimmungsprobleme der Fahrpläne im Dreiländereck zu finanzieren.

Die Arbeitsgruppe befasste sich auch mit Möglichkeiten, das Angebot des Öffentlichen Personennahverkehrs durch **alternative bzw. innovative Projekte** zu verbessern. Insbesondere für Bereiche, in denen das Nahverkehrsangebot von Bus und Bahn nur wenig ausgeprägt ist, wird über alternative Möglichkeiten zur Ergänzung des bestehenden Angebots nachgedacht. Aus diesem Grund wurde ein Erfahrungsaustausch zu diesem Thema angeregt, zu dem auch externe Fachleute eingeladen wurden, um zusätzliche Informationen zu gewinnen. Gemeinsam wurde überlegt, mit welchem Verkehrssystem der ÖPNV für die Bürger attraktiver gestaltet werden kann. Für die Zukunft könnte sich der Leiter der Arbeitsgruppe beispielsweise vorstellen, dass einige benachbarte Städte neue Systeme wie ein Anrufbussystem erproben. An den Erfahrungen könnten auch die anderen Teilnehmer teilhaben und daraufhin überlegen, ob diese Systeme auch für sie sinnvoll sind. Konkrete Projekte wurden in diesem Zusammenhang bisher nicht beschlossen, es fanden aber bereits vorbereitende Gespräche statt.

Auch das Thema „**Aufwertung von Bahnhöfen und des Bahnhofumfeldes**", das ebenfalls in den Sitzungen der Arbeitsgruppe bearbeitet wurde, soll dazu beitragen, den ÖPNV attraktiver zu gestalten. Zunächst fand ein interner Austausch zu Themen der Um- bzw. Neugestaltung von Bahnhöfen und des Umfeldes statt. Um möglichst viele interessierte Gesprächspartner von verschiedenen Institutionen

(Städte, Deutsche Bahn AG, Verkehrsverbünde) für einen gemeinsamen Austausch zu gewinnen, wurde im Januar 1998 eine eintägige Informationsveranstaltung organisiert. Für diese Veranstaltung, die die HLT vorbereitete, wurden als Referenten Vertreter der Deutschen Bahn AG, der Verkehrsverbünde und des Landes Hessen eingeladen. Auf diese Weise wurden die Kommunen über planerische, finanzielle, städtebauliche und baurechtliche Möglichkeiten informiert, die mit dem Thema Aufwertung von Bahnhöfen und deren Umfeld im Zusammenhang stehen.

Die Arbeitsgruppe beschäftigte sich jedoch nicht nur mit dem Thema Öffentlicher Personennahverkehr, sondern auch mit dem **Güterverkehr**. Zunächst wurde unter Einbeziehung der vorhandenen Gutachten die Frage diskutiert, welche Möglichkeiten der Einflussnahme auf Entscheidungsträger bestehen. Im Verlauf der nachfolgenden Treffen verständigte man sich darauf, gegenüber der Bahntrans (Tochterunternehmen der Deutschen Bahn AG, die den Güterumschlag betreibt) gemeinsam aufzutreten. Deswegen strebte die Arbeitsgruppe an, sich zum Thema Güterumschlag zwischen Schiene und Straße zu informieren.

Ein für das gesamte Städtenetz sehr wesentliches Projekt war die Errichtung eines gemeinsamen, die Teilnehmerstädte verbindenden **Radwegenetzes**. Koordiniert wurde das Projekt von einem Mitarbeiter der Stadt Haiger. Zunächst wurden die Teilnehmerstädte des Netzes und die benachbarten Kommunen gebeten, entsprechende Routenvorschläge entlang der Flüsse Lahn, Sieg und Dill zu erarbeiten. Ausgehend von diesen Vorschlägen wurde eine Streckenführung von Marburg bis nach Betzdorf ausgewählt und dabei festgestellt, dass von dem ca. 160 km langen Radweg lediglich 400 m fehlten. Nachdem das fehlende Stück fertiggestellt wurde und eine entsprechende Städtenetz-Beschilderung angebracht war, wurde der Radweg am 25.4.98 mit einer öffentlichen Veranstaltung eingeweiht. An diesem Tag wurde die Bevölkerung zu einer Städtenetz-Radtour eingeladen. Dazu wurden entlang der Strecke zahlreiche Angebote zur Unterhaltung organisiert (vgl. DILL-POST vom 24.4.98). Dieses Projekt ist insofern von besonderer Bedeutung, weil es sich einerseits um eine vollständig fertiggestellte Planung handelt und es andererseits das einzige Ergebnis ist, das der Bevölkerung sichtbar und auch erlebbar vorgestellt werden konnte.

Kultur

Die Zusammenarbeit in dieser Arbeitsgruppe erwies sich seit der Anfangsphase als außerordentlich schwierig. Bereits der Name „Weiche Standortfaktoren", den die Lenkungsgruppe für die Arbeitsgruppe auswählte, sorgte für eine intensive Diskussion. Die Mitarbeiter, die von den einzelnen Städten entsandt wurden, assoziierten mit diesem Thema unterschiedliche Vorstellungen, so dass bei den ersten Treffen zunächst mögliche Inhalte definiert und eine Abgrenzung vorgenommen werden mussten. Man einigte sich darauf, eine Zusammenarbeit zu den Themen Kultur, Fremdenverkehr und Sport anzustreben und veränderte den Namen der Arbeitsgruppe dementsprechend. An den Treffen der Arbeitsgruppe nahmen nach dieser Entscheidung nur noch Vertreter aus den Bereichen Kultur und Fremdenverkehr teil. Da in den größeren Städten die Aufgaben jeweils von eigenständigen Ämtern oder Abteilungen bearbeitet werden, nahmen i. d. R. zwei Vertreter dieser Städte teil. In den kleineren Städten beschäftigt sich hingegen nur eine Fachkraft mit diesem Thema, deswegen konnte nur ein Mitarbeiter in die Arbeitsgruppe entsandt werden. Darüber hinaus wurde zu den Treffen ein Vertreter des Regierungspräsidiums Gießen eingeladen.

Um Bereiche zu finden, bei denen Kooperationen möglich und sinnvoll sind, wurde zunächst mit Hilfe von Fragebögen eine **Bestandsaufnahme der Rahmenbedingungen** initiiert. Für die Bereiche Kultur und Fremdenverkehr wurden so die jeweiligen Stärken und Schwächen der Kommunen herausgearbeitet. Die Auswertung und Besprechung der Fragebögen ermöglichte den Vertretern der Kommunen Einblicke in die Organisation, die Ausstattung und die Vorgehensweisen der Kollegen. Auf diese Weise wurden insbesondere die Unterschiede, die sich aus den jeweiligen Rahmenbedingungen ergaben (Länderzugehörigkeit, unterschiedliche Größe etc.), analysiert. Ausgehend vom Informations- und Erfahrungsaustausch wurden erste Themenfelder für eine Zusammenarbeit ausgewählt. So verständigte man sich darauf, bei den Arbeitsgruppentreffen zu überlegen, wie Veranstaltungen oder Veranstaltungsteile zwischen den Städten ausgetauscht werden können. Zudem strebte man an, zu den Themen Finanzierung und Budgetierung gemeinsam, evtl. auch unter Einbeziehung von Experten, neue Informationen zu erarbeiten. Die erste Veranstaltung, bei der überprüft werden sollte, inwieweit eine **gemeinsame Planung** möglich ist und welche Programmpunkte ausgetauscht werden können, waren die Sommerfestivals der Städte. Zu den Treffen der Arbeitsgruppe wurden daraufhin weitere Vertreter eingeladen, die sich mit der Planung der Veranstaltung befassten. In der Diskussion stellte sich heraus, dass eine Kooperation bei der Planung und Durchführung der Sommerveranstaltungen nicht möglich ist, weil die ortsspezifischen Rahmenbedingungen sich zu stark unterscheiden. Da man den Versuch, gemeinsam Veranstaltungen zu organisieren, nicht vollständig verwerfen wollte, verständigte man sich darauf, zu prüfen, ob eine Zusammenarbeit bei Kinderveranstaltungen, „Highlight-Veranstaltungen" und bei der Werbung möglich ist. Von einem gemeinsamen **Veranstaltungskalender** wurde Abstand genommen, da man den Werbeeffekt gering einschätzte. Es wurde geplant, mit Plakaten und Handzetteln in den anderen Städten für Veranstaltungen zu werben. Darüber hinaus wollten die Teilnehmer der Arbeitsgruppe prüfen, ob es möglich ist, gemeinsam ein sogenanntes „**Kulturhandbuch**" zu erstellen, in denen Künstler und auch Kontaktadressen von Veranstaltern zusammengestellt werden. Ein Kulturhandbuch Lahn-Sieg-Dill sollte einerseits die Kulturarbeit unterstützen und zugleich einen Werbeeffekt für die Region ermöglichen. Außerdem verabredeten die Mitarbeiter der Arbeitsgruppe, **Besuche von Kulturbörsen aufeinander abzustimmen** und sich das Material und die Informationen dieser Veranstaltungen gegenseitig vorzustellen und auszutauschen. Die Darstellung der Themenschwerpunkte der Arbeitsgruppe verdeutlicht, dass keine Projekte im Bereich Fremdenverkehr erarbeitet wurden.

Die Mitarbeiter für den Bereich Fremdenverkehr sahen keine Perspektive für eine konkrete Kooperation im Städtenetz und beendeten ihre Mitarbeit in der Arbeitsgruppe. Da zum Thema Sport keine Zusammenarbeit stattfand und auch keine Vertreter aus diesem Bereich anwesend waren, einigte man sich in der Arbeitsgruppe darauf, unter dem Titel „Kultur" weiterzuarbeiten. Man verständigte sich darauf, die Themenschwerpunkte „gemeinsame Veranstaltungen" und das „Kulturhandbuch" weiter zu verfolgen.

Um neue Anregungen für die Zusammenarbeit zu bekommen, trafen sich die Vertreter der Arbeitsgruppe Kultur am 16. Oktober 1996 in Diepholz mit den für diesen Bereich zuständigen Mitarbeitern der Städtenetze SEHN und „Städtequartett" zu einem Informations- und Erfahrungsaustausch.

Die Vorstellung der Vorgehens- und Arbeitsweise der Arbeitsgruppe „Kultur" veranschaulicht, dass die Mitarbeiter sehr bemüht waren. Sie investierten sehr viel Arbeitszeit für die Arbeitsgruppensitzungen und für das Treffen mit den zwei anderen Städtenetzen. Trotz des Engagements konnte keines der angestrebten Projekte verwirklicht werden. Die Überlegungen zum abgestimmten Austausch von Veranstaltungen wurden verworfen, da man keine Möglichkeit sah, tatsächliche Erfolge erzielen zu können. Auch das Kulturhandbuch konnte nicht verwirklicht werden, da nach Auskunft der Leiterin dieser Arbeitsgruppe, Frau Eidmann (Gießen), keine Mittel für den erforderlichen Arbeitseinsatz und für die Druckkosten vorhanden waren. So wurden immer neue Projekte gesucht, bei denen eine Zusammenarbeit funktionieren könnte, aber auch die gemeinsame **Präsentation im Internet** wurde trotz einer gemeinsamen Einführungsveranstaltung im Hause der HLT verworfen. Eine Möglichkeit der **Zusammenarbeit mit dem Kulturförderkreis Mittelhessen** e. V., dem Veranstalter des sogenannten „Mittelhessischen Kultursommers", wurde ungeachtet eines Treffens mit der Geschäftsführerin des Vereins nicht gesehen. Auch die Ausführungen eines Mitarbeiters der HLT, der zuvor an der Initiierung des Nordhessischen Kultursommers beteiligt war, konnte die Zusammenarbeit nicht fördern. Statt dessen beschlossen die Mitarbeiter der Arbeitsgruppe Kultur, die Arbeit im Rahmen des Städtenetzes zu beenden. Mit einer schriftlichen Stellungnahme wurde der Lenkungsgruppe empfohlen, die Arbeit der Projektgruppe Kultur einzustellen. Das Ergebnis der Zusammenarbeit wurde wie folgt dargestellt: „Die strukturellen Unterschiede der Mitgliedsstädte, die Zugehörigkeit zu drei Bundesländern, die enge Nachbarschaft der drei Sonderstatusstädte Gießen, Marburg, Wetzlar, das jeweils eigene Gepräge der kulturellen Infrastruktur der einzelnen Kommunen im Städtenetz und die großen Unterschiede bei den finanziellen und personellen Ressourcen der Kulturämter bzw. Kulturabteilungen haben letztlich zu keinen gemeinsamen Zielvorstellungen und somit auch zu keinen konkreten gemeinsamen Projekten geführt" (KLIEMT 1997b, 458 f.). Die Lenkungsgruppe hat diese Begründung mit Bedauern zur Kenntnis genommen.

Da die Mitglieder dieses Gremiums gerade im Themenbereich Kultur die Möglichkeit sahen, voneinander zu lernen, finanzielle Mittel einzusparen und die Bevölkerung zusammenzubringen, wurde ein neuer Versuch unternommen, die Zusammenarbeit anzuregen. Knapp ein Jahr nach der letzten Arbeitsgruppensitzung fand im April 1998, nach dem Ende der Modellphase, ein erneuter Versuch statt, gemeinsame Projekte zu entwickeln. Zu diesem Treffen wurden neben den für den Bereich Kultur zuständigen Mitarbeitern auch die Lenkungsgruppenmitglieder (Oberbürgermeister und Bürgermeister) eingeladen. Bei dem Treffen wurden nicht nur die Vorgehensweise, sondern auch konkrete Vorhaben besprochen. So konnte das erste konkrete Projekt entwickelt werden, das derzeit vorbereitet wird. Ausgehend von einem Vorschlag von Herrn Dette (Kulturamtsleiter der Stadt Gießen) wird derzeit eine **Fotoausstellung** unter dem Motto „Wir sehen unseren Nachbarn" organisiert. Amateurfotografen werden zu diesem Thema aufgerufen, Motive in der jeweils anderen Stadt der ausgelosten Städtepaare zu fotografieren (vgl. ZEITUNGSGRUPPE LAHN-DILL vom 23.10.98). Die Bilder sollen in einer Wanderausstellung und, wenn möglich, in einem begleitenden Bildband bzw. Ausstellungskatalog präsentiert werden. Die Vorarbeiten zu diesem Projekt laufen nach Auskunft von Frau Eidmann, der Leiterin der Arbeitsgruppe Kultur, gut. Es wird erhofft, auf diese Weise einen Beitrag leisten zu können, das Bewusstsein und das Interesse der Bevölkerung für die jeweiligen Nachbarn zu fördern.

Qualifizierung – Strategie zur Anpassung an den wirtschaftlichen Strukturwandel

Die Bekämpfung der Arbeitslosigkeit gehört in Deutschland in den letzten Jahren zu den wichtigsten Aufgaben. Arbeitsmarktpolitische Fragen werden dabei nicht allein der Bundesanstalt für Arbeit und den Arbeitsämtern überlassen, auch die Städte beteiligen sich an der Suche nach geeigneten Maßnahmen. Wenn es gelingt, die Zahl der Arbeitslosen zu reduzieren, so ist mit einer Abnahme der Sozialhilfeempfänger zu rechnen, womit zugleich ein wichtiger Beitrag der Entlastung der kommunalen Haushalte erzielt werden könnte.

Im Städtenetz Lahn-Sieg-Dill werden arbeitsmarktrelevante Themen im Rahmen der Arbeitsgruppe „Qualifizierung – Strategie zur Anpassung an den wirtschaftlichen Strukturwandel" bearbeitet. Die Zusammenarbeit soll einen Beitrag zur Verminderung bzw. zum Abbau von Arbeitslosigkeit leisten und somit zugleich zur Erhaltung und Erhöhung der Wettbewerbsfähigkeit der Wirtschaft in diesem Gebiet beitragen. Geleitet wird die Arbeitsgruppe von einem Mitarbeiter der Stadt Wetzlar.

Begonnen wurde die Zusammenarbeit in der Arbeitsgruppe mit der Definition von Zielen und Inhalten der Arbeit und der Festlegung eines Ablaufschemas. Man einigte sich, zunächst die Ausgangsbedingungen, die Unterschiede und die Gemeinsamkeiten der Städte anhand entsprechender Merkmale zu analysieren. Dieser Einstieg in das Thema „Qualifizierung" war notwendig, da die Erfahrungen und Kompetenzen der einzelnen Mitarbeiter sehr unterschiedlich ausgeprägt waren.

Der Leiter der Arbeitsgruppe, Herr Schreiber, berichtete im Gespräch, dass die kleineren Städte sich vorher nicht mit diesen Themen befassten, weil diese auf der Ebene der Landkreise bearbeitet werden. Deswegen konnten diese Städte kein Fachpersonal entsenden, das sich dauerhaft mit dieser Problematik beschäftigt. Statt dessen wurden Mitarbeiter der Sozial- und Jugendämter oder auch in einem Fall des Liegenschaftsamtes zu den Treffen entsandt. Aufgrund der unterschiedlichen Zusammensetzung und der daraus resultierenden Unterschiede der Vorkenntnisse war es wichtig, eine **gemeinsame Grundlage zu erarbeiten**. Dazu wurden zunächst ausgewählte Merkmale zum Strukturwandel in den Kommunen und in den Landkreisen des Städtenetzes erhoben. Anschließend sammelten die Städte zu den Themen

- Sozialhilfe – laufende Hilfe zum Lebensunterhalt und
- Ausbildungsstellen und Bewerber um Ausbildungsstellen

Informationen und diskutierten diese in den Arbeitsgruppensitzungen. Die gewonnenen Informationen wurden graphisch aufbereitet und den einzelnen Städten zur Verfügung gestellt. Bereits durch die Zusammenstellung der ausgewerteten Daten gelangten die Städte an wichtige Informationen, die ihnen vor der Zusammenarbeit nicht zur Verfügung standen. Zudem konnten die spezifischen Probleme der Städte durch den Vergleich mit anderen Kommunen besser erkannt werden. Anschließend befassten sich die Mitglieder der Arbeitsgruppe mit beispielhaften Qualifizierungsmaßnahmen aus den Teilnehmerstädten. So wurden jeweils die erfolgten Maßnahmen zur Qualifizierung von Arbeitslosen und von der Arbeitslosigkeit bedrohten Personen gesammelt und in einer **Broschüre** mit dem Titel „Ausgewählte beispielhafte Bildungs- und Beschäftigungsmaßnahmen 1995/96" dargestellt. Neben der Beschreibung der Qualifizierungsmaßnahmen sind dort auch die Adressen von Bildungs- und Beschäftigungsträgern im Städtenetz Lahn-Sieg-Dill zusammengestellt (vgl. STÄDTENETZ LAHN-SIEG-DILL 1996). Die Erstellung der Broschüre hatte nicht nur das Ziel, den Informationsaustausch in der Arbeitsgruppe anzuregen. Sie sollte auch den Austausch zwischen den Bildungs- und Beschäftigungsträgern fördern, um eine Übertragung von erfolgreichen Projekten zu ermöglichen. Dementsprechend wurden 500 Exemplare dieser Broschüre erstellt und Interessierten zur Verfügung gestellt.

Parallel zu der Erarbeitung dieser Grundlagen befasste sich die Arbeitsgruppe mit der Frage, wie sogenannte „**Vor-Ort-Arbeitskreise der Bildungs- und Beschäftigungsträger**" eingerichtet bzw. erweitert werden können. Ziel dieses Projektes war die Etablierung von Gesprächsrunden der Experten eines Gebietes (Vertreter des Arbeitsamtes, der Industrie- und Handelskammer, der Handwerkerschaft, der Gewerkschaften etc.). Auf diese Weise sollte ein Informations- und Erfahrungsaustausch und eine bessere Abstimmung von Qualifizierungs- und Beschäftigungsmaßnahmen erreicht werden (vgl. WETZLARER NEUE ZEITUNG vom 22.5.96). In Siegen und in Betzdorf (Landkreis Altenkirchen) bestanden bereits derartige Gesprächsrunden, so dass in der Arbeitsgruppe des Städtenetzes überlegt wurde, wie die bestehenden Arbeitskreise sinnvoll erweitert und in den anderen Städten derartige Gesprächsrunden etabliert werden können. Zu diesem Zweck wurden die Vertreter der Landesarbeitsämter und der regionalen Arbeitsämter der acht Teilnehmerstädte zu einer Gesprächsrunde eingeladen, um Möglichkeiten der Zusammenarbeit und die weitere Vorgehensweise zu diskutieren. Nach diesem Gespräch sollten weitere Treffen organisiert werden, um mögliche Teilnehmer für die einzelnen Arbeitskreise auszuwählen. Die Mitarbeiter der Arbeitsgruppe des Städtenetzes mussten jedoch einsehen, dass es nicht möglich ist, in allen Mitgliedskommunen Vor-Ort-Arbeitskreise einzurichten, um so zum Abbau der Arbeitslosigkeit beizutragen. Ein Grund für die Aufgabe des ursprünglich geplanten Projektes ist die Einsicht, „dass bereits bestehende und eingefahrene Strukturen nicht ohne weiteres veränderbar sind" (KLIEMT 1997b, 458).

Das Interesse der kleineren Städte an diesem Thema hat im Verlauf der Zusammenarbeit nachgelassen, da wenige Umsetzungsmöglichkeiten gesehen wurden. Obwohl sich nicht mehr alle Städte an der Arbeitsgruppe aktiv beteiligen wollten, wurde die geleistete Zusammenarbeit sehr positiv bewertet. Deshalb wurde nach neuen Strategien für die Fortsetzung der Kooperation gesucht. Man verständigte sich darauf, **gemeinsame Veranstaltungen** zu arbeitsmarktrelevanten Themenfeldern zu planen, und ein **Informationsblatt** mit dem Namen „Newsletter" zu erstellen. Auf diese Weise sollten die Kompetenzen der lokalen Akteure verbessert und ein Erfahrungs- und Informationsaustausch ermöglicht werden. Darüber hinaus sollte dieses Vorgehen zur Abstimmung zwischen lokalen und regionalen Akteuren beitragen (vgl. KLIEMT 1997a, 16f.). Im Oktober 1997 fand in Siegen die erste gemeinsame Veranstaltung zum Thema „Arbeitsmarktpolitik und kommunale Beschäftigungsförderung" statt. Die Veranstaltung war gut besucht, allerdings gab es erneut Probleme bei der Finanzierung des Projektes (vgl. Kap. 6.2). Die letzte Veranstaltung der Arbeitsgruppe wurde im Mai 1999 in Marburg unter dem Titel „Förderung von Existenzgründungen im Städtenetz Lahn-Sieg-Dill – Regionaler Erfahrungsaustausch" organisiert.

Das Informationsblatt „Newsletter" bietet den Vorteil, dass sich auch die kleineren Städten weiterhin beteiligen können, ohne an den Gruppensitzungen teilzunehmen. Der „Newsletter" erscheint in unregelmäßigen Abständen und stellt erfolgreiche Maßnahmen, Projekte und Ideen aus den verschiedenen Städten und umliegenden Gebieten vor. Da in jedem Beitrag Ansprechpersonen benannt werden, bietet „Newsletter" eine Möglichkeit, Kontakte zu knüpfen, um erfolgreiche Projekte zu übertragen.

Projekte der Lenkungsgruppe

Die Lenkungsgruppe befasst sich nicht nur mit organisatorischen Fragen, sondern ist auch für die Außendarstellung des Städtenetzes zuständig. So wurde im Rahmen der Zusammenarbeit eine **gemeinsame Anzeige** für eine Zeitungsbeilage der Zeitung „Die Welt" vorbereitet. Anlässlich der 6. Projektwerkstatt des ExWoSt-

Forschungsfeldes stellte „Die Welt" am 29. August 1997 das gesamte Forschungsfeld und auch die einzelnen Städtenetze in einer Beilage vor. Die Städtenetze bekamen so die Gelegenheit, mit einer entsprechenden Anzeige für ihren Standort zu werben. Das Städtenetz Lahn-Sieg-Dill beschloss, sich mit dem Hinweis auf die 3 Universitäten, die Fachhochschule, die Möglichkeit zum Technologietransfer, die Nachbarschaft zum Rhein-Main und Rhein-Ruhr Gebiet und die guten Verkehrsanbindungen als „Technologieregion Lahn-Sieg-Dill darzustellen. Der Slogan „8 Städte = 3 Länder = 1 Region – Eine Gleichung, die aufgeht!" belegt, dass aus Marketinggründen Städtenetze als Region präsentiert werden, obwohl es sich streng genommen nicht um eine regionale Zusammenarbeit handelt (vgl. Kap. 4.1). Diese Werbeanzeige verdeutlicht eine neue Zielsetzung, auf die man sich im Jahr 1997, anlässlich der Diskussion um die Fortführung des Städtenetzes, verständigte (vgl. Kap. 6.3).

Die Lenkungsgruppe befasste sich darüber hinaus auch mit der Vertretung gegenüber den Ländern. So wurde beispielsweise eine gemeinsame **Stellungnahme zum Landesentwicklungsplan** „Hessen 2000" erarbeitet. Im Entwurf des LEP wurden zwar die Grundsätze und Ziele von Städtenetzen hervorgehoben und es wurde zugesichert, dass die Landesregierung das Städtenetz durch Beratung und Moderation fördert, aber aus Sicht des Städtenetzes müssen auch die Kooperationsprojekte unterstützt werden. Im Rahmen des Anhörungsverfahrens übersandte deshalb der Oberbürgermeister von Gießen stellvertretend für das Städtenetz konkrete Änderungsvorschläge. Dazu zählt auch der Vorschlag zu prüfen, „inwieweit Städtenetze und andere Kooperationsformen über ein Bonussystem bevorzugt von strukturpolitischen Programmen profitieren (...) können" (KLIEMT 1997a, Anlage 12). Darüber hinaus wurde in der Stellungnahme das angestrebte Ziel der Universitätsplatzreduzierung kritisiert, weil den Hochschulen als Standortfaktor für Mittelhessen große Bedeutung beigemessen wird. Ob und in welcher Form diese Anmerkungen bei der Aufstellung des Landesentwicklungsplans berücksichtigt werden, kann derzeit nicht nachvollzogen werden. Aufgrund der zahlreichen Kritik am Entwurf beschloss das zuständige Ministerium den Entwurf zu überarbeiten (vgl. FR vom 16.10.98). Dieser Entwurf wird jedoch nach dem Regierungswechsel in Hessen im April 1999 nicht weiter bearbeitet, statt dessen soll ein „neuer, gestraffter Entwurf vorgelegt werden, der sich auf die wichtigsten raumordnerischen Belange" konzentriert (FR vom 9.6.99).

Die Möglichkeit, sich gemeinsam unabhängig von den Themenfeldern der Arbeitsgruppen über Neuregelungen, Probleme oder Lösungsmöglichkeiten zu informieren, spiegelt eine Veranstaltung des Lahn-Sieg-Dill-Städtenetzes wider, die im März 1999 durchgeführt wurde. Im Rahmen der Veranstaltung mit dem Titel „Chancen und Risiken des neuen Vergaberechts" informierte die eingeladene Referentin des Deutschen Industrie- und Handelstages über das neue Vergaberecht für öffentliche Aufträge, das seit dem 1. Januar 1999 in Kraft ist. Die Teilnehmer gelangten auf diese Weise zu neuen Informationen und konnten wichtige Fragen mit ihren Kollegen diskutieren.

6.2 Die Zusammenarbeit aus Sicht der Experten

In den Gesprächen wurden die Experten gefragt, welche Vorteile sie in der Zusammenarbeit sehen und welche Erfolge erzielt werden konnten, die ohne eine Kooperation nicht möglich gewesen wären. Außerdem wurden sie nach Problemen und Konkurrenzsituationen zu bestehenden Einrichtungen gefragt. Auch Fragen nach der Zusammenarbeit mit der Projektforschung und nach der Einschätzung, ob die Größe des Städtenetzes sinnvoll ist, dienten der Erkennung möglicher Konfliktfelder.

Größtenteils wurde in den Gesprächen sehr offen über die erfolgte Zusammenarbeit berichtet. Es wurden zur Verdeutlichung von Problemen interne Vorgänge und Meinungen oder Ansichten von bestimmten Personen dargestellt. Diese vertraulichen Informationen werden nicht wiedergegeben, sondern so zusammengefasst, dass die Aussagen keinem Gesprächspartner zugeordnet werden können. Zudem wird darauf verzichtet, sofern die Informationen nicht bereits öffentlich bekannt sind, den Namen von einzelnen Städten oder Personen zu nennen, die zur Entstehung von Problemen beigetragen haben. Auch ohne die Benennung kann verdeutlicht werden, welche Vorteile und Schwierigkeiten im Verlauf der Zusammenarbeit auftraten.

Vorteile der Zusammenarbeit

Berücksichtigt man den Aufwand, der für die Gründung des Städtenetzes und für die Zusammenarbeit in den verschiedenen Arbeitsgruppen notwendig ist, so erscheint der Vorteil, der von allen Gesprächspartner als besonders wichtig hervorgehoben wurde, relativ bescheiden. Angesichts der sonst üblichen Konkurrenzsituation der Kommunen ist jedoch der **ländergrenzenübergreifende Informations- und Erfahrungsaustausch** ein ganz wesentlicher Vorteil der Zusammenarbeit. Die Mitarbeiter stellten bei den Sitzungen zu vereinbarten Themen ihre Projekte und die Vorgehensweise der eigenen Stadt vor. Somit bekamen die Teilnehmer Einblicke in die Arbeitsweisen der Nachbarn und erhielten Aufschlüsse über die Abläufe in Kommunen anderer Bundesländer.

Durch den Austausch und die Diskussion erlangten die Beteiligten wichtige Informationen, die sie für die eigene Arbeit nutzen konnten. Bereichert wurde der Informationsaustausch durch die Teilnahme der Fachleute der Ministerien, des Regierungspräsidiums Gießen, der Industrie- und Handelskammern und der Arbeitsämter usw. Neben dem Austausch von Informationen ist die **gemeinsame Erarbeitung von Informationen** ein weiterer wichtiger Vorteil der Zusammenarbeit. Die Arbeitsgruppentreffen boten die Möglichkeit, sich über neue Regelungen oder Gesetze zu beraten und sich gegebenenfalls gemeinsam durch einen externen Experten informieren zu lassen. Das hatte den Vorteil, dass öffentliche Mittel eingespart werden konnten, da die Kosten aufgeteilt wurden (vgl. ZEITUNGSGRUPPE LAHN-DILL vom 17.3.99). Der Vorteil, bundesländergrenzenübergreifend Informationen auszutauschen bzw. gemeinsam zu erarbeiten, wurde von einigen Gesprächspartnern auch als Möglichkeit zur Kompetenzverbesserung der Teilnehmer bezeichnet.

Ein weiterer Vorteil, der insbesondere von den Personen hervorgehoben wurde, die sich an der Arbeit der Gruppen „Verwaltungsmodernisierung" und „Verkehr" beteiligten, ist die **Möglichkeit des Vergleichs** der Kommunen. Einerseits können die Städte mit Hilfe von vergleichenden Untersuchungen Stärken und Schwächen kennen lernen. Aufbauend auf diesen Ergebnissen können anschließend entsprechende Maßnahmen zur Verbesserung eingeleitet werden. Andererseits ist ein Vergleich auch geeignet, gemeinsame Probleme zu erkennen. In der Arbeitsgruppe Verkehr konnten beispielsweise durch die Zusammenarbeit Abstimmungsschwierigkeiten analysiert werden. Darüber hinaus bietet die Kooperation die Möglichkeit, gemeinsam nach Lösungsmöglichkeiten zu suchen und diese dann gemeinsam einzuleiten. Einige Gesprächspartner hoben in diesem Zusammenhang die Möglichkeit hervor, **gemeinsame Stellungnahmen** zu erarbeiten und diese zusammen gegenüber relevanten Institutionen vorzutragen. Durch das **vereinte Auftreten** soll den Forderungen besseres Gehör verschafft werden. Gemeinsame Stellungnahmen sollen einerseits helfen, unerwünschte Planungen zu verhindern, wie z. B. die Streichung von InterRegio-Verbindungen. Andererseits sollen neue Projekte initiiert werden, indem Gespräche mit entsprechenden Behörden und wichtigen Unternehmen geführt werden.

Als weiterer wichtiger Vorteil der Zusammenarbeit wurde in den Gesprächen auf die Möglichkeit hingewiesen, die **Personen kennen zu lernen**, die in den anderen Städten für das entsprechende Thema zuständig sind. Die Kontakte untereinander konnten somit wesentlich verbessert werden. Für Vorgänge oder Anfragen, bei denen früher der „normale Dienstweg" eingehalten wurde und zunächst ein Schreiben vorbereitet wurde, findet nun ein sehr viel schnellerer und einfacherer Austausch statt. Auch unabhängig von den Treffen haben die Mitarbeiter somit die Chance, Informationen auszutauschen.

Vorteilhaft war auch, dass die Städte durch die Zusammenarbeit **Anregungen** bekamen, sich mit Themen zu befassen, die vorher wenig beachtet wurden. So hat die Kooperation beispielsweise in den kleineren Städten das Bewusstsein für Maßnahmen zur Bekämpfung von Arbeitslosigkeit gefördert.

Ein sehr wichtiger Erfolg des Städtenetzes, der von vielen Gesprächspartnern herausgestellt wurde, ist die Fertigstellung des Städtenetz-Radweges. Derartige Projekte sind außerordentlich wichtig, um der Bevölkerung konkrete Vorteile der Zusammenarbeit zu vermitteln. Der durchgängige Radweg soll die Bevölkerung anregen, die Nachbarstädte kennen zu lernen, um so ein **Bewusstsein für das Gebiet zu fördern**. Ein wesentlicher Vorteil der Zusammenarbeit ist die gemeinsame **Präsentation von Projekten** in der Bevölkerung.

Schwierigkeiten im Verlauf der Zusammenarbeit

Das Problem, dass der Erfolg sehr stark von den **Fähigkeiten** und dem **Engagement einzelner Personen** abhängt, trifft sicherlich auf sehr viele Bereiche und somit auch auf das Städtenetz zu. Dieses Problem trat insbesondere in der Arbeitsgruppe „Modernisierung der Verwaltung" auf. Nachdem der Hauptamtsleiter der Stadt Siegen die Leitung der Arbeitsgruppe niederlegte, wurde zwar die begonnene Untersuchung mit der Unterstützung der Projektforschung abgeschlossen, aber seit dieser Veränderung konnten sich die Mitglieder der Arbeitsgruppe nicht mehr auf eine gemeinsame Vorgehensweise verständigen. Ohne sogenannte Promotoren, die die Kooperation vorantreiben, entwickelt sich eine Gruppenarbeit nur schwierig.

Aber auch in anderen Arbeitsgruppen bestand laut den Gesprächen das Problem, dass einzelne Teilnehmer der Arbeitsgruppen sich wenig engagiert an der Arbeit beteiligten. Dies war insbesondere dann ein Problem, wenn die Mitglieder der Arbeitsgruppen das Instrument Städtenetz mehrheitlich als ungeeignete Vorgehensweise beurteilten. Städtenetze sind ein Instrument der freiwilligen Zusammenarbeit, deswegen können Erfolge nur erzielt werden, wenn diese Zusammenarbeit als Chance, ein gemeinsames Ziel zu erreichen, verstanden wird. Es war aber nicht nur für die Arbeitsgruppen schwierig, Ziele zu formulieren und geeignete Projekte zu entwickeln. Dies verdeutlicht die gemeinsame Stellungnahme zum Landesentwicklungsplan, die ohne Anregung und Unterstützung von Fachleuten außerhalb der Städte nicht zustande gekommen wäre. Die Einbeziehung externer Unterstützung ist nicht zu kritisieren, jedoch verdeutlicht sie, wie schwierig es für die Beteiligten war, gemeinsame Projekte zu entwickeln und zu verwirklichen.

Die Zusammenarbeit der Arbeitsgruppe Verwaltungsmodernisierung veranschaulicht auch ein zweites Problem, das in den Gesprächen genannt wurde: Die Gruppenarbeit ist abhängig von den **Entscheidungen und Vorgaben der Verwaltungsspitzen**. Der angesprochene Wechsel in der Führung der Stadt Siegen führte zu einer veränderten Beurteilung des Nutzens der Beteiligung an der Arbeitsgruppe Verwaltungsmodernisierung. Die geänderte Vorgabe des Verwaltungschefs führte dazu, dass der Vertreter der Stadt nur noch zum Informationsaustausch zur Verfügung stand, aber an den vergleichenden Untersuchungen nicht mehr mitarbeitete und auch die Federführung für die Arbeitsgruppe niederlegte. In diesem Fall führte die veränderte Zielsetzung einer Stadt zu einer Schwächung der gesamten Arbeitsgruppe. Auch die Entwicklung der Zusammenarbeit in der Arbeitsgruppe Kultur zeigt, dass die Vorgaben der Verwaltungschefs die Zusammenarbeit stark prägen. Nach Darstellung der Gesprächspartner war die Vorgabe, zum Thema „Weiche Standortfaktoren" zusammenzuarbeiten zu unpräzise, so dass die Gruppenarbeit erschwert wurde, weil zunächst Diskussionen über mögliche Inhalte entstanden.

Das Hauptproblem der Zusammenarbeit war jedoch nach Ansicht der meisten interviewten Experten die **Uneinigkeit bei Fragen der Finanzierung von Projekten**.

Dieses Problem wurde bereits im Zusammenhang mit der Finanzierung des Städtenetzbüros erwähnt (vgl. Kap. 5.5), aber auch bei anderen Projekten kam es wegen der Finanzierung zu Unstimmigkeiten. So gab es anlässlich der Aufteilung der Kosten eines Workshops der Arbeitsgruppe „Qualifizierung – Strategie zur Anpassung des wirtschaftlichen Strukturwandel" unterschiedliche Meinungen, die letztendlich dazu führten, dass die Veranstaltung nur von sieben Städten und der Projektforschung finanziert wurde. Die Arbeitsgruppe änderte daraufhin ihr Finanzierungskonzept, so dass die Veranstaltung jeweils federführend von einer Stadt geplant und durchgeführt wird. Wenn Kosten entstehen, so werden diese über die Erhebung von Anmeldegebühren gedeckt. Auch andere Projekte wurden, durch die Weigerung der Stadt bzw. der Städte sich zu beteiligen, erschwert. Sogar beim „Vorzeige-Projekt", dem durchgängigen Städtenetz-Radweg, traten derartige Unstimmigkeiten auf. Eine Betrachtung der Vorgehensweise verdeutlicht, dass die Fertigstellung des Radweges einer einzigen Stadt zu verdanken ist. Diese Anmerkung soll die Leistungen der Arbeitsgruppe nicht schmälern, sie veranschaulicht jedoch die Grenzen der Zusammenarbeit. Wie bereits angesprochen, fehlten nur 400 m Wegverbindung für einen durchgängigen Radweg. Die Stadt Haiger erstellte diese 400 m Weg auf eigene Kosten (Kosten fielen lediglich für Arbeitsstunden an, da man Material aus einem Erdaushub verwendete). Die Unstimmigkeiten entstanden aber nicht wegen der Finanzierung der Baumaßnahme, wie man zunächst vermuten könnte. Diskussionen gab es vielmehr um die Finanzierung der Beschilderung. Um hohe Ausgaben zu vermeiden, plante man, statt der Aufstellung von neuen Schildern, auf bestehende Radwegeschilder Aufkleber anzubringen. Eine größere Stadt sah sich jedoch nicht in der Lage, ihren anteiligen Betrag von ca. 200 DM beizusteuern. Neben der Finanzierung der Aufkleber war die Finanzierung von Werbemitteln für die öffentlich veranstaltete Radtour zur Einweihung umstritten. Derartige Schwierigkeiten bei vergleichsweise unbedeutenden Problemen verdeutlichen, dass die Zusammenarbeit bisher nicht so gut funktioniert, dass umfangreichere Projekte begonnen werden könnten. Es zeigt, wie schwierig Planungen weitergeführt werden können, wenn die **Zustimmung aller Beteiligten** erforderlich ist. Da die betreffenden Beträge in diesem Beispiel relativ niedrig waren, wurden die Projekte auch ohne die Zustimmung aller Städte weiter vorbereitet. Bei umfangreicheren Projekten wäre dies nicht möglich, da es aufgrund der bestehenden Organisationsform keine Möglichkeit gäbe, für eine gerechte Aufteilung der Kosten zu sorgen.

Ein weiteres wesentliches Problem, dass ebenfalls von sehr vielen Gesprächspartnern genannt wurde, ist die **Zeitknappheit der Mitarbeiter**. Da die Teilnahme an den Sitzungen des Städtenetzes zusätzlich zur normalen Arbeit erfolgt, war es insbesondere für die Beteiligten aus den kleinen Städten schwierig, sich zu engagieren. Hinzu kommt, dass je nach Tagungsort relativ große Wege zurückgelegt werden mussten, so dass bereits die Anreise viel Zeit kostete. Dieses Problem wird auch in Zukunft nicht zu beheben sein, da es zu einer wesentlichen Voraussetzung einer wirkungsvollen Arbeit gehört, dass die in den Städten verantwortlichen Mitarbeiter sich an der Arbeit des Städtenetzes beteiligen.

Andere Schwierigkeiten, die in den Gesprächen erwähnt wurden, konnten vergleichsweise einfach gelöst werden. Anfangs wurde beispielsweise die Zusammenarbeit durch den Vorwurf der Industrie- und Handelskammer und der Arbeitsämter belastet, die kritisierten, dass arbeitsmarktrelevante Themen nicht im Aufgabenbereich von Kommunen liegen. Diese Meinungsverschiedenheit konnte jedoch bereinigt werden, da man schnell erkannte, dass keine **Konkurrenzsituation** gegeben ist, da sich die jeweiligen Initiativen in ihrer Arbeit nicht behindern. Weitere Kritik von etablierten Einrichtungen an der Städtenetzinitiative war den Gesprächspartnern nicht bekannt.

Die Experten wurden auch gefragt, ob die **unterschiedliche Größe der Städte** für die Kooperation ein Problem sei. Die Antworten zeigten, dass die Zusammenarbeit durch diese Ausgangsbedingung durchaus erschwert wird, da unterschiedliche Interessen bezüglich der Themenauswahl bestanden. Zudem war der Wissensstand der Teilnehmer bei manchen Themen, aufgrund der unterschiedlichen Größenordnung der Städte, sehr heterogen. So musste zunächst eine Einarbeitung erfolgen, um eine Ausgangsbasis für die Projektarbeit zu schaffen. Insbesondere die Experten, die keiner Stadt angehören, merkten an, dass die kleinen Städte die Zusammenarbeit durch ihr Interesse enorm gefördert haben.

Auch nach der **Zusammenarbeit mit der Projektforschung** wurden die Vertreter der Städte und der Arbeitsgruppen befragt, um mögliche Schwierigkeiten zu erforschen. Die Reaktion der Experten zeigte jedoch, dass nur eine Arbeitsgruppe Probleme mit der Vorgehensweise der Projektforschung hatte. Das Problem resultierte jedoch nur aus einem falschen Verständnis über die Aufgaben der Projektforschung. Die Gruppe hatte das Gefühl, geleitet zu werden, was jedoch nicht beabsichtigt war. Die Projektforschung versuchte in diesem Fall, die Suche nach Themenschwerpunkten zu unterstützen, da selbständig keine Ziele gefunden wurden. Insgesamt wurde die Arbeit der Projektforschung als sehr hilfreich beurteilt, obwohl sich z. T. mehr thematische Unterstützung erhofft wurde (Informationen, Vorschläge, Konzepte für konkrete Projekte).

Neben den bereits aufgeführten Schwierigkeiten wurden in den Gesprächen weitere Probleme angesprochen, die als Erklärung für die zeitweise schwierige Entwicklung der Zusammenarbeit angesehen werden können. So wurde beispielsweise geäußert, dass in einer Arbeitsgruppe wenige Projekte erarbeitet wurden, weil man befürchtete, damit Kompetenzen abgeben zu müssen. Auch Vermutungen, in manchen Fällen seien Informationen innerhalb von Städten nicht weitergegeben worden, wodurch die Arbeit teilweise verzögert worden sei, sind nicht zu überprüfen. Derartige Anmerkungen werden nicht ausführlicher dargestellt, sie sollen lediglich zeigen, dass, auch wenn die **Stimmung** und das **Vertrauen** größtenteils gut ist, dennoch auch immer Unstimmigkeiten auftreten können, die eine Zusammenarbeit belasten.

Bewertung der Zusammenarbeit

Trotz der angesprochenen Probleme wurde die Möglichkeit der Zusammenarbeit sehr positiv bewertet. Allerdings wurde die Frage, ob die angestrebte Ressourceneinsparung erreicht wurde, in einigen Fällen als zu ergebnisorientiert zurückgewiesen. Dies war insofern zu erwarten, da bereits das veröffentlichte Informationsmaterial verdeutlichte, dass derartige Erfolge (noch) nicht erzielt werden konnten. Während die anderen Fragen sehr ausführlich beantwortet wurden, wiesen bei dieser Frage einige Gesprächspartner lediglich darauf hin, dass es noch viel zu früh sei, derartiges zu erwarten und dass Begriffe wie „Ressourceneinsparung" zur Beschreibung von Programmen gehörten. Die einzige Ressourceneinsparung, die von den Vertretern der Städte bislang festgestellt wurde, ist die Einsparung von Fortbildungskosten, sowie Kosten und Zeit für die Beschaffung von Informationen und Gutachten. Diese Beispiele verdeutlichen zugleich, dass die Einsparungen (beispielsweise an Arbeitszeit) kaum messbar sind. Die häufigste Antwort war die Feststellung, dass durch das Städtenetz etwas in Bewegung gekommen sei, aber die Vorteile nicht genau beziffert werden könnten.

Auch die Antworten auf die Frage, ob Ergebnisse erzielt werden konnten, die ohne das Städtenetz nicht hätten erreicht werden können, verdeutlichen, dass die Beteiligten die **Zusammenarbeit als Erfolg** bewerten. Lediglich ein Gesprächspartner sah keinen Sinn in einer derartigen Zusammenarbeit. Alle anderen vertraten die Meinung, dass die intensiven Kontakte, die verbesserte Kommunikationsmöglichkeit, der Informations- und Erfahrungsaustausch, der Vergleich der Städte, die Stellungnahme zum Landesentwicklungsplan und die Einweihung des gemeinsamen Radweges wichtige Erfolge des Städtenetzes sind, die in der Form ohne das Instrument nicht erfolgt wären.

6.3   Die Fortführung der Zusammenarbeit

Obwohl im Verlauf der Zusammenarbeit einige Probleme auftraten, gab es von den Vertretern der Städte nur wenige Vorschläge, wie die zukünftige Arbeit verbessert werden könnte. Auf die Frage, welche Themen in Zukunft verstärkt bearbeitet werden sollten, wurde in einigen Fällen geantwortet, dass mit den gleichen Themen fortfahren werden könne. Andere Gesprächspartner wiesen auf die Möglichkeit hin, bei den Themen Technologieentwicklung und Imageförderung verstärkt zusammenzuarbeiten.

Es ist etwas verwunderlich, dass diese Themen nicht häufiger genannt wurden, da bereits 1997, als die Lenkungsgruppe die Fortführung des Städtenetzes nach der Modellphase beschloss, festgelegt wurde, zukünftig in den Themenbereichen Technologieentwicklung, Wirtschaftsförderung, Regionalplanung, Verkehr und Kultur (als weiche Standortfaktor) zusammenzuarbeiten (vgl. KLIEMT 1997a, **9 ff.**). In dieser Lenkungsgruppensitzung wurde allerdings nicht geklärt, ob neue Arbeitsgruppen für die Bearbeitung dieser Themen notwendig sind.

Für das Themenfeld **Technologieentwicklung**, das vorher von keiner Arbeitsgruppe bearbeitet wurde, formulierten die Mitglieder der Lenkungsgruppe erste Arbeitsfelder. Demnach sollten zunächst alle relevanten Institutionen und Akteure zusammengestellt werden, um so eine Zusammenarbeit untereinander zu fördern und einen Technologietransfer zu ermöglichen. Zudem sollte überlegt werden, ob eine Teilnahme an Förderprogrammen sinnvoll und möglich ist. Das Vorhaben, gemeinsam mit Printmedien und im Internet für die „Technologieregion" zu werben, stellt zugleich eine Maßnahme dar, die für die Wirtschaftsförderung bedeutend ist. Mittlerweile gibt es erste konkretere Vorstellungen, in welcher Form Investoren geworben werden sollen. Beim 11. Treffen der Lenkungsgruppe im Februar 1999 beschloss man, mit der finanziellen Unterstützung der drei Landesregierungen, eine „Technologieförderbroschüre" zu erstellen, in der das Gebiet in deutscher und englischer Sprache vorgestellt werden soll. Auf Messen und durch Auslagen in den IHK-Geschäftsstellen soll somit das Interesse für das Gebiet geweckt werden.

Zudem hat man sich in diesem Zusammenhang darauf verständigt, die Internet-Darstellungen der einzelnen Städte zu koordinieren. Generell soll bei Vorhaben im Bereich Technologieförderung überprüft werden, ob EU-Mittel beantragt werden können. Hier sieht der Oberbürgermeister der Stadt Gießen nach einem Bericht des Gießener Anzeigers einen wichtigen Vorteil der Zusammenarbeit, da es für einzelne Städte schwierig ist, sich über alle Verordnungen zu informieren (vgl. GIESSENER ANZEIGER vom 5.2.99). Entsprechend der bisherigen Branchenstruktur sollen Existenzgründungen oder Ansiedlungen vorwiegend in den Städten gefördert werden, in denen derzeit bereits ein Schwerpunkt besteht.

Um die Zusammenarbeit im Themenbereich „**Wirtschaftsförderung**" zu intensivieren, wurde im Mai 1999 eine eigene Arbeitsgruppe gegründet, für die die Stadt Siegen die Federführung übernimmt (vgl. TRUNK 1999). Für den Themenbereich **Regionalplanung** wurden bisher keine Handlungsfelder veröffentlicht. Ob es eine eigene Arbeitsgruppe geben wird und ob nach der Stellungnahme zum hessischen Landesentwicklungsplan weitere gemeinsame Maßnahmen erfolgen, ist nicht bekannt.

Auf die Frage, ob nach dem Informationsaustausch der letzten Jahre gemeinsame Projekte geplant sind, antworteten die meisten Gesprächspartner, dass dies sicherlich das Ziel der Zusammenarbeit sei, es bisher aber keine konkreten Vorstellungen gäbe. Wenige Mitarbeiter gaben zu, dass für sie konkrete Projekte in diesem Rahmen nicht denkbar sind. Begründet wurde dies mit den relativ großen Entfernungen zwischen den Städten. Projekte seien wahrscheinlicher, wenn gemeinsame Grenzen vorhanden sind. Dies ist jedoch nur zwischen den Städten Wetzlar und Gießen, zwischen Dillenburg und Haiger, sowie zwischen Dillenburg und Herborn der Fall (vgl. Abb. 6).

Dennoch wird das Städtenetz als dauerhaftes Instrument angesehen, in dem die Zusammenarbeit kontinuierlich fortgesetzt werden soll. Veränderungsmöglichkeiten werden von den Vertretern der Städte nicht gesehen. Es wird lediglich angeregt, je nach Thema, die Zusammensetzung der Arbeitsgruppe anzupassen, so wie es bereits in der vergangenen Zeit in einigen Arbeitsgruppen erfolgt ist.

Auch auf die Frage nach Vorschlägen für unterstützende Maßnahmen, die die Wirksamkeit der Zusammenarbeit erhöhen könnte, gab es wenig Resonanz. Es wurde lediglich angesprochen, dass es hilfreich wäre, wenn Projekte mit Landes- oder Bundesmitteln unterstützt würden. Allerdings schränkten die Befragten ein, dass dies nicht zu erwarten sei.

Generell ist festzustellen, dass keine entscheidenden Veränderungen an der Organisation oder der Struktur des Städtenetzes angestrebt werden. Die Zusammenarbeit wird mit leicht veränderter Themenfeldern fortgesetzt.

7. Städtenetze als Chance für die regionale Entwicklung?

Nach der Vorstellung des Instruments Städtenetze und der Arbeit des Lahn-Sieg-Dill-Städtenetzes wird in diesem abschließenden Kapitel die Frage diskutiert, welche Perspektive die Städtevernetzung den Kommunen bietet. Zunächst wird dazu die Wirksamkeit des Städtenetzes Lahn-Sieg-Dill bewertet und Möglichkeiten der Weiterentwicklung aufgeführt. Abgeschlossen wird die vorliegende Arbeit mit Überlegungen, welche Bedeutung dem Instrument für die zukünftige Entwicklung beizumessen ist und welche Möglichkeiten der Weiterentwicklung bestehen.

7.1 Die Wirksamkeit des Städtenetzes Lahn-Sieg-Dill

Bereits am Anfang der Arbeit wurde darauf hingewiesen, dass die Vor- und Nachteile, die sich aus derartigen Kooperationen ergeben, schwierig zu bestimmen sind. Auch FÜRST (1997, 124) weist darauf hin, dass Kosten-Nutzen-Überlegungen für regionale Kooperationen subjektiv sind, weil nicht nur der Nutzen, sondern meistens auch die Kosten der Kooperation nur subjektiv bestimmt werden können (vgl. RITTER 1995, 401). Wie schwierig es ist, die Wirksamkeit des Städtenetzes Lahn-Sieg-Dill zu beurteilen, verdeutlicht die nachfolgende Gegenüberstellung der Vorteile und der Hemmnisse, die im Verlauf der Zusammenarbeit zu beobachten waren (s. Tab. 2).

Diese Gegenüberstellung veranschaulicht, dass mit dem Städtenetz sehr wichtige Erfolge erzielt werden konnten. Der bundesländergrenzenübergreifende Austausch von Informationen, die vermehrten Kontakte der Fachleute, die gemeinsame Suche nach Strategien und auch das gemeinsame Auftreten gegenüber Behörden und Unternehmen sind wichtige Ergebnisse, die ohne das Städtenetz in dieser Form nicht erzielt worden wären. Handelt es sich somit beim Lahn-Sieg-Dill-Städtenetz um eine erfolgreiche Kooperation?

Tab. 2: Vorteile und Hemmnisse der Zusammenarbeit aus Sicht der Gesprächspartner aus den Städten

Vorteile	Hemmnisse
• ländergrenzenübergreifender Informations- und Erfahrungsaustausch	• Erfolg von Fähigkeiten und Engagement einzelner Personen abhängig (Promotoren)
• gemeinsame Erarbeitung von Informationen	• personelle Situation in der Verwaltung
• Möglichkeit zum Vergleich, um Stärken und Schwächen zu erforschen	• Uneinigkeit bei der Finanzierung von Projekten
• gemeinsames Auftreten gegenüber Behörden, Unternehmen und der Bevölkerung	• Abhängigkeit von Entscheidungen und Vorgaben der Verwaltungsspitzen
• Bekanntheit der Mitarbeiter steigern und somit Kontakte verstärken	• Zustimmung aller Beteiligter zur Verwirklichung von Projekten erforderlich
• unterschiedliche Größe der Städte	

Quelle: Eigene Darstellung

In Kapitel 3.2 wurden bereits die hohen Ansprüche an das Instrument vorgestellt. Städtenetze werden im Raumordnungspolitischen Handlungsrahmen als „wichtiger Beitrag zur Sicherung der Konkurrenzfähigkeit des Standorts Deutschland und seiner Regionen" dargestellt (BMBAU 1995, 13). Interkommunale Zusammenarbeit in einem Städtenetz soll dazu beitragen, dass finanzielle und natürliche Ressourcen sparsamer und effektiver genutzt werden. Auch das Ziel des Städtenetzes Lahn-Sieg-Dill wurde sehr hoch gesteckt. Die Projektforschung schrieb im ersten Zwischenbericht, dass die Städte mit der freiwilligen Zusammenarbeit die regionale Wettbewerbsfähigkeit gegenüber den großen Ballungsräumen Rhein-Main und Rhein-Ruhr fördern wollen. Darüber hinaus wurden folgende Ziele für die Kooperation formuliert: „Es gilt technisches und wirtschaftliches Know-how mit verschiedenen räumlichen Schwerpunkten auszubauen, durch Modernisierung zur Effektivierung der öffentlichen Aufgabenerfüllung beizutragen, Umwelt- und Lebensqualität aufzuzeigen, zu erhalten und zu verbessern" (KLIEMT 1995, 4).

Angesichts derartiger Ziele ist es außerordentlich schwierig zu beurteilen, welchen Beitrag die bisherige Zusammenarbeit leisten konnte. Trägt beispielsweise der verbindende Radweg zur Verbesserung der Lebensqualität bei? Ist es mit solchen Projekten möglich, das Bewusstsein der Bevölkerung für die Region zu wecken, um die Zustimmung für zukünftige Projekte zu fördern?

Darüber hinaus gibt es in den Programmen keine Aussagen, in welchem Zeitraum bestimmte Ziele erreicht werden sollen. Dies ist auch kaum möglich, da für eine Kooperation relativ viel Zeit benötigt wird, um die Zusammenarbeit zu organisieren und zu entwickeln. Somit fällt es um so schwerer, zu beurteilen, ob eine Kooperation den aufgestellten Zielen gerecht wird bzw. ob sie noch nicht erfolgreich ist.

Es ist deswegen nicht möglich, die Wirksamkeit des Städtenetzes Lahn-Sieg-Dill abschließend zu beurteilen. Trotz dieser Einschränkungen hat die Darstellung der Vorgehensweise gezeigt, dass die Kooperation auf jeden Fall zu begrüßen ist, dass bisher aber nicht sehr viel erreicht werden konnte. Die Erfahrungen der einzelnen Gruppen unterstreichen, dass die Kooperation problemlos funktioniert, sofern keine konfliktreichen Themen behandelt werden und keine Kosten entstehen. Sowohl die Finanzierung der Aufkleber für den Radweg als auch die Finanzierung des Städtenetzbüros haben intensive Diskussionen ausgelöst. Die Städte Marburg und Wetzlar haben sich lange Zeit geweigert, sich an den Kosten für das Büro zu beteiligen. Dieses Verhalten wurde auch von der Projektforschung im Abschlußbericht kritisiert. Nachdem sich die beiden Städte verspätet entschlossen, sich zu beteiligen, baten sie die Projektforschung, den bereits veröffentlichten Bericht zu verändern. In dieser 2. Fassung wurde die Kritik mit dem Hinweis, dass die Städte das Projektbüro mitfinanzieren, abgeschwächt.

Auch die Finanzierung der Beschilderung des Radweges war umstritten, obwohl vergleichsweise geringe Kosten entstanden (vgl. Kap. 6.2). Dies war sicherlich ein Vorteil, da das Projekt auch ohne die Zusage der Kostenübernahme einer Stadt geplant werden konnte. Am Ende beteiligten sich alle Städte, aber diese Entwicklung demonstriert, wie anfällig Städtenetze sind. Wenn derartige Erfahrungen gemacht werden, ist es kaum möglich, umfangreichere Projekte zu initiieren, weil hierfür das nötige Vertrauen fehlt. Bei umfangreicheren Projekten ist es nicht möglich, die Planung ohne die Zustimmung aller Beteiligten fortzusetzen und darauf zu vertrauen, dass letztlich alle Beteiligten einlenken. Angesichts der Diskussion um vergleichsweise einfache Vorhaben, ist es kaum zu erwarten, dass es in naher Zukunft gemeinsame umfangreiche Projekte geben wird.

Das Beispiel des Städtenetz-Radweges verdeutlicht auch in einem anderen Zusammenhang, dass die Kooperation, trotz der Erfolge, nicht ideal funktionierte. Ziel des Radweges war es, ein Projekt zu entwickeln, das auch in der Öffentlichkeit präsentiert und mit dem das Bewusstsein für das Städtenetz bzw. für die Region gefördert werden kann. Angesichts der beschriebenen Probleme ist es ein wichtiger Erfolg, dass der Radweg fertiggestellt und eingeweiht wurde, aber verglichen mit anderen Flusstal-Radwegen ist die Gestaltung eher bescheiden. An der Werra wurde beispielsweise in den letzten Jahren ein beispielhafter Radweg geschaffen, der auch außerhalb der Region bekannt geworden ist. Dort wurden einheimische Künstler in das Projekt einbezogen, mit deren Unterstützung eine sehr ansprechende Beschilderung geschaffen wurde. Außerdem wurden entlang der Strecke

Schutzhütten und Fahrradständer gebaut. Besonders auffällig sind Skulpturen, die die Flusslandschaft in eine „Freiluftgalerie" verwandeln (FR vom 25.6.98). Derartige Maßnahmen sind zwar mit wesentlich mehr Arbeit bei der Einrichtung des Weges verbunden, allerdings wird die Bevölkerung auch eher darauf aufmerksam.

Neben der Gestaltung des Radweges ist sicherlich auch die Planung nicht optimal verlaufen. Es wurde bereits beschrieben, dass ein Mitarbeiter der Stadt Haiger mit der Planung des Weges betraut war. Er bat die Kollegen der Bauämter, entsprechende Routenvorschläge zu erarbeiten. Diese Arbeit, die der Mitarbeiter zusätzlich zu seiner normalen Arbeit erledigte, hätte nach Auskunft des Geschäftsführers der Freizeitregion Lahn-Dill e. V., Herrn Girsig, eingespart werden können, wenn die touristischen Ämter der Städte und die Freizeitregion Lahn-Dill e. V. einbezogen worden wären. Dort befassten sich die Mitarbeiter schon zuvor mit diesem Thema. Derartige Kontakte fanden jedoch nicht statt, obwohl Herr Girsig seine Bereitschaft zur Zusammenarbeit bereits in der Anfangsphase des Städtenetzes signalisierte. Dies ist ein weiterer Beleg dafür, dass die Zusammenarbeit nicht optimal funktionierte.

Es ist auch zu beobachten, dass die Zusammenarbeit sich relativ langsam entwickelte. Bereits im Juli 1997 einigten sich die Teilnehmer der Lenkungsgruppe, die Arbeit mit etwas veränderten Themen fortzusetzen. Doch erst im Februar 1999 stellte die Lenkungsgruppe mit der Ankündigung, eine Technologieförder-Broschüre zu erstellen, das erste gemeinsame Projekt im Themenbereich „Technologieentwicklung" vor (vgl. Kap. 6.3). Erst im Mai 1999 wurde eine Arbeitsgruppe Wirtschaftsförderung gegründet. Über mögliche Projekte zum Thema Regionalplanung wurden keine Informationen bekannt.

Diese Aspekte belegen, dass die bisherige Zusammenarbeit, trotz der wichtigen Erfolge, noch nicht sehr wirkungsvoll ist. Am deutlichsten wird dieses Urteil bestätigt, wenn man berücksichtigt, dass bisher nur konfliktarme Themen behandelt wurden. In der Arbeitsgruppe Flächenmanagement wurde beispielsweise beim Thema Güterverkehrszentrum nicht diskutiert, welcher der beiden Standorte Dillenburg oder Wetzlar für das gesamte Gebiet besser geeignet wäre. Auch Diskussionen zum Thema des Aufstiegs von Wetzlar zum Oberzentrum wurden vermieden. Die Zusammenarbeit wurde nicht genutzt, um die Vor- und Nachteile für die gesamte Region zu prüfen.

In Kapitel 2 wurde verdeutlicht, dass interkommunale Zusammenarbeit nicht nur wünschenswert, sondern auch erforderlich ist. Dazu gehört es, konfliktreiche Themen zu bearbeiten und gemeinsame Maßnahmen einzuleiten. Dieser Anforderung wird das Städtenetz bisher nicht gerecht und es ist angesichts der Probleme fraglich, ob sich die Kooperation so weiterentwickeln kann, dass in Zukunft auch schwierige Themen bearbeitet werden.

In den Gesprächen wurde deutlich, dass die Zusammenarbeit mit den übergeordneten Behörden sehr gut funktionierte. Es ist denkbar, dass die Entwicklung der Kooperation durch mangelnde Unterstützung „von oben" erschwert wird – dies war jedoch nicht der Fall. Die Vertreter des Hessischen Ministeriums für Wirtschaft, Verkehr und Landesentwicklung und des Nordrhein-Westfälischen Ministeriums für Umwelt, Raumordnung und Landwirtschaft versuchten, die Zusammenarbeit durch Anregungen und wenn möglich auch durch zusätzliche Mittel zu fördern. So werden z. B. zwei Drittel der Kosten für die angesprochene Technologieförder-Broschüre von den Raumordnungsministerien der drei Länder übernommen. Stärker wollten die Experten nicht eingreifen, weil die Kommunen entsprechend der Städtenetzidee ihre Arbeit selbständig organisieren und fördern müssen.

Berücksichtigt man die Ergebnisse der anderen Städtenetze des ExWoSt-Forschungsfeldes, so bestätigt sich der Eindruck, dass sich die Zusammenarbeit im Städtenetz Lahn-Sieg-Dill vergleichsweise langsam entwickelte. In anderen Städtenetzen wurden durchaus auch schwierigere Themen erfolgreich behandelt (vgl. BFLR 1997; MELZER/WITTEKIND 1999).

Auch bei den Gesprächen mit den Vertretern der Städte und den Experten außerhalb der Städte wurde eingeräumt, dass bisher nicht so viel erreicht werden konnte. Deshalb stellt sich die Frage, wieso im Städtenetz Lahn-Sieg-Dill keine engere Zusammenarbeit entstanden ist.

Hemmnisse der Zusammenarbeit

Es ist nicht nur schwierig zu beurteilen, wie wirksam sich die Kooperation entwickelt hat, auch die Gründe für den vergleichsweise geringen Erfolg sind nicht einfach zu bestimmen. Die Hemmnisse, die die Vertreter der Städte im Verlauf der Zusammenarbeit beobachtet haben, wurden bereits genannt (vgl. Kap. 6.2 und Tab. 2). Demnach konnte nicht erfolgreicher gearbeitet werden, weil es nicht gelang, alle Beteiligten zur engagierten Mitarbeit zu motivieren. In anderen Fällen wurde die Zusammenarbeit geschwächt, weil durch Vorgaben der Verwaltungsspitze die Zusammensetzung der Arbeitsgruppe verändert wurde. Auch die Uneinigkeiten bei Fragen der Finanzierung bzw. die Notwendigkeit der Zustimmung aller Beteiligter wurden als wesentliche Schwierigkeiten genannt. Sicherlich ist auch der unterschiedliche Wissensstand, hervorgerufen durch die unterschiedliche Größenordnung der Städte, und auch die Zeitknappheit der Beteiligten ein Problem. Als Erklärung für die Schwierigkeiten im bisherigen Verlauf reichen diese Argumente allerdings nicht aus. Häufig wurde in den Gesprächen darauf hingewiesen, dass es noch zu früh sei, um Erfolge, wie die Einsparung von Ressourcen, erkennen zu können. Auch MELZER/WITTEKIND (1999, 86), die mit der Begleitforschung beauftragt waren, weisen darauf hin, dass eine Kooperation ein Lernprozess ist, bei dem für die verschiedenen Stufen der Zusammenarbeit Zeit benötigt wird (vgl. Abb. 2). Um die Stufe der tatsächlichen Kooperation zu erreichen, müssen die Beteiligten erst lernen zusammenzuarbeiten. Deshalb wird die kurze Zeitdauer der Zusammenarbeit als ein Grund für das bisherige Ergebnis genannt.

Neben den bisher aufgeführten Argumenten wurden in den Gesprächen mit den Vertretern, die keine Stadt repräsentierten, weitere Probleme der Zusammenarbeit angesprochen. So wurde beispielsweise kritisiert, dass es nicht gelungen sei, sich auf die gemeinsamen Probleme zu besinnen. Wenn kein oder nur ein geringes Problembewusstsein geweckt werden kann, so ist es schwierig, die Motivation der Beteiligten zu fördern (vgl. ARL 1998, 58). Dass dies im Städtenetz Lahn-Sieg-Dill nicht immer geglückt ist, verdeutlicht die Einstellung einiger Teilnehmer, die den Gesprächen zur Folge die Mitarbeit am Städtenetz eher als zusätzliche Arbeit empfunden haben und nicht als Chance, gemeinsam etwas zu erreichen. Hinzu kommt, dass es sich nicht um eine „gewachsene Region" handelt, bei der eine Art „Wir-Gefühl" bereits vorhanden ist.

Ein Aspekt, der sicherlich von vielen Vertretern der Städte abgestritten würde, aber dennoch eine Rolle spielt und dementsprechend auch in den Gesprächen angesprochen wurde, sind die lokalen Egoismen, die auch im Verlauf dieser Zusammenarbeit zu bemerken waren. Dazu gehört die Befürchtung, dass bei gemeinsamen Projekten eigene „liebgewonnene" Projekte wegfallen könnten, so dass durch die Zusammenarbeit ein Stück Autonomie verloren geht. Derartige Gedanken sind für eine Kooperation nicht förderlich, aber durchaus verständlich, da Politiker der eigenen Wählerschaft und die Verwaltungsmitarbeiter dem Wohl der Stadt verpflichtet sind.

Veränderungsmöglichkeiten

Angesichts der bisherigen Erfahrungen ist es wenig sinnvoll, thematische Vorschläge für die Zusammenarbeit zu machen. Bereits die bisherige Kooperation verdeutlicht, dass sich die Arbeit ohne Promotoren aus den Reihen der Teilnehmer nur langsam entwickelt. Deswegen ist es viel wichtiger, dass die Vorschläge direkt von den Verwaltungsmitarbeitern gemacht werden. Die Probleme oder die Themen, die den eigenen Erfahrungen zur Folge gemeinsam bearbeitet werden müssen, haben die größten Erfolgschancen. Anregungen für gemeinsame Projekte gibt es in der Literatur und in der Tagespresse ausreichend, aber wenn das Thema nicht als Chance bzw. als Problem wahrgenommen wird, ist es schwierig, eine wirkungsvolle Zusammenarbeit zu entwickeln. Deshalb ist es wichtig, die Mitarbeiter, die sich bisher nicht mit der Möglichkeit der Kooperation befasst haben, zu informieren. Zudem ist bei den Verwaltungsmitarbeitern eine Umfrage zur Erforschung der Themenfelder, die zukünftig nicht allein bearbeitet werden können, sinnvoll. Daraus könnten Ziele für die Zusammenarbeit entwickelt werden.

Ein Anreiz, der auf jeden Fall Engagement zur Folge hätte, ist die staatliche Förderung von Projekten. Dies wurde auch in den Gesprächen deutlich. Sobald es Programme gibt, entsteht ein reges Interesse, als Teilnehmer ausgewählt zu werden, um somit an zusätzliche Mittel zu gelangen. Auf dem letzten Treffen der Lenkungsgruppe beschlossen die Teilnehmer beispielsweise, zu versuchen, EU-Mittel für Maßnahmen zur Förderung der Technologieentwicklung zu erhalten. Von Seiten des Bundes und der Länder sind derzeit jedoch keine zusätzlichen Mittel zur Förderung regionaler Kooperationen zu erwarten

Wenn die Städte tatsächlich an der regionalen Kooperation interessiert sind, ist es um so wichtiger selbständig Maßnahmen zur Effektivierung der Zusammenarbeit zu entwickeln. Eine wichtige Möglichkeit ist die Bildung eines gemeinsamen Städtenetz-Etats, in den die beteiligten Städte entsprechend ihrer Einwohnerzahl einen Beitrag für gemeinsame Projekte einzahlen. Die Reaktionen der Gesprächspartner zu diesem Thema haben aber gezeigt, dass die Schaffung eines gemeinsamen Etats derzeit nicht wahrscheinlich ist, weil sich nur ein Gesprächspartner interessiert zeigte. Eine derartige Maßnahme wäre jedoch eine Chance, allen Mitarbeitern zu signalisieren, dass der Kooperation große Bedeutung beigemessen wird. Der Hauptvorteil ist die Möglichkeit, die Umsetzung von Projekten zu beschleunigen. Wenn jede Maßnahme erst in der Lenkungsgruppe und eventuell sogar jeweils in den einzelnen Städten diskutiert werden muss, ist es nicht möglich, ein Projekt zügig zu entwickeln und zu verwirklichen. Mitarbeiter werden so abgeschreckt, Vorschläge zu erarbeiten, weil die Chancen auf Verwirklichung schlecht einzuschätzen sind. Ein gemeinsamer Etat ist eine sehr aufwendige Maßnahme, weil entsprechende Mittel benötigt, Vergaberichtlinien erarbeitet und Kompetenzen festgelegt werden müssen. Wenn es aber gelingt, einen gemeinsamen Etat einzurichten, dann ist auch zu überlegen, ob man einen Teil des Etats für ein eigenes „Förderprogramm" verwenden kann. Da keine Aussicht auf Förderung von Bund oder Ländern besteht, kann die Aussicht auf eine interne Förderung aus dem Städtenetz-Etat neue Ideen für eine Zusammenarbeit anregen. Es könnte ein Projekt finanziert werden, das am besten geeignet scheint, die Vorteile der Kooperation zu verdeutlichen. Derartige Maßnahmen erfordern allerdings eine stärkere Institutionalisierung der Zusammenarbeit. So müssen z. B. auch Vorgehensweisen für den Fall ausgearbeitet werden, wenn Maßnahmen trotz einer gegensätzlichen gemeinsamen Entscheidung erfolgen. Außerdem ist es bei derartigen Vorhaben wichtig, die Politik in die Arbeit des Städtenetzes mit einzubinden. Deswegen muss nach Möglichkeiten gesucht werden, wie die politischen Gremien in die Zusammenarbeit integriert werden können.

Während eines Expertengespräches wurde eine weitere Veränderungsmöglichkeit diskutiert, die jedoch schwierig umzusetzen ist: Ein Wechsel der Federführung des Städtenetzes ist aus rein organisatorischen Gründen nicht einfach, obwohl es durch ein derartiges Vorgehen den Anreiz gäbe, in der eigenen „Amtszeit" etwas zu erreichen.

Für die Weiterentwicklung des Städtenetzes gibt es somit zwei wichtige Ziele: Einerseits sollten die Mitarbeiter über die Chancen der Zusammenarbeit informiert werden, damit sie selbst die Notwendigkeit zur Zusammenarbeit erkennen. Andererseits sollten eigenständig Anreize geschaffen werden, damit für die zukünftige Zusammenarbeit mehr Interesse und mehr Engagement geweckt

Zusammenarbeit mehr Interesse und mehr Engagement geweckt wird. Wie sich die Kooperation langfristig entwickeln sollte, um eine effektive Zusammenarbeit zu ermöglichen, wird im nachfolgenden Abschnitt diskutiert.

7.2 Die Bedeutung des Instruments Städtenetze für die Zukunft

Im vorangegangenen Abschnitt wurde erläutert, wie schwierig es angesichts der formulierten Ziele ist, die Wirksamkeit oder die Bedeutung eines Städtenetzes zu beurteilen. Viel schwieriger ist die Frage zu beantworten, welchen Beitrag Städtenetze für die Entwicklung der Städte bzw. für die Region leisten können. Es kann zwar keine Aussage getroffen werden, ob mit Hilfe von Städtenetzen die „Konkurrenzfähigkeit des Standorts Deutschland und seiner Regionen" gesichert werden kann, so wie es im Raumordnungspolitischen Handlungsrahmen ausgedrückt wurde (BMBAU 1995, 13), dennoch kann aufbauend auf den bisherigen Ergebnissen verdeutlicht werden, welche Grenzen der Zusammenarbeit bestehen.

Dass die Ergebnisse des Forschungsfeldes vom BMBau (heute BMVBW) sehr positiv beurteilt werden, verdeutlichte bereits die Aufnahme des Instruments Städtenetze in das neu gefasste Raumordnungsgesetz, obwohl die Modellphase zu dieser Zeit noch gar nicht abgeschlossen war (vgl. Kap. 3.2). Auch die „Entschließung zum Forum Städtenetze" der Ministerkonferenz für Raumordnung unterstreicht die positive Einschätzung des Instruments Städtenetze. Demnach bilden Städtenetze eine Möglichkeit, „um einerseits die allgemein hohe Leistungsfähigkeit der deutschen Standorte zu erhalten und auszubauen und gleichzeitig den Vorteil der dezentralen Raum- und Siedlungsstruktur im Interesse einer nachhaltigen Entwicklung zu sichern" (MKRO 1998). Diese sehr positive Darstellung ist insofern verständlich und durchaus angebracht, weil auch andere Städte zur Bildung von Städtenetzen angeregt werden sollen.

Der Endbericht des Forschungsfeldes lag während der Erarbeitung dieser Untersuchung noch nicht vor, aber auch andere Veröffentlichungen der Vertreter der Begleitforschung zeigen, dass die erfolgte Arbeit der Städtenetze sehr positiv beurteilt wird. MELZER/WITTEKIND (1999, 85) heben hervor, dass Städtenetze „während der dreijährigen Laufzeit des Forschungsfeldes zu einem Motor der kommunalen Kooperation geworden" sind. Demnach kann kommunale Kooperation heute „als fester Bestandteil der Regionalpolitik (...) nicht mehr in Frage gestellt werden" (MELZER/WITTEKIND 1999, 85). Ihrer Meinung nach sind Städtenetze geeignet, die Leistungsfähigkeit der Regionalpolitik zu steigern, da dieses Instrument

- „die Leistungskraft aller Beteiligten allein schon durch die verbesserte Informationsbasis und entsprechenden Know-how-Zuwachs stärkt,
- die Partner zu Projekten befähigt, die die Kapazität einer einzelnen Kommune übersteigen,

- die Identifikation und Vertretung des regionalen Gemeinschaftsinteresses entscheidend befruchtet und
- für nachhaltige Entwicklungsstrategien im Sinne höherer Qualität bei sparsamen Ressourceneinsatz eine geeignete Basis bietet" (MELZER/WITTEKIND 1999, 86).

Obwohl die Erfahrungen des Städtenetzes Lahn-Sieg-Dill demonstrieren, dass auf diese Weise auch einfache Erfolge beschrieben werden, so unterstreichen die Erfahrungen des Städtenetzes und des gesamten Forschungsfeldes, dass keine Konkurrenz zu den klassischen Instrumenten der Raumordnung und Landesplanung besteht. Es wurden keine Ergebnisse erzielt, bei denen für nicht beteiligte Kommunen ein relativer Nachteil resultierte. Die Befürchtung, die „Maschen", also die kleineren Kommunen zwischen den Netzknoten, könnten vernachlässigt werden, hat sich nicht bestätigt (vgl. MELZER 1997b, 506). Die Vorgehensweise des Städtenetzes Lahn-Sieg-Dill verdeutlicht, dass auch die nicht beteiligten Kommunen zur Zusammenarbeit eingeladen wurden. Der Städtenetz-Radweg hätte z.B. nicht ohne Beteiligung von anderen Kommunen erstellt werden können. Somit sind Städtenetze durchaus geeignet, bestehende raumordnerische Konzeptionen und Instrumente zu ergänzen. MELZER/WITTEKIND (1999, 89) weisen beispielsweise darauf hin, dass das Gegenstromprinzip durch Städtenetze belebt wird, da die Städte, angeregt durch die Kooperation, ihr „regionales Geschäftsinteresse" formulieren müssen, um dies bei den übergeordneten Behörden zu artikulieren (z. B. die Stellungnahme zum Landesentwicklungsplan).

Trotz der positiven Einschätzung des Bundesministeriums für Verkehr, Bau- und Wohnungswesen, der Ministerkonferenz für Raumordnung und der Begleitforschung stellt sich die Frage, welche Bedeutung Städtenetze für die zukünftige Entwicklung haben und welche Grenzen bestehen. Die Erfahrungen des Städtenetzes Lahn-Sieg-Dill haben gezeigt, wie schwierig es sein kann, wirkungsvoll zusammenzuarbeiten. Sind Städtenetze dennoch geeignet, um auf vorhandene und zu erwartende Probleme zu reagieren? In Kapitel 2 wurde verdeutlicht, dass wirtschaftliche, politische und gesellschaftliche Veränderungen sowie die angespannte Finanzsituation und die zunehmenden Verflechtungen eine Zunahme der interkommunalen Zusammenarbeit erfordern. Insofern ist es auf jeden Fall ein wichtiger Erfolg, dass durch das ExWoSt-Forschungsfeld 12 Projekte entstanden sind. Durch das Forschungsfeld konnte interkommunale Zusammenarbeit enorm gefördert werden. Die Vorgehensweise, Modellvorhaben durchzuführen, ist somit eine gute Möglichkeit, gewünschte Prozesse anzuregen und entsprechende Erkenntnisse zu gewinnen. Obwohl alle Projekte ihre Zusammenarbeit nach der Modellphase fortsetzen, muss dennoch abgewartet werden, ob auch ohne diese Förderung weitere Städtenetze entstehen. Die Städte erhielten keine direkte finanzielle Zuwendung, aber die Kosten für die Projektforschung wurden komplett übernommen. Es bleibt abzuwarten, ob Städtenetze auch ohne die Unterstützung eines externen Moderators aufkommende Kontroversen lösen können, da für die Zukunft keine weiteren Mittel für die Finanzierung von Beratern zu erwarten sind. Interessierte Städte erhalten lediglich bei den geplanten Veranstaltungen des Forums Städtenetze Anregungen für das weitere Vorgehen. Erst wenn sich weitere Städtenetze bilden, wird sich zeigen, ob Städtenetze eine geeignete Form für die interkommunale Zusammenarbeit sind.

Trotz der Erfolge bestärken diese grundsätzlichen Überlegungen den Eindruck, dass Städtenetze nicht ausreichen, die anstehenden Probleme und Herausforderungen zu lösen. Bei den bestehenden Rahmenbedingungen (Steuersystem, Verwaltungsgliederung usw.) wird es immer Situationen geben, bei denen zwischen lokalen und regionalen Interessen abgewogen werden muss. Der spieltheoretische Exkurs in Kapitel 4.3 hat unterstrichen, dass es sich nicht um eine Uneinsichtigkeit handelt, wenn die lokalen Belange stärker berücksichtigt werden. Die politischen Akteure haben in erster Linie die Verpflichtung, sich für die Entwicklung der eigenen Stadt einzusetzen. Hinzu kommt, dass nicht immer eindeutig bestimmt werden kann, welche Entscheidungen für die regionale Entwicklung sinnvoll sind. So können Maßnahmen, die eine Stadt durchführen möchte, als Vorteil für die gesamte Region ausgelegt werden, selbst wenn der Vorteil für das Umland zweifelhaft ist.

Bereits diese allgemeinen Überlegungen verdeutlichen, welche Probleme im Rahmen einer interkommunalen Zusammenarbeit gelöst werden müssen. Zudem resultieren aus den charakteristischen Merkmalen der Städtenetze sogenannte „systemimmanente" Grenzen, die die Lösung von umfangreichen regionalen Problemen fraglich erscheinen lassen. So können die Städte aufgrund der ihnen übertragenen Aufgaben nicht alle kommunalen Funktionen arbeitsteilig erledigen. Die Möglichkeiten der Zusammenarbeit werden eingeschränkt, da ein „Grundbestand an Einrichtungen der Daseinsvorsorge für die eigene Bevölkerung" vorgehalten werden muss (SPANGENBERGER 1996, 315). Aber auch wenn gemeinsame Themen gefunden werden, sind weitere Probleme zu überwinden, wenn z. B. für die geplante Maßnahme die Zustimmung der Verwaltungschefs nicht ausreicht. Das Städtenetz Lahn-Sieg-Dill wurde in der Form einer kommunalen Arbeitsgemeinschaft konstituiert. Somit wurden dem Städtenetz keine verpflichtenden Aufgaben, aber auch keine Kompetenzen übertragen. Bei umfangreichen Projekten muss das geplante Vorhaben jeweils in den Städten besprochen und beschlossen werden. Eine schnelle Umsetzung von Projekten ist deswegen kaum möglich.

Ein weiteres Problem ist nach SPANGENBERGER (1996, 315) die Schwierigkeit, dass die Zusammenhänge und die Entscheidungsabläufe nach außen schlecht vermittelt werden können. Deswegen sind Entscheidungen des Städtenetzes nur schwer zu kontrollieren.

Das gravierendste Problem resultiert aus einem der wichtigsten Merkmale der Städtenetze: Der Freiwilligkeit. Ohne die Freiwilligkeit und Gleichheit der Teilnehmer und dem Konsensprinzip wären die Städte nicht bereit, sich auf die Zusammenarbeit einzulassen. Wie schwierig derartige Bedingungen für die Umsetzung von Projekten in der Realität sind, hat die Darstellung der Vorgehensweise im Städtenetz Lahn-Sieg-Dill gezeigt. Bei einer freiwilligen Zusammenarbeit besteht die Gefahr, dass zu viele Probleme ausgelassen werden. Wenn immer erst die Zustimmung aller Beteiligten erforderlich ist, kann lediglich eine Entwicklung „auf dem kleinsten gemeinsamen Nenner" erfolgen (MÜLLER/ROHR-ZÄNKER 1997, 157). Treten Konflikte auf, muss ein Konsens gesucht werden, da selbst trotz besserem Wissen keine Möglichkeit besteht, Druck auszuüben, um die Maßnahme zu verwirklichen. Es ist vielmehr so, dass die Beteiligten mit der „Drohung", aus der Kooperation auszutreten, ein Druckmittel besitzen, unerwünschte Maßnahmen abzuwenden (vgl. FÜRST 1993, 557). Mit einem Austritt wird ein Konsens unmöglich gemacht. Städtenetzen fehlen somit Möglichkeiten für „harte Konfliktlösungen" (MELZER/WITTEKIND 1999, 87).

7.3   Mögliche Weiterentwicklung der regionalen Kooperation

Angesichts der Grenzen des Instruments Städtenetze ist zu überlegen, welche Veränderungen erforderlich sind, damit wichtige Probleme bearbeitet werden können und eine effektive regionale Abstimmung erfolgen kann. Aus derzeitiger Sicht ist es nicht zu erwarten, dass das Bewusstsein für regionale Belange derart steigt, dass die Akteure trotz der Rahmenbedingungen und der Hemmnisse, die sich aus den Merkmalen der Städtenetze ergeben, die wichtigste Stufe der Zusammenarbeit, die tatsächliche Kooperation, erreichen (vgl. Abb. 2). Wichtige Probleme können nur behoben werden, wenn den Städtenetzen entsprechende Kompetenzen übertragen werden. Dies ist jedoch nur möglich, wenn eine zunehmende Institutionalisierung der Städtenetze eingeleitet wird. Gleichzeitig geht bei einer derartigen Entwicklung der „weiche Charakter" der Städtenetze verloren.

Die Schlussfolgerung, dass weiche Kooperationsmodelle zu härteren Formen der Zusammenarbeit weiterentwickelt werden müssen, da sonst nicht alle wichtigen Aufgaben und Probleme bearbeitet werden können, bedeutet nicht, dass Städtenetze nicht sinnvoll für die regionale Entwicklung sind. Sie reichen jedoch auf Dauer nicht aus, um den Anforderungen gerecht zu werden. Regionale Kooperationen sind als dynamische Prozesse zu verstehen. Weiche Kooperationsformen, die insbesondere für die Anfangsphase bedeutend sind, werden durch die notwendige Übertragung von Kompetenzen weiterentwickelt und weisen somit zunehmend den Charakter von harten Kooperationsformen auf.

Zwei Beispiele für harte Kooperationsformen wurden bereits erwähnt: Das Verbandsmodell und das Modell Regionalkreis. In einem Regionalkreis bleiben die Städte und Gemeinden zwar selbständig, geben aber wichtige Kompetenzen an den Regionalkreis ab. Um das angestrebte Reformmodell von Hannover zu verwirklichen, soll der Landkreis Hannover und der Kommunalverband Großraum Hannover aufgelöst und eine „neue Gebietskörperschaft „Region Hannover" mit direkt gewähltem „Regionalparlament" als kommunal verfasster Gemeindeverband gebildet" werden (PRIEBS 1999, 22). Obwohl bei einem Verbandsmodell die Gebietskörperschaften nicht verändert werden, so werden auch hier wichtige Kompetenzen von den Kommunen auf den Verband übertragen. Wichtig ist, dass ein direkt gewähltes Parlament eingerichtet wird, da nur so regionale Interessen auch entgegen einzelnen kommunalen Einwänden durchgesetzt werden können.

Da es keine ideale Organisationsform für eine regionale Kooperation gibt, muss im jeweiligen Fall entschieden werden, welches Modell sinnvoll ist. Für die zukünftige Entwicklung ist es entscheidend, dass einer derartigen Organisation die Kompetenzen für regional bedeutsame Themen wie Verkehr, Regionalplanung, Abfallwirtschaft, Wasserwirtschaft, Wirtschaftsförderung, Gesundheits- und Bildungswesen übertragen werden. Es muss ferner ein direkt gewähltes Parlament geschaffen werden, das die Entscheidungen für dieses Gebiet trifft. Erfolgreich kann die Zusammenarbeit nur sein, wenn diese regionale Verwaltung nicht zusätzlich zu den bestehenden Verwaltungsebenen eingeführt wird. Die Reform ist vielmehr eine Chance, den Staats- und Verwaltungsaufbau fortzuentwickeln. PRIEBS (1998b, 130) regt an, langfristig ein „klares Vier-Ebenen-System mit den Ebenen Stadt bzw. Gemeinde (Primärkommune), Region (Sekundärkommune), Land und Bund" zu schaffen.

Diese Veränderungen sind nur mit großem Einsatz zu verwirklichen, aber auf diese Weise werden die wesentlichen Hinderungsgründe, die eine wirkungsvolle interkommunale Zusammenarbeit erschweren, behoben. Bei Städtenetzen besteht, trotz des Engagements, die Verpflichtung der Politiker, sich in ersten Linie für die Entwicklung der eigenen Stadt einzusetzen. Eine direkt gewählte Regionalversammlung hat hingegen die Aufgabe, sich für regionale Belange einzusetzen. Mit entsprechenden Befugnissen ausgestattet, kann eine regionale Organisation sich auch mit dem Thema regionaler Finanzausgleich befassen. Während das bestehende Steuersystem die Konkurrenz der Kommunen fördert, könnte ein „System des fiktiven Hebesteuersatzes" zu einer Verminderung der Konkurrenz beitragen (TRUNK/SCHULTHEIS 1998). Im Rahmen eines regionalen Finanzausgleichs könnten demnach jene Städte benachteiligt werden, die sich mit vergleichsweise zu niedrigen Hebesätzen Vorteile im Wettbewerb mit anderen Kommunen verschaffen wollen.

Diese Überlegungen verdeutlichen, dass mit sogenannten harten Kooperationsformen jene Probleme behoben werden können, die derzeit maßgeblich für die Konkurrenzsituation und somit auch für unerwünschte Entwicklungen verantwortlich sind.

Eine derartige Weiterentwicklung ist jedoch keinesfalls unumstritten. Es besteht die Gefahr, dass Bestrebungen, harte Kooperationsformen wie Regionalverbände oder Regionalkreise zu entwickeln, mit der Begründung abgelehnt werden, dass eine regionale Abstimmung und Zusammenarbeit bereits erfolgt. Städtenetze können somit auch als Argument gegen eine stärker institutionalisierte Zusammenarbeit verwendet werden. Darüber hinaus besteht die Gefahr, dass negative Erfahrungen die Weiterentwicklung behindern. Interkommunale Zusammenarbeit ist ein Lernprozess, das bedeutet auch, dass Unstimmigkeiten und Misserfolge das Vertrauen in die Zusammenarbeit stören und die Bereitschaft für eine engere Zusammenarbeit sinkt.

Im Städtenetz Lahn-Sieg-Dill wird eine Weiterentwicklung der Kooperationsform bisher nicht erkennbar angestrebt, obwohl der Oberbürgermeister der Stadt Gießen, Herr Mutz, in einem Zeitungsinterview einräumt, dass über das Instrument eines horizontalen Finanzausgleichs nachgedacht werden muss und dass „eine langfristige Zusammenarbeit vertraglich fixiert sein muss" (TRUNK 1999). Aufgrund der länderübergreifenden Zusammenarbeit sind derartige Überlegungen besonders schwierig. Hinzu kommt, dass die Skepsis gegenüber neuen Organisationsstrukturen in Mittelhessen besonders groß ist. Die Erinnerung an das Scheitern der Lahnstadt in den 70er Jahren besteht noch heute, deswegen sind Themen wie die kommunale Neuordnung außerordentlich brisant (vgl. Kap. 5.1).

Aber genau diese Ausgangssituation unterstreicht die Chance und den besonderen Stellenwert der Städtenetze. Wenn es durch die Arbeit und die Erfolge des Städtenetzes gelingt, das Bewusstsein für die Region und die Notwendigkeit der Zusammenarbeit zu stärken, so kann die ablehnende Haltung gegenüber neuen regionalen Strukturen verringert werden. Ohne erste Erfolge der Zusammenarbeit ist es in Mittelhessen nicht möglich, härtere Kooperationsformen zu etablieren.

Wie wichtig es für Mittelhessen ist, eine wirksame regionale Kooperation zu entwickeln, unterstreicht der Anspruch des Städtenetzes Lahn-Sieg-Dill, die Wettbewerbsfähigkeit gegenüber den benachbarten Verdichtungsräumen zu verbessern. Auch die Verdichtungsräume sind bestrebt, ihre Position im Wettbewerb der Regionen durch interkommunale Kooperation zu verbessern. So werden seit einiger Zeit Modelle der interkommunalen Kooperation diskutiert und in einigen Fällen wurden bereits entsprechende Maßnahmen eingeleitet. Auch im Rhein-Main-Gebiet werden derzeit mögliche regionale Organisationsmodelle intensiv diskutiert. Es gibt zwar noch keinen von allen Seiten akzeptierten Vorschlag, aber dennoch wird es nicht nur bei Absichtserklärungen bleiben. In der Koalitionsvereinbarung der hessischen Regierungskoalition wurde angekündigt, dass der Umlandverband Frankfurt aufgelöst wird und dass Aufgabenstellungen, die die kommunalen Grenzen überschreiten, durch kommunale Kooperation gelöst werden sollen. Wenn die Bemühungen der Gebietskörperschaften scheitern, soll geprüft werden, welche Möglichkeiten bestehen, die kommunale Zusammenarbeit durch Landesgesetze herbeizuführen. Da es Bestrebungen gibt, die Leistungsfähigkeit der Region Rhein-Main durch regionale Kooperation zu erhöhen, so müssen auch im Gebiet des Städtenetzes Lahn-Sieg-Dill Diskussionen geführt werden, wie die bestehenden Strukturen weiterentwickelt oder verändert werden können. Wenn die Wettbewerbsposition gegenüber den Ballungsräumen gestärkt werden soll, so darf eine derartige Diskussion nicht erst beginnen, wenn dort bereits neue Strukturen verwirklicht wurden.

Die zahlreichen Kritiker einer Regionalreform schätzen den Vorteil, im Vergleich zum großen Aufwand, als zu gering ein. Die Darstellung der Erfahrungen des Städtenetzes Lahn-Sieg-Dill und die grundsätzlichen Überlegungen haben jedoch gezeigt, dass mit weichen Kooperationsformen wesentliche Probleme nicht zu beheben sind. Deswegen ist es notwendig, die freiwillige Zusammenarbeit zu einer wirkungsvollen Kooperation weiterzuentwickeln. Es hat sich aber auch gezeigt, dass Städtenetze wichtige Erfolge erzielen können. Ohne das Städtenetz Lahn-Sieg-Dill ist es nicht möglich, eine Reform durchzuführen, da zunächst das Bewusstsein für die Region und das Vertrauen in die interkommunale Zusammenarbeit gestärkt werden muss.

8. Literaturverzeichnis

ADAM, Brigitte 1994: Städtenetze zwischen Tradition und Innovation. = Arbeitspapiere 2/1994 (herausgegeben von der BfLR). Bonn.

ADAM, Brigitte 1996: Städtenetze – Realität, Leitidee und Forschungsperspektive. In: DANIELZYK, Rainer u. Axel PRIEBS (Hrsg.): Städtenetze – Raumordnungspolitisches Handlungsinstrument mit Zukunft? = Material zur Angewandten Geographie, Band 32, Bonn, 27-35.

AKADEMIE FÜR RAUMFORSCHUNG UND LANDESPLANUNG (Hrsg.) 1995: Zukunftsaufgabe Regionalplanung. Anforderungen – Analysen – Empfehlungen. = Forschungs- und Sitzungsberichte, Band 200, Hannover.

AKADEMIE FÜR RAUMFORSCHUNG UND LANDESPLANUNG (Hrsg.) 1998: Interkommunale und regionale Kooperation. Variablen ihrer Funktionsfähigkeit. = Arbeitsmaterial, Band 244, Hannover.

BAUGB (Baugesetzbuch) in der Fassung der Bekanntmachung vom 27. August 1997. = Beck-Texte im dtv (1998), Nr. 5018, 28. Auflage. München.

BERGMANN, Eckhard u. Markus ELTGES 1995: Die Reform der Kommunalfinanzen. In: Informationen zur Raumentwicklung, Heft 8/9, 533-547.

BGB (Bürgerliches Gesetzbuch) = Beck-Texte im dtv (1991), Nr. 5001, 33. Auflage. München.

BIELENBERG, Walter, RUNKEL, Peter u. Wilfried ERBGUTH: Raumordnungs- und Landesplanungsrecht des Bundes und der Länder. Ergänzbarer Kommentar und systematische Sammlung der Rechts- und Verwaltungsvorschriften. Berlin, Bielefeld, München J 630, J 651.

BRAKE, Klaus 1996a: Städtevernetzung. Aspekte einer aktuellen Konzeption regionaler Kooperation und Raumentwicklung. In: Geographische Zeitschrift, Jg. 84, Heft 1, 16-26.

BRAKE, Klaus 1996b: Städtenetze als Raumordnungsansatz – Vernetzungspotentiale und Vernetzungskonzepte. In: DANIELZYK, Rainer u. Axel PRIEBS (Hrsg.): Städtenetze – Raumordnungspolitisches Handlungsinstrument mit Zukunft? = Material zur Angewandten Geographie, Band 32, Bonn, 19-26.

BRAKE, Klaus, MÜLLER, Wolfgang u. Jörg KNIELING 1996: Städtenetze. Vernetzungspotentiale und Vernetzungskonzepte. = Materialien zur Raumentwicklung (herausgegeben von der BfLR), Heft 76, Bonn.

BUNDESFORSCHUNGSANSTALT FÜR LANDESKUNDE UND RAUMORDNUNG (Hrsg.) 1997: Städtenetze – ein Forschungsgegenstand und seine praktische Bedeutung. = Informationen zur Raumentwicklung, Heft 7.

BUNDESMINISTERIUM FÜR RAUMORDNUNG, BAUWESEN UND STÄDTEBAU (Hrsg.) 1993: Raumordnungspolitischer Orientierungsrahmen. Leitbilder für die räumliche Entwicklung der Bundesrepublik Deutschland. Bonn.

BUNDESMINISTERIUM FÜR RAUMORDNUNG, BAUWESEN UND STÄDTEBAU (Hrsg.) 1995: Raumordnungspolitischer Handlungsrahmen. Beschluss der Ministerkonferenz für Raumordnung in Düsseldorf am 8. März 1995. Bonn.

BUNDESMINISTERIUM FÜR RAUMORDNUNG, BAUWESEN UND STÄDTEBAU (Hrsg.) 1996a: Raumordnung in Deutschland. Bonn.

BUNDESMINISTERIUM FÜR RAUMORDNUNG, BAUWESEN UND STÄDTEBAU (Hrsg.) 1996b: Siedlungsentwicklung und Siedlungspolitik. Nationalbericht Deutschland zur Konferenz HABITAT II. Bonn.

BUNDESMINISTERIUM FÜR RAUMORDNUNG, BAUWESEN UND STÄDTEBAU (Hrsg.) 1996c: Dezentrale Konzentration – Neue Perspektiven der Siedlungsentwicklung in den Stadtregionen? = Schriftenreihe Forschung, Band 497. Bonn.

DANIELZYK, Rainer u. Jürgen OSSENBRÜGGE 1996: Lokale Handlungsspielräume zur Gestaltung internationalisierter Wirtschaftsräume. Raumentwicklung zwischen Globalisierung und Regionalisierung. In: Zeitschrift für Wirtschaftsgeographie, Jg. 40, Heft 1-2, 101-112.

DANIELZYK, Rainer u. Axel PRIEBS 1996: Städtenetze als Raumordnungsinstrument – eine Herausforderung für Angewandte Geographie und Raumforschung! In: DANIELZYK, Rainer u. Axel PRIEBS (Hrsg.): Städtenetze – Raumordnungspolitisches Handlungsinstrument mit Zukunft? = Material zur Angewandten Geographie, Band 32, Bonn, 9-18.

DIXIT, Avinash K. u. Barry J. NALEBUFF 1997: Spieltheorie für Einsteiger. Strategisches Know-how für Gewinner. Stuttgart.

EUROCITIES 1996: Une charte des villes européennes. Vers une révision du traite sur l´union européenne. Bruxelles. (vgl. www.eurocities.com)

FAHRENKRUG, Katrin 1994: Auswahl der möglichen Modellvorhaben. In: ExWoSt-Informationen zum Forschungsfeld „Städtenetze", Nr. 18.1., Bonn, 7-10.

FAHRENKRUG, Katrin 1996: Städtenetze als Forschungsfeld im Experimentellen Wohnungs- und Städtebau des Bundesministerium für Raumordnung, Bauwesen und Städtebau. In: DANIELZYK, Rainer u. Axel PRIEBS (Hrsg.): Städtenetze – Raumordnungspolitisches Handlungsinstrument mit Zukunft? = Material zur Angewandten Geographie, Band 32, Bonn, 47-54.

FÜRST, Dietrich 1993: Von der Regionalplanung zum Regionalmanagement? In: Die Öffentliche Verwaltung, Jg. 46, Heft 13, 552-559.

FÜRST, Dietrich 1994: Regionalkonferenzen zwischen offenen Netzwerken und fester Institutionalisierung. In: Raumforschung und Raumordnung, Jg. 52, Heft 3, 184-192.

FÜRST, Dietrich 1996: Regionalentwicklung: von staatlicher Intervention zur regionalen Selbststeuerung. In: SELLE, Klaus (Hrsg.): Planung und Kommunikation. Gestaltung von Planungsprozessen in Quartier, Stadt und Landschaft. Grundlagen, Methoden, Praxiserfahrungen. Wiesbaden und Berlin, 91-99.

FÜRST, Dietrich 1997: Regionalverbände – Organisationen zwischen kommunalen Egoismus und regionaler Vernunft vor neuen Aufgaben? In: BOSE, Michael (Hrsg.): Die unaufhaltsame Auflösung der Stadt in die Region? Kritische Betrachtung neuer Leitbilder und Verwaltungsstrukturen für Stadtregionen. = Harburger Berichte zur Stadtplanung, Band 9, Hamburg, 119-135.

GATZWEILER, Hans-Peter u. Peter RUNKEL 1997: Modellvorhaben der Raumordnung ein raumordnungspolitisches Aktionsprogramm. In: Informationen zur Raumentwicklung, Heft 3, 145-154.

GIEßEN (DER MAGISTRAT) 1994a: Presseinformation vom 8.7.1994.

GIEßEN (DER MAGISTRAT) 1994b: Presseinformation vom 24.11.1994. Städte der Region rücken näher zusammen. Städtenetz Lahn-Sieg-Dill wird konkret.

HAHN, Hans-Werner 1991: Die geschichtliche Entwicklung des mittelhessischen Raumes vom Beginn des 17. Jahrhunderts bis zur Entstehung des Regierungsbezirks Gießen im Jahre 1981. In: REGIERUNGSPRÄSIDIUM GIESSEN (Hrsg.): Mittelhessen. Aus Vergangenheit und Gegenwart. Marburg, 87-143.

HATZFELD, Ulrich u. Rainer KAHNERT 1993: Kooperation ist schwieriger als Konkurrenz. In: RaumPlanung, Heft 63, 257-262.

HEINEMEYER, Walter 1991: Zur älteren Geschichte der mittelhessischen Landschaft. In: REGIERUNGSPRÄSIDIUM GIEßEN (Hrsg.): Mittelhessen. Aus Vergangenheit und Gegenwart. Marburg, 63-86.

HESSISCHES MINISTERIUM FÜR WIRTSCHAFT VERKEHR UND LANDESENTWICKLUNG (Hrsg.) 1995: Regionaler Raumordnungsplan Mittelhessen 1995. (StAnz. 23/1995). Wiesbaden.

KARRENBERG, Hanns u. Engelbert MÜNSTERMANN 1998: Gemeindefinanzbericht 1998. Städtische Finanzen ´98 – Im Zeichen des Steuerverfalls. In: Der Städtetag, Jg. 51, Heft 3, 143-233.

KLIEMT, Volker 1995: Städtenetz Lahn/Sieg/Dill. 1. Zwischenbericht der Projektforschung. Modellprojekt im ExWoSt-Forschungsfeld „Städtenetze" des Bundesministeriums für Raumordnung, Bauwesen und Städtebau. = HLT Report Nr. 497. Wiesbaden. *unveröffentlicht*

KLIEMT, Volker 1997a: Städtenetz Lahn-Sieg-Dill. Endbericht der Projektforschung. Modellprojekt im ExWoSt-Forschungsfeld „Städtenetze" des Bundesministeriums für Raumordnung, Bauwesen und Städtebau. = HLT Report Nr. 543. Wiesbaden.

KLIEMT, Volker 1997b: Städtenetz Lahn-Sieg-Dill. In: Informationen zur Raumentwicklung, Heft 7, 457-459.

KOMMISSION DER EUROPÄISCHEN GEMEINSCHAFTEN 1991: Europa 2000. Perspektiven der künftigen Raumordnung der Gemeinschaft. Mitteilung der Kommission an den Rat und das Europäische Parlament. Brüssel, Luxemburg.

KRÄTKE, Stefan 1995: Globalisierung und Regionalisierung. In: Geographische Zeitschrift, Jg. 83, Heft 3 und 4, 205-221.

KRIEGER, Fritz 1994: Interkommunale Kooperation: gemeinsame Industrie- und Gewerbegebiete. = ILS-Schriften, Band 84. Dortmund.

KUNZMANN, Klaus R. 1995: Europäische Städtenetze und die Hauptstadt Berlin. In: Informationen zur Raumentwicklung, Heft 2/3, 127-133.

LAMNEK, Siegfried 1993: Das qualitative Interview. In: LAMNEK, Siegfried: Qualitative Sozialforschung. Band 2: Methoden und Techniken. Weinheim, 35-124.

MEHWALD, Lutz 1997: Städtenetze – vom Raumordnungspolitischen Orientierungsrahmen zur Umsetzung. In: Informationen zur Raumentwicklung, Heft 7, Bonn, 473-480.

MELZER, Michael 1994: Städtenetze als Forschungsaufgabe der Raumordnung im Experimentellen Wohnungs- und Städtebau. Grundlagen, Zielsetzung, Forschungsleitfragen und Organisation des Forschungsfeldes. In: ExWoSt-Informationen zum Forschungsfeld „Städtenetze", Nr. 18.1., Bonn, 1-7.

MELZER, Michael 1997a: „Städtenetze zwischen Raumordnungspolitik und Standortpolitik". In: ExWoSt-Informationen zum Forschungsfeld „Städtenetze", Nr. 18. 3., Bonn, 1-12.

MELZER, Michael 1997b: Schlüsselfragen einer zukunftsfähigen Standortpolitik mit Städtenetzen. Erkenntnisse aus dem ExWoSt-Forschungsfeld „Städtenetze". In: Informationen zur Raumentwicklung, Heft 7, 495-508.

MELZER, Michael u. Jürgen WITTEKIND 1999: Städtenetze – Modell freiwilliger interkommunaler Kooperation (Bilanz des ExWoSt-Forschungsfeldes). In: WOLF, Klaus u. Elke THARUN (Hrsg.): Auf dem Weg zu einer neuen regionalen Organisation. Vorträge eines Symposiums in Frankfurt am Main am 20. November 1998. = Rhein-Mainische Forschungen, Heft 116, Frankfurt, 65-90.

MENSING, Klaus u. Jürgen WITTEKIND 1997: Interkommunales Flächenmanagement. In: Informationen zur Raumentwicklung, Heft 7, 481-493.

MKRO 1998: Entschließung der Ministerkonferenz für Raumordnung „Forum Städtenetze" vom 4. Juni 1998. In: GMBl 1998, Nr. 21, 430-431.

MÜLLER, Bernhard u. Burkhard BEYER 1996: Kooperation im Städteverbund – Impulse der Raumordnung zur interkommunalen Zusammenarbeit in Sachsen. In: DANIELZYK, Rainer u. Axel PRIEBS (Hrsg.): Städtenetze – Raumordnungspolitisches Handlungsinstrument mit Zukunft? = Material zur Angewandten Geographie, Band 32, Bonn, 83-93.

MÜLLER, Wolfgang u. Ruth ROHR-ZÄNKER 1997: Die Städte und ihr Umland. Plädoyer für einen Perspektivenwechsel. In: RaumPlanung, Heft 78, 153-158.

MURL (Ministerium für Umwelt, Raumordnung und Landwirtschaft des Landes Nordrhein-Westfalen (Hrsg.)) o.J.: Landesentwicklungsplan Nordrhein-Westfalen. Landesentwicklungsprogramm – Landesplanungsgesetz. Düsseldorf.

PLANUNGSGEMEINSCHAFT MITTELRHEIN-WESTERWALD (Hrsg.) 1988: Regionaler Raumordnungsplan Mittelrhein-Westerwald. Koblenz.

PLETSCH, Alfred 1991: Das Lahn-Dill-Gebiet. Ein industriegeschichtlicher Überblick. In: Geographische Rundschau, Jg. 43, Heft 5, 284-288.

PRIEBS, Axel 1996: Städtenetze als Handlungsinstrument – Eine erste Einschätzung aus Sicht der Raumordnungspraxis. In: DANIELZYK, Rainer u. Axel PRIEBS (Hrsg.): Städtenetze – Raumordnungspolitisches Handlungsinstrument mit Zukunft? = Material zur Angewandten Geographie, Band 32, Bonn, 113-116.

PRIEBS, Axel 1998a: Instrumente der Planung und Umsetzung. In: AKADEMIE FÜR RAUMFORSCHUNG UND LANDESPLANUNG (Hrsg.): Methoden und Instrumente räumlicher Planung. Hannover, 205-221.

PRIEBS, Axel 1998b: Neubau der Region. In: BANDEMER, Stephan von et. al. (Hrsg.): Handbuch zur Verwaltungsreform. Opladen, 122-131.

PRIEBS, Axel 1999: Die Region – notwendige Planungs- und Handlungsebene in Verdichtungsräumen. Erfahrungen und Perspektiven im Großraum Hannover. In: WOLF, Klaus u. Elke THARUN (Hrsg.): Auf dem Weg zu einer neuen regionalen Organisation. Vorträge eines Symposiums in Frankfurt am Main am 20. November 1998. = Rhein-Mainische Forschungen, Heft 116, Frankfurt, 11-33.

RAUTENSTRAUCH, Lorenz 1993: Netzwerke als Organisationsmodelle für die Regionalverwaltung – Überlegungen auf dem Hintergrund des Verdichtungsraumes Rhein-Main. In: AKADEMIE FÜR RAUMFORSCHUNG UND LANDESPLANUNG (Hrsg.): Räumliche und funktionale Netze im grenzüberschreitenden Rahmen. = Arbeitsmaterial, Band 198, Hannover, 30-46.

RITTER, Ernst-Hasso 1995: Raumpolitik mit „Städtenetzen" oder: Regionale Politik der verschiedenen Ebenen. In: Die Öffentliche Verwaltung, Jg. 48, Heft 10, Düsseldorf, 393-403.

ROG (Raumordnungsgesetz) in der Fassung der Bekanntmachung vom 18. August 1997. = Beck-Texte im dtv (1998), Nr. 5018, 28. Auflage. München.

SIEVERTS, Thomas 1998: Zwischenstadt: zwischen Ort und Welt, Raum und Zeit, Stadt und Land. = Bauwelt-Fundamente, Band 118. Braunschweig, Wiesbaden.

SINZ, Manfred 1994: Region. In: AKADEMIE FÜR RAUMFORSCHUNG UND LANDESPLANUNG (Hrsg.): Handwörterbuch der Raumordnung. Hannover, 805-808.

SPANGENBERGER, Volker 1996: Städtenetze – der neue interkommunale und raumordnerische Ansatz. In: Raumforschung und Raumordnung, Jg. 54, Heft 5, 313-320.

STÄDTENETZ LAHN-SIEG-DILL 1996: Ausgewählte beispielhafte Bildungs- und Beschäftigungsmaßnahmen 1995/1996. Wetzlar.

STEINACHER, Bernd 1999: Regionales Management für regionale Probleme. In: WOLF, Klaus & THARUN, Elke (Hrsg.): Auf dem Weg zu einer neuen regionalen Organisation. Vorträge eines Symposiums in Frankfurt am Main am 20. November 1998. = Rhein-Mainische Forschungen, Heft 116, Frankfurt, 35-63.

SPITZER, Hartwig 1995: Einführung in die räumliche Planung. Stuttgart.

TRUNK, Volker 1998a: Das Ziel ist, ein neues Bewusstsein zu verankern. Die Zukunft der Regionen (2): In Mittelhessen wächst die Bereitschaft, Aufgaben gemeinsam anzupacken. In: Frankfurter Rundschau vom 7.8.1998.

TRUNK, Volker 1998b: Starke Partner werben für den „stillen Traum". Kooperative vermarktet die Lahn länderübergreifend. In: Frankfurter Rundschau vom 20.11.1998.

TRUNK, Volker 1999: Nicht jeder muss alles allein machen. Beim Projekt Städtenetz profitieren alle beteiligten Kommunen voneinander. In: Frankfurter Rundschau vom 9.6.1999.

TRUNK, Volker u. Jürgen SCHULTHEIS 1998: Kleinteiligkeit überwinden. Kölns Regierungspräsident Antwerpes über Vorschläge zur Regionalisierung Hessens. In: Frankfurter Rundschau vom 4.12.1998.

WEICHHART, Peter 1996: Die Region – Chimäre, Artefakt oder Strukturprinzip sozialer Systeme? In: BRUNN, Gerhard (Hrsg.): Region und Regionsbildung in Europa: Konzeptionen und empirische Befunde. = Schriftenreihe des Instituts für Europäische Regionalforschung, Band 1, Baden-Baden, 25-43.

WOLF, Klaus 1996: Das Regionale oder – Die Dichotomie zwischen Bewusstsein und Handeln. = Arbeitsmaterial, Nr. 221, Hannover, 53-64.

ZOUBEK, Gerhard 1997: Interkommunale Zusammenarbeit in Hessen – Situation und Beurteilung aus Sicht der Stadt Haiger. In: BRUNN, Gerhard et. al. (Hrsg.): Interkommunale Zusammenarbeit. = Jahrbuch Nordrhein-Westfalen. Münster, 284-298.

Zeitungsartikel (nicht namentlich gekennzeichnet)

DIE WELT vom 29.8.1997: Welt Report zum Thema Städtenetze. WR 1-WR 6.

DIE ZEIT vom 16.9.1977: Der Unfug mit dem großen „L". Kann die Ehe Wetzlar/Gießen noch geschieden werden?

DILL-POST vom 24.4.1998: Strampeln Sie am Samstag durch den Frühling. Mega-Radtour entlang Lahn, Dill und Sieg.

FR vom 25.6.1998: Immer mehr Leute fahren aufs Rad ab. Dritter Tourismus-Kongress/ Schlechte Wegweiser und viele uninformierte Wirte.

FR vom 26.8.1998: Bad Vilbel unlauterer Wettbewerb vorgeworfen. SPD im Römer: Radio FFH wurde mit „Dumping-Grundstückspreisen" geködert.

FR vom 16.10.1998: Klemm plant „Hessen 2000" in kleinen Schritten. Erster Entwurf zur Landesentwicklung/ Mehr Geld für Hanau/ Wetzlar muss warten.

FR vom 13.11.1998: Bonn rechnet mit wachsendem Defizit. Steuerschätzung: 1998 mehr, 1999 weniger Geld.

FR vom 2.2.1999: Gewerbesteuer-Rekord: 850 Millionen Mark mehr. Schätzungen deutlich übertroffen / Zuwachs zum Teil durch einmalige Nachzahlungen.

FR vom 9.6.1999: Landesentwicklungsplan. Posch will Entwurf „straffen".

GIESSENER ALLGEMEINE ZEITUNG vom 13.2.1995: Kooperation bei Standort-Auflösung. Arbeitsgruppen aus sieben Städten berät über Liegenschaften der Bundeswehr.

GIESSENER ANZEIGER vom 5.2.1999: „Städtenetze" – Partner wollen gemeinsam an EU-Geld gelangen. 11. Treffen der Lenkungsgruppe – Technologieförder-Broschüre soll Investoren locken.

WETZLARER NEUE ZEITUNG vom 22.5.1996: Städtenetz-Mitglieder und Arbeitsverwaltungen diskutierten Strategien gegen Arbeitslosigkeit.

WETZLARER NEUE ZEITUNG vom 16.7.1998: SPD: Breidsprechers Angriffe auf Gießen schaden Bemühungen für Oberzentrum.

ZEITUNGSGRUPPE LAHN-DILL vom 23.10.1998: Städtenetz Lahn-Sieg-Dill verstärkt die Imagepflege. Bürgermeister der Dill-Städte werben für Foto-Ausstellung.

ZEITUNGSGRUPPE LAHN-DILL vom 17.3.1999: Veranstaltung des Städtenetzes Lahn-Sieg-Dill gestern in Haiger. Neues Vergaberecht: Erhebliche Auswirkungen auf Kommunen. (www.lahn-dill.de)

Statistiken

- Arbeitslosenquoten: Auskunft der Arbeitsämter Gießen, Marburg, Neuwied, Siegen, Wetzlar und des Landesarbeitsamtes Hessen.

- Daten für Betzdorf: Ausdruck aus dem Landesinformationssystem des Statistischen Landesamtes Rheinland-Pfalz.

- Daten für die hessischen Kommunen: Auskunft des Hessischen Statistischen Landesamtes; Hessische Gemeindestatistik 1998, Ausgewählte Strukturdaten aus Bevölkerung und Wirtschaft 1997. Wiesbaden

- Daten für Siegen: Ausdruck aus der Landesdatenbank des Landesamtes für Datenverarbeitung Nordrhein-Westfalen.

MATERIALIEN

Herausgegeben von K. WOLF/Institut für Kulturgeographie, Stadt- und Regionalforschung der J.W. Goethe-Universität Frankfurt am Main. Schriftleitung: F. SCHYMIK

1974	Nr. 1 KLAUS WOLF, PETER JURCZEK, PETER ROTH, JENS SCHULZE: Struktur und Entwicklung von Freizeit und Fremdenverkehr im Odenwaldkreis. 239 Seiten mit 37 Abb. und 12 Tab. *Vergriffen.*
1975	Nr. 2 SUBURBANE TRANSFORMATIONSPROZESSE IN VERDICHTUNGSRÄUMEN DER NIEDERLANDE. Herausgegeben von Klaus Wolf unter Mitwirkung von Franz Schymik und Elke Tharun. Mit Beiträgen von U. Bös /J. G. Borchert / F.-D. Buchheimer / B. Dittmar / K. Gathof /J. Holzhauer / P. Jurzcek / D. Krüger-Röth / B. Kubenka / H. J. Müller / N. H. Noisser / I. Ohlig / H. Wielpütz / S. Winners / K. Wolf. 194 Seiten mit 16 Abb. und 17 Tab. *Vergriffen.*
1975	Nr. 3 NAHERHOLUNG / STUDENTISCHES WOHNEN. Ortwin Gierhake: Probleme der Naherholung im Verdichtungsraum Rhein-Main, untersucht am Beispiel des Campingplatzes "Bärensee" (bei Hanau); Peter Jurczek: Geographierelevante Überlegungen zum studentischen Wohnen. Darstellung der studentischen Wohnverhältnisse als Ursache für Kontaktschwierigkeiten bei Studenten. 132 Seiten mit 5 Abb. DM 12,00.
1976	Nr. 4 VARIA I. Klaus Wolf: Bemerkungen zum innerstädtischen Freizeitverhalten am Beispiel der Stadt Speyer am Rhein; Bodo Freund: Probleme der Flächennutzung in einem Naherholungsort am Beispiel Pfaffenwiesbach; Friedel Sauerwein: Waldneuanlagen im Hessischen Odenwald 1960 - 1971. 97 Seiten mit 11 Abb. und 14 Tab. DM 10,00.
1976	Nr. 5 SOZIALGEOGRPAHISCHE FRAGESTELLUNGEN. Beiträge zum Symposium in Ljubljana/Maribor, im Oktober 1975. Herausgegeben von Klaus Wolf. Mit Beiträgen von I. Braun / K. Gathof / H.-G. Glaeßer / R. Hantschel / P. Jurczek / D. Krüger-Röth / P. Roth / F. Schymik / E. Tharun / K. Wolf / M. Jersic / M. Klemencic / Vl. Klemencic / J. Medved / M. Pak / M. Ravbar / D. Uranjek / I. Vriser / B. Belec / B. Kert / L. Olas / M. Zgonik. 173 Seiten, mit 20 Abb. und 23 Tab. DM 26,50.
1978	Nr. 6 KLAUS WOLF, PETER JURCZEK, FRANZ SCHYMIK unter Mitwirkung einer studentischen Projektgruppe: Errichtung, Struktur und Nutzung von Feriendörfern in Mittelgebirgen. Modellanalyse "Ostertal"/Odenwald und "Herbstein"/Vogelsberg. 322 Seiten mit 25 Abb., 101 Tab. und Anlagen. DM 36,00.
1981	Nr. 7 KLAUS WOLF, KURT GATHOF unter Mitarbeit einer studentischen Projektgruppe: Nutzungsstrukturen in der Naherholung, erläutert am Beispiel Frankfurt-Sossenheim. Die Nutzwertanalyse als sozialgeographisches Bewertungsverfahren zur Bestimmung des Versorgungsgrades des Stadtteils Frankfurt-Sossenheim mit Freizeitinfrastruktur. 143 Seiten mit 24 Abb., 2 Übersichten und 15 Tab. DM 18,50. ISBN 3923218-00-1.
1984	Nr. 8 KLAUS WOLF zusammen mit ASTRID WIEMANN, WERNER BÖHM, THOMAS FRIEDERICH, NORBERT KORDEY: Aktionsräumliches Freizeit verhalten Jugendlicher am Frankfurter Stadtrand, erläutert am Beispiel Frankfurt-Sossenheim. Ergebnisse einer studentischen Projektgruppe. 216 Seiten mit 59 Abb. und 84 Tab. DM 26,00. ISBN 3-923218-01-X.
1984	Nr. 9 KLAUS WOLF, FRANZ SCHYMIK (Hrsg.): Urbane und suburbane Entwicklung im Rhein-Main-Gebiet (Bundesrepublik Deutschland) und Slowenien (Jugoslawien) im Vergleich. Beiträge zum Symposium in Frankfurt am Main, im Oktober 1983. 174 Seiten. DM 22,00. ISBN 3-923218-02-8.

1986	Nr. 10 NORBERT KORDEY: Raumstrukturelle Wirkungen neuer Informations- und Kommunikationstechnologien, dargestellt anhand der Strategien öffentlicher Verwaltungen und unternehmerischer Standortentscheidungen. 205 Seiten mit 46 Abb. und 14 Tab., 40 Seiten Anhang. DM 28,00. ISBN 3-923218-03-6.
1987	Nr. 11 WILHELM STEINGRUBE, REINER DÖLGER: TOPOLOG - ein Programmsystem zur Erzeugung topologischer Karten. 32 Seiten mit 14 Abb. DM 8,00. ISBN 3-923218-04-4.
1987	Nr. 12 RUTH BÖRDLEIN: Informationstechnisch bedingte raumstrukturelle Veränderungen im Frankfurter Umland, untersucht am Beispiel der Anbieter neuer Informations- und Kommunikationstechnologien. 202 Seiten mit 34 Abb. und 39 Tab., 24 Seiten Anhang. DM 26,00. ISBN 3-923218-05-2.
1989	Nr. 13 WOLF, KLAUS , GUDRUN OTTO und eine studentische Projektgruppe (herausgegeben und bearbeitet): Regionalbewußtsein im Hessischen Ried. Ansätze zur Begriffsbestimmung, räumlichen Dimensionierung und Interpretation. 274 Seiten m. Tabellen, Karten und Abbildungen. DM 26,00. ISBN 3-923218-06-0.
1991	Nr. 14 SUSANNE KREINZ: Wohnungsversorgung als kommunale Aufgabe. Zur gesamtgesellschaftlichen Einbindung der Wohnungspolitik Frankfurts in den 20er Jahren. 189 Seiten mit 21 Abb., 16 Tab. und Anhang. DM 24,00. ISBN 3-923218-07-9.
1992	Nr. 15 WOLF, KLAUS, STEINGRUBE, WILHELM, HELLBERG, UTE, KORINTH, HELGA, SCHÄFLEIN, SUSANNE: Raumansprüche bewegungsorientierter Freizeitaktivitäten im Rhein-Main-Gebiet. VII und 73 Seiten mit 13 Tab. und 13 Abb. DM 12,00. ISBN 3-923218-08-7.
1994	Nr. 16 RONALD ODEHNAL: Truppenreduzierungen und Stadtentwicklung - Zielvorstellungen, Maßnahmen und Instrumente im Zusammenhang mit der Umnutzung aufgelassener Militärliegenschaften, erläutert am Beispiel der Städte Diez, Gießen und Frankfurt am Main. 231 Seiten mit 11 Tab. u. 27 Abb. DM 28,00. ISBN 3-923218-10-9.
1994	Nr. 17 RUTH BÖRDLEIN: Geographinnen an Hochschulen in der Bundesrepublik Deutschland, Österreich und der Schweiz. 100 Seiten mit 35 Tab. u. 3 Abb. DM 14,00. ISBN 3-923218-11-7.
1994	Nr. 18 WOLF, KLAUS, CLAUDIA MARIA SCHOLZ: Stadtentwicklung Bensheim an der Bergstraße. 492 Seiten mit 58 Abb. und 2 Farbkarten. DM 40,00. ISBN 3-923218-9-5.
1995	Nr.19 PATRICK KEMPF : Konzepte und Möglichkeiten der Baulandmobilisierung. BARBARA REHM: Städtebauliche Entwicklungsmaßnahmen nach dem Maßnahmengesetz zum Baugesetzbuch. 208 Seiten. DM 20,00. ISBN 3-923218-12-5.
1997	Nr. 20 WOLF, KLAUS u.a.: Evaluierung einer wasserbezogenen Freizeiteinrichtung im großstädtischen Verdichtungsraum am Beispiel des Schultheis-Weihers in Offenbach am Main. Teil 1: Erhebung der Nachfrage im Zielgebiet; Teil 2: Ergebnisse der Befragung der Anwohner der angrenzenden Stadtteile Bürgel, Fechenheim und Rumpenheim. WOLF, KLAUS u.a.: Strukturanalyse des Fremdenverkehrs in Oberammergau. 412 Seiten. DM 34,00. ISBN 3-923212-13-3.
1997	Nr. 21 WOLF, KLAUS und ELKE THARUN (Hrsg.): Einzelhandelsentwicklung (Vorträge einer Tagung am 24. November 1995) und Zielorientierte Regionale Geographie (Vorträge einer Tagung am 22. November 1996). 223 Seiten. DM 20,00. ISBN 3-923218-14-1.

1998	Nr. 22 CLAUDIA SCHMEDES: Das hessische Dorferneuerungsprogramm im Spannungsfeld von administrativer Wirklichkeit und dörflichem Lebensraum. 152 Seiten. DM 16,00. ISBN 3-923218-15-X.
1998	Nr. 23 WILFRIED KÖRNER: Der Frankfurter Grüngürtel als sozialer Raum: Diskurse, Raumbilder und Netzwerke - das Beispiel Sossenheim. 152 Seiten. DM 20,00. ISBN 3-923218-16-8.
1998	Nr. 24 WOLF, KLAUS und ELKE THARUN (Hrsg.): Verkehrsplanung und städtebauliche Entwicklung. (Vorträge eines Symposiums am 21. November 1997). 96 Seiten. DM 14,00. ISBN 3-923218-17-6.
1998	Nr. 25 JENS PETER SCHELLER: Rhein - Main. Eine Region auf dem Weg zur politischen Existenz. 228 Seiten, 25 Abb., 10 Karten, Anhang. DM 24,00. ISBN 3-923218-18-4.
1999	Nr. 26 CHRISTIAN ROHRBACH: Regionale Identität im Global Village - Chance oder Handicap für die Regionalentwicklung? 149 Seiten, 26 Tab., 16 Abb., 11 Karten, Anhang. DM 20,00. ISBN 3-923218-19-2.
1999	Nr. 27 WOLF, KLAUS und CLAUDIA MARIA SCHOLZ: Bebauung "Am Riedberg Frankfurt am Main". Vorschlag zur funktionalen und sozialräumlichen Verknüpfung der geplanten Neubauten der Universität Frankfurt am Main und der beabsichtigten Bebauung des "Riedberg-Geländes" durch die Stadt Frankfurt am Main. 199 Seiten, 28 Abb., 1 Tab. DM 28,00. ISBN 3-923218-20-6.
2000	Nr. 28 JENS PETER SCHELLER, KLAUS WOLF unter Mitarbeit einer studentischen Projektgruppe: Lokale Agenda 21 in Frankfurt am Main. Ein Evaluationsbericht. 101 Seiten, 2 Tab., 9 Abb. DM 16,00. ISBN 3-923218-21-4.
2000	Nr. 29 MATTHIAS SCHNEIDER. Der deutsche Kongress- und Tagungsmarkt unter besonderer Berücksichtigung des Nachfragesegmentes „mittelständische Unternehmen". JOCHEN WÜRGES: Städtenetze als Perspektive der interkommunalen Zusammenarbeit. 203 Seiten. DM 36,80. ISBN 3-923218-22-2.
2000	Nr. 30 WOLF, KLAUS, CLAUDIA MARIA SCHOLZ und CHRISTIAN ROHRBACH: Der Langener Waldsee – Struktur und Potential einer regionalen Freizeiteinrichtung. 136 Seiten. DM 24,80. ISBN 3-923218-23-0.
2001	Nr. 31 WOLF, KLAUS und CHRISTIAN LANGHAGEN-ROHRBACH: Regionale Freizeiteinrichtungen im Rhein-Main-Gebiet: Teil A: Der Rodgausee – Struktur und Potential. Teil B: Badeseen der Region im Vergleich. 228 Seiten. DM 39,80. ISBN 3-923218-24-9.